国家社科基金
后期资助项目
GUOJIA SHEKE JIJIN HOUQI ZIZHU XIANGMU

智能汽车HMI交互设计与评估

HMI Interaction Design and Evaluation for
Intelligent Vehicles

由 芳 王建民 王文娟 著

科学出版社

北 京

内 容 简 介

随着智能座舱技术的发展，以及人工智能技术在智能网联汽车领域的渗透，人与智能汽车的交互已经发生了革命性的变化，从传统的人机交互逐步过渡到人与智能座舱的协同交互。

本书从智能座舱人机交互的基本概念、发展历史和理论基础开始，从驾驶员行为研究、智能驾驶座舱交互设计、智能驾驶座舱整体用户体验设计与评估、安全准则下的 HMI 设计评价指南及标准等方面介绍了智能汽车 HMI 交互设计与评估方法体系和相关项目实践案例。同时，阐述了智能座舱交互设计从单一设备到多设备协同，再到人-车-环境-社会多层次的整体 HMI 交互设计与评估的方法逻辑关系。

本书可供专注于汽车交互设计和用户体验的产品策划、设计研发、工程技术、高校科研、第三方测试评价机构和用户体验机构的人员参考，也可供高校交互设计、用户体验、数字媒体、汽车工程、计算机软件等相关方向的学生阅读。

图书在版编目（CIP）数据

智能汽车 HMI 交互设计与评估/由芳，王建民，王文娟著. —北京：科学出版社，2023.12

国家社科基金后期资助项目

ISBN 978-7-03-074373-2

Ⅰ. ①智… Ⅱ. ①由… ②王… ③王… Ⅲ. ①汽车工程-人机界面-程序设计 Ⅳ. ①U461 ②TP311.1

中国版本图书馆 CIP 数据核字（2022）第 248474 号

责任编辑：杜长清　卢　淼　高丽丽／责任校对：王萌萌
责任印制：徐晓晨／封面设计：润一文化

科 学 出 版 社 出版

北京东黄城根北街 16 号
邮政编码：100717
http://www.sciencep.com

北京建宏印刷有限公司 印刷

科学出版社发行　各地新华书店经销

*

2023 年 12 月第 一 版　开本：720×1000　1/16
2023 年 12 月第一次印刷　印张：16 1/4
字数：340 000

定价：189.00 元

（如有印装质量问题，我社负责调换）

国家社科基金后期资助项目
出版说明

后期资助项目是国家社科基金设立的一类重要项目，旨在鼓励广大社科研究者潜心治学，支持基础研究多出优秀成果。它是经过严格评审，从接近完成的科研成果中遴选立项的。为扩大后期资助项目的影响，更好地推动学术发展，促进成果转化，全国哲学社会科学工作办公室按照"统一设计、统一标识、统一版式、形成系列"的总体要求，组织出版国家社科基金后期资助项目成果。

全国哲学社会科学工作办公室

前　　言

随着车内各种电子电气设备技术的更新，以及智能座舱相关技术在汽车领域的应用与发展，汽车的内部空间、人机界面（human machine interface，HMI）、操作方式和交互过程发生了革命性的变化。智能汽车的人机交互设计已经成为国内外各大汽车企业及科技公司关注的重点，为了配合产业发展，相关的理论研究、实践教育、人才培养等工作也应该与时俱进。

笔者团队所在的同济大学艺术与传媒学院用户体验实验室、汽车交互设计实验室成立于 2012 年，源于 2005 年成立的数字媒体研究中心，一直专注于产品/服务创新设计、交互设计、信息服务设计、数字娱乐软件和交互技术等领域的研究工作。基于同济大学的智能汽车研究背景，近年来，实验室致力于与智能汽车有关的智能驾驶、车载设备交互设计、汽车领域服务创新等的教学与科研工作。本书依据实验室已有的交互设计理论体系和智能汽车交互需求，通过对智能汽车交互设计企业项目实践经验的总结，系统、循序渐进地向读者介绍了智能汽车交互设计的理念和相关项目实践。

本书从智能汽车的基本概念、发展历史和理论基础开始，结合笔者及团队对智能汽车人机界面的研究及在设计与评价方面的实践经验，围绕驾驶员行为研究、安全准则下的 HMI 设计相关规范及标准、智能座舱交互设计、智能座舱的整体用户体验设计与评估等方面来介绍智能汽车交互设计与评估方法体系。本书通过分享企业项目实践案例，阐述从单一设备到多设备协同，再到人-车-环境-社会多层次进行的整体 HMI 设计思考的理论方法，从而达到以驾驶员及随车人员的安全性为中心，提升整车智能座舱 HMI 设计和评测能力，进而优化基于智能座舱的整车用车体验的目的。

本书共分为 3 篇，包括 9 章。第 1 章通过文献查阅和案例研究，介绍了智能汽车及其交互设计的发展历史和现状。第 2 章围绕驾驶行为、认知心理、可用性和用户体验、视觉设计等方面，具体介绍了智能汽车交互中驾驶员行为研究的理论和方法，归纳了智能汽车人机界面交互设计原则。第 3 章在理论研究和设计原则的基础上，列举了在 HMI 设计与评估领域较为通用的设计规范与标准。第 4 章和第 5 章通过分析智能汽车交互动态系统，探讨了人、车、环境之间的信息交互模式，并通过对驾驶情境特性的分析，提取影响驾驶员决策的关键情境因素，构建了智能汽车交互情境谱系，明确了车内各设备的定位，归纳了智能汽车 HMI 信息交互特征与原则。第 6 章主要论述了智能座舱 HMI 评估的方法。汽车中每一项功能的增加与改进都离不开测试与评估，利用虚拟仿真测试环境对成形的人机交互设计进行测试，对于保证汽车驾驶安全、提升用户驾驶体验等有着重要意义。第 7—9 章主要介绍实际应用案例。第 7 章介绍了智能汽车 HMI 设计研究、车外屏交互设计及无人驾驶清扫车仪表显示信息视觉设计 3 个交互设计案例。第 8 章通过真实项目案例详细介绍了笔者团队自主研发的智能汽车虚拟仿真测试平台整体环境，以及其在智能汽车交互设计测试评估中的具体应用，包括实验环境的搭建、实验的过程以及实车测试。第 9 章围绕智能汽车服务设计案例研究，详细介绍了服务设计研究的方法和过程。

　　交互设计本身具有交叉学科特质，而智能汽车交互设计方法论研究更是复杂，相关从业者不仅需要具备丰富的理论知识，还需要熟练掌握相关的设计技能，更需要具备兼顾全局、统筹思考的能力。本书内容覆盖从理论到实践的各个环节，通过真实案例与读者分享笔者团队在智能汽车交互设计方法论方面的研究心得，希望对智能汽车行业、互联网及相关产品行业的从业者有一定的参考价值。本书于 2019 年 10 月获批国家社科基金后期资助项目，同年 11 月项目启动，于 2021 年 2 月完稿。限于时间和精力，本书难免存在不足之处，恳请各位读者批评指正。

作者于同济大学

2022 年 12 月

目　　录

第 3 篇 智能汽车交互设计案例

缩 略 语 表

中文	英文	缩写
薄膜晶体管液晶显示器	thin film transistor-liquid crystal display	TFT-LCD
部分自动驾驶	partial autonomation	PA
测试车追撞前方低速目标车	car-to-car rear moving	CCRm
测试车追撞前方减速目标车	car-to-car rear braking	CCRb
测试车追撞前方静止目标车	car-to-car rear stationary	CCRs
车道保持辅助	lane keeping assist	LKA
车道偏离警示	lane departure warning	LDW
车联网	vehicle-to-everything	V2X
车路集成	vehicle infrastructure integration	VII
车头时距	time headway	THW
车与车互联	vehicle-to-vehicle	V2V
车与基础设施互联	vehicle-to-infrastructure	V2I
车载信息系统	in-vehicle information system	IVIS
挫败感	frustration	FR
邓迪压力状态量表	Dundee Stress State Questionaire	DSSQ
地面自主车辆	autonomous land vehicle	ALV
电机控制单元	motor control unit	MCU
发光二极管	light emitting diode	LED
方向盘中心点	steering wheel center	SWC
风挡型抬头显示器	windshield head up display	W-HUD
高度自动驾驶	high autonomation	HA
后视镜	rearview mirror	RVM
基于位置的服务	location based services	LBS
计划行为理论	theory of planned behavior	TPB
计算机系统可用性问卷	Computer System Usability Questionnaire	CSUQ
精神需求	mental demand	MD
加速踏板踵点	acceleration heel point	AHP

续表

中文	英文	缩写
驾驶辅助	driving assistance	DA
驾驶员疲劳预警	driver drowsiness detection	DDD
紧急车道保持	emergency lane keeping	ELK
理性行为理论	theory of reasoned action	TRA
盲点信息系统	blind spot information system	BLIS
NASA 工作负荷指数	NASA Task Load Index	NASA-TLX
努力程度	effort	EF
碰撞时间	time-to-collision	TTC
前方碰撞预警	forward collision warning	FCW
全景环视系统	surround view system	SVS
全球定位系统	global positioning system	GPS
人机界面	human machine interface	HMI
任务绩效	performance	OP
认知干扰	cognitive interference	CI
弱势道路使用者	vulnerable road users	VRU
身份标识	identity document	ID
剩余电量	state of charge	SOC
时间需求	temporal demand	TD
抬头显示器	head-up display	HUD
态势感知	situation awareness	SA
态势感知评价技术	situational awareness rating technique	SART
态势感知综合评价技术	situation awareness global assessment technique	SAGAT
体力需求	physical demand	PD
完全自动驾驶	full automation	FA
网联式汽车	connected vehicle	CV
系统可用性量表	System Usability Scale	SUS
系统-理论过程分析	systems-theoretic process analysis	STPA
先进驾驶辅助系统	advanced driving assistance system	ADAS
协同自适应巡航控制	cooperative adaptive cruise control	CACC
鞋底表面一点	ball of foot	BOF
业务单元	business unit	BU

续表

中文	英文	缩写
液晶显示器	liquid crystal display	LCD
液压式线控制动	electro hydraulic brake	EHB
用户界面满意度问卷	Questionnaire for User Interface Satisfaction	QUIS
有条件自动驾驶	conditional automation	CA
右后视镜	right mirror	RM
增强现实抬头显示器	augmented reality head-up display	AR-HUD
真空荧光显示器	vacuum fluorescent display	VFD
智能交通系统	intelligent transportation system	ITS
智能网联汽车	intelligent connected vehicle	ICV
主观工作量优势	subjective workload dominance	SWORD
专用短程通信	dedicated short-range communication	DSRC
自动变道辅助	auto lane change	ALC
自动公路系统	automated highway system	AHS
自动驾驶汽车	autonomous vehicle	AV
自动紧急刹车	autonomous emergency braking	AEB
自适应巡航控制	adaptive cruise control	ACC
左后视镜	left mirror	LM

第 1 篇　智能汽车的发展与座舱 HMI 设计理论

第1章 智能汽车的发展

随着全球机动车保有量的不断增加，交通安全、交通拥堵和环境污染的问题日益严重。近年来，计算机和互联网技术发展迅猛，智能化无人驾驶和网联化协同驾驶成为解决这些问题的方向之一，智能网联汽车（intelligent connected vehicle，ICV）就是两者的结合体。在智能网联汽车发展的初期阶段，面对先进驾驶辅助系统（advanced driving assistance system，ADAS）和网联化信息相结合的状态，以用户为中心的驾驶交互体验越来越受到重视，车内人机交互设计成为目前行业的研究热点。

1.1 智能汽车介绍

1.1.1 智能汽车概念与发展

智能汽车是指搭载先进的车载传感器、控制器、执行器等装置，并融合现代通信与网络技术，实现车与 X（车、路、人、云等）智能信息交换、共享，具备复杂环境感知、智能决策、协同控制等功能，可实现安全、高效、舒适、节能行驶，并最终实现替代人来操作的新一代汽车。如图 1-1所示，从技术发展路线来讲，未来的智能汽车发展方向包括三个方面：网联式汽车（connected vehicle，CV）、自动驾驶汽车（autonomous vehicle，AV），以及两者的结合——智能网联汽车。

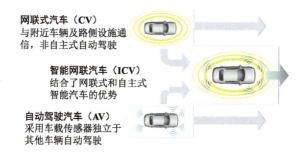

网联式汽车（CV）
与附近车辆及路侧设施通信，非自主式自动驾驶

智能网联汽车（ICV）
结合了网联式和自主式智能汽车的优势

自动驾驶汽车（AV）
采用车载传感器独立于其他车辆自动驾驶

图 1-1 智能网联汽车发展方向

与传统汽车相比，智能汽车涉及的领域更为广泛，智能化主要对应的

是自动驾驶技术。自动驾驶汽车能够利用雷达、全球定位系统（global positioning system，GPS）、机器视觉等一系列先进技术感知周边环境，并将这些信息综合，经过控制系统的处理，得出正确的导航路线，在无人工干预的情况下实现自动导航，并且能实现规避障碍、预防事故及识别路标等，最终安全、高效地完成指定的驾驶任务。

智能汽车、车联网（vehicle-to-everything，V2X）、智能交通系统（intelligent transportation system，ITS）之间的关系如图 1-2 所示。ADAS 是智能汽车的重要组成部分，智能汽车与车联网重叠的部分即智能网联汽车。它依托于汽车的实体，具有明确的定义边界。在智能汽车之外还有其他的智能交通系统，而广义上的车联网还包括汽车电商、服务商等非实体汽车的部分。

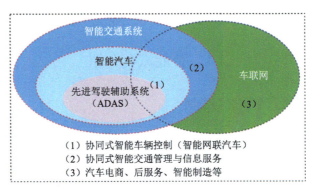

图 1-2　智能汽车、车联网、智能交通系统之间的关系

由汽车交通事故造成的人类死亡率一直居高不下，大部分交通事故都是由人的操作失误引起的。根据百度地图发布的《2022 年度中国城市交通报告》，2022 年，百城通勤高峰拥堵榜前三位的城市是重庆、北京、上海，16% 的城市 2022 年通勤高峰拥堵指数比 2021 年有所上涨。2022 年，百城单程通勤时耗榜单前三位是北京、重庆、天津，年平均通勤时耗分别是 42.8min、37.83min、37.52min。[①]另外，汽车拥堵造成的环境污染也是急需解决的问题。

随着通信技术、计算机技术、人工智能技术的发展，传统汽车行业正在发生巨大的转变。被动和主动安全系统已在具体的汽车生产上得到广泛应用，而基于车辆之间的协同智能交通系统是该行业下一步的发展方向。

---

① 中国城市交通报告(2022 年度). (2022). https://jiaotong.baidu.com/cms/reports/traffic/ 2022/index. html[2022-10-05].

在现实问题和技术发展的双重背景之下，智能网联汽车应运而生，其最终发展目标是应用自动驾驶技术和网联技术来解决交通安全事故频发、交通拥堵和环境污染等问题。

智能网联汽车通过自动驾驶技术和网联技术可以实现对周围环境的监测，车与车互联（vehicle-to-vehicle，V2V）、车与基础设施互联（vehicle-to-infrastructure，V2I）及协同控制，在危险情况下提前预警或是主动安全制动，从而可以减少或防止交通事故的发生。此外，智能网联汽车基于专用短程通信（dedicated short-range communication，DSRC）或其他无线传媒通信实现的 V2I 通信可以为交通管理者提供大量数据，有利于提高交通管理效率，也便于出行者根据实时信息规划行程，避免交通拥堵，减少环境污染。

国外最早的汽车自动化研究可以追溯到 20 世纪 20 年代。1925 年，霍迪纳无线控制公司（Houdina Radio Control Co.）在美国纽约街道上展示了一辆名为"美国奇迹"（American Wonder）的遥控改装车，并使用无线电控制它穿过了拥挤的街道。

第一批真正的自动驾驶车辆的原型则诞生于 20 世纪 80 年代。1987 年，慕尼黑联邦国防军大学迪克曼斯（Dickmanns）教授研究小组的 VaMoRs 首次在无人的高速公路上以 96km/h 的速度完成无人行驶。作为美国国防部资助的地面自主车辆（autonomous land vehicle，ALV）项目的参与成员之一，卡内基·梅隆大学于 1984 年开启了自动驾驶的研究。其研制的 Navlab 1 在 20 世纪 80 年代末期成功以 32km/h 的速度行驶；后续型号 Navlab 2 则在 20 世纪 90 年代实现了在无人操控的条件下以 10km/h 的速度规避障碍行驶，并实现了在公路上以 110km/h 的速度自动行驶[1]；Navlab 5 完成了 5000km 的行驶[2]，行驶总里程的 98.2%由车辆自动掌控，然而该车仍属于半自动驾驶，方向盘由神经元网络控制，而油门与刹车由驾驶员操控。同年，迪克曼斯教授研究小组改造的梅赛德斯-奔驰 S 级汽车完成了从慕尼黑至哥本哈根来回 1590km 的旅程，其中 95%是自动驾驶，并在德国的高速公路上以超过 175km/h 的速度行驶。[3]

---

[1] Jochem T, Pomerleau D, Kumar B, et al. PANS: A portable navigation platform. Proceedings of the Intelligent Vehicles '95. Symposium, 1995: 107-112.

[2] 九十七年前，1921 年 8 月 5 日第一辆无人驾驶汽车在美国试验成功. (2018-08-06). http://k.sina.com.cn/article_6485801339_18295797b001009hux.html[2021-10-15].

[3] Bimbraw K. Autonomous cars: Past, present and future—A review of the developments in the last century, the present scenario and the expected future of autonomous vehicle technology. Proceedings of the 12th International Conference on Informatics in Control, Automation and Robotics, 2015: 191-198.

　　2004—2007 年，美国国防高级研究计划局（Defense Advanced Research Projects Agency，DARPA）发起并赞助了 3 次无人驾驶机器人大奖赛。2004 年的第一次比赛在沙漠中进行，尽管有详细规定和标注的路线，但是仍然没有参赛队伍能够完成比赛；2005 年的第二次比赛仍然在沙漠中进行，这一次有 4 辆车在规定时间内完成了规定赛程，斯坦福大学的基于机器学习和概率逻辑等人工智能技术的斯坦利（Stanley）智能车赢得了冠军；2007 年的第三次比赛在模拟的城市环境中进行，参赛车辆需要面对复杂的行驶环境，并且必须遵守加利福尼亚州的交通法规，有 6 辆车完成了 85km 的比赛，来自卡内基·梅隆大学的智能车赢得了冠军。[①]尽管比起比赛场景，日常驾驶更为复杂，但这三次里程碑式的大奖赛依然标志着自动驾驶的发展已经取得了前所未有的成就，并且推动了一系列核心技术的进步。此后，各大公司开始纷纷研发、测试自己的自动驾驶车。

　　2010 年，奥迪公司与斯坦福大学合作，无人驾驶的奥迪 TTS 用 27min 就登上了美国的派克峰。[②]2012 年，谷歌改装的丰田普锐斯（Toyota Prius）在拉斯维加斯成为首辆通过驾照考试的自动驾驶车。[③]2013 年，戴姆勒集团与卡尔斯鲁厄大学合作，利用一辆搭载了立体摄像机和雷达系统的梅赛德斯-奔驰 S 级轿车，成功在完全无人驾驶的状态下从德国的曼海姆市途经 100km 到达普福尔茨海姆[④]，这一路线也是 100 多年前由贝尔塔·本茨夫人完成的人类历史上第一次汽车长途旅行的路线。2013 年，日产汽车发布了 2014 款英菲尼迪 Q50，这款车安装了自适应巡航、自动车道保持和防撞系统等，并且是第一批使用虚拟转向系统的车型。[⑤]同年，丰田公司在 2013 年的国际消费类电子产品展览会（International Consumer Electronics

①　Urmson C, Anhalt J, Bagnell D, et al. Autonomous driving in urban environments: Boss and the urban challenge. Journal of Field Robotics, 2008, 25: 425-466.

②　Bimbraw K. Autonomous cars: Past, present and future—A review of the developments in the last century, the present scenario and the expected future of autonomous vehicle technology. Proceedings of the 12th International Conference on Informatics in Control, Automation and Robotics, 2015: 191-198.

③　Harris M. How Google's autonomous car passed the first U.S. state self-driving test. IEEE Spectrum, 2014.

④　Ziegler J, Bender P, Schreiber M, et al. Making Bertha drive—An autonomous journey on a historic route. IEEE Intelligent Transportation Systems Magazine, 2014（2）: 8-20.

⑤　Bimbraw K. Autonomous cars: Past, present and future—A review of the developments in the last century, the present scenario and the expected future of autonomous vehicle technology. Proceedings of the 12th International Conference on Informatics in Control, Automation and Robotics, 2015: 191-198.

Show，CES）上展示了自动驾驶的原型车。2014 年，特斯拉公司发布了第一代自动驾驶（AutoPilot）系统，它集成了车道保持、自动转向功能，并能根据路标来进行刹车或自动限速。2015 年，特斯拉在几乎无人干预的情况下从旧金山行驶到了西雅图。[①]2017 年，特斯拉公司在当时所有车型上都配备了国际自动机工程师学会（SAE International）L5 级全自动驾驶所需的传感器和处理器等硬件。

在网联化方面，早在 20 世纪 70 年代末期，通用汽车公司和美国交通部（Department of Transportation）就已经开始检验自动公路系统（automated highway system，AHS）的可行性。1989 年，加利福尼亚大学伯克利分校的"先进交通和高速公路伙伴"（partners for advanced transit and highways）计划开启了自动公路的研究，并为 AHS 开发了一系列设计、模拟和验证的理论和软件工具。1994 年，美国成立了国家自动化公路系统联盟（The National Automated Highway System Consortium）来统筹开发实际的自动公路。1997 年，加利福尼亚大学伯克利分校、通用汽车等一系列研究机构和企业间展开合作，在圣地亚哥的 I-15 号公路上成功展示了一组由 8 辆车组成的自动驾驶车队。在这次展示中，每两辆车的间距为 6.5m，时速为 95km，演示了车道保持、换道、车距控制、车队分离和加入等技术。[②]1997 年，美国国会通过了《21 世纪交通运输平等法案》（Transportation Equity Act for the 21st Century），对包括智能交通系统在内的交通运输行业投入了大笔资金。1999 年，美国联邦通信委员会（Federal Communications Commission）为 ITS 在 5.9 GHz 频段内预留了 75 MHz 的带宽用作通信，这也成了日后智能车辆通信的标准。[③]此后，美国交通部的智能交通项目与其合作伙伴对 V2V 及 V2I 协同技术的巨大潜力产生了浓厚的兴趣，并在 2003 年开展了车路集成（vehicle infrastructure integration，VII）项目，期望使用车辆无线通信技术来取得安全和效率的巨大进步。[④]VII 项目在之后的几年之中开展了一系列 V2V 与 V2I 的验证实验，以求增强车辆的安全性能。2012—2013 年，美国交通部在密歇根州进行了车联网安全模型部署研究，超过 3000 辆车

① Kessler A M. Elon musk says self-driving Tesla cars will be in the U.S. by summer. The New York Times, 2015.

② Tan H S, Rajamani R, Zhang W B. Demonstration of an automated highway platoon system. Proceedings of the 1998 American Control Conference, 1998: 1823-1827.

③ Jiang D, Delgrossi L. IEEE 802.11p: Towards an international standard for wireless access in vehicular environments. IEEE Vehicular Technology Conference, 2008:2036-2040.

④ Auer A, Feese S, Lockwood S. History of Intelligent Transportation Systems. Washington: U.S. Department of Transportation, 2016.

运用无线通信安全技术来改善日常驾驶安全，包括前车刹车提醒、车辆死角探测和红灯提示等一系列措施，是迄今规模最大的 V2V 和 V2I 安全研究。[①]

在欧洲，2010 年，eCoMove 项目运用 V2X 技术来帮助司机进行正确的驾驶操作和路线规划，实施有效的交通管理，以此来减少能源损耗和碳排放。[②]日本的智能交通系统"智能道路"（Smartway）于 2007 年开始部署，并在 2010 年开始了全国性的部署。"智能道路"具有提供路况和交通信息、危险区域警示、运用 DSRC 提示转弯等功能，并计划在将来用 V2V 和 V2I 技术实现协同自适应巡航控制（cooperative adaptive cruise control，CACC）等功能。[③]

国内对于智能网联汽车的研究起步较晚，最早的"智能网联汽车"概念可以追溯到 1989 年国防科技大学"自主驾驶技术"团队开始的智能网联汽车技术研究。"八五"期间，中国首台无人车 ATB-1（autonomous test bed-1）在清华大学、国防科技大学、北京理工大学、浙江大学和南京理工大学 5 家院校的合作研究下诞生。1996 年，ATB-1 在实验中自主行驶的直道速度最高达到了 21km/h，弯道速度最高达到了 12km/h。[④]ATB-1 成为中国无人驾驶技术研究起步的标志，中国在智能网联汽车的道路上稳步前进。"九五"期间，第二代无人车 ATB-2（autonomous test bed-2）研制成功，此版本在结构化道路和乡村道路上都实现了自动驾驶，并具备车道保持、避障、越野及岔路转弯等功能，最高速度达到了 74.5km/h。[⑤]2005 年，第三代无人车 ATB-3（autonomous test bed-3）问世，该车在环境感知、障碍物探测以及轨迹追踪等关键技术上有了很大的提升。[⑥]2002 年，国防科技大学成功研制出了无人车红旗 CA7460，该车能够检测出前方车辆并主动进行变道，自主行驶的最高速度达到了 47m/s。2003 年，清华大学研制的无人车 THMR-V（Tsinghua mobile robot-V）具备了城区和高速两种驾驶模式，无人驾驶的速度超过了 100km/h。[⑦]2005 年，由上海交通大学和欧盟科研机

① Dopart K. Connected vehicle safety pilot program. Washington: U.S. Department of Transportation, 2013.
② Vreeswijk J, Wilmink I, Gilka P, et al. eCoMove:Integration of results and conclusions. 10th European Congress on Intelligent Transportation Systems, 2014.
③ Suryavanshi R M, Koul R. Integration of GPS and cellular technologies for development of smart public transport network. International Journal of Computer Applications, 2015（13）: 1-6.
④ 《中国公路学报》编辑部. 中国汽车工程学术研究综述·2017. 中国公路学报, 2017(6): 1-197.
⑤ 许华荣. 基于视觉的汽车自动驾驶系统关键技术研究. 厦门大学, 2011: 5.
⑥ 赵盼. 城市环境下无人驾驶车辆运动控制方法的研究. 中国科学技术大学, 2012: 6.
⑦ 于元隆, 樊铁锟, 何忠忠. 移动机器人 THMR-V 遥控系统的设计与实现. 计算机工程与应用, 2003（25）: 202-205.

构合作研制的 CyberC3 成为我国首辆城市无人车。[①]

2008 年，国家自然科学基金委员会启动了"视听觉信息的认知计算"重大研究计划，并于 2009 年开始每年举办"中国智能车未来挑战赛"。这项比赛极大地激发了国内院校和企业对无人驾驶智能车的研究兴趣，将国内无人驾驶的场景识别、环境适应和行驶机动性技术推向了新的高度。在2017 年的比赛中，西安交通大学的"发现号"获得了冠军。[②]

2010 年，随着智能汽车技术和无线通信技术的发展，车联网概念在中国出现，国家积极推动车联网技术的发展，传统整车企业也开始在互联网领域布局，互联网企业更是利用自己的优势纷纷加入汽车行业。在国际上，谷歌等互联网技术巨头早已入驻智能车市场。在国内，百度作为最早一批布局无人驾驶的企业，2013 年就开始进行了无人驾驶研发项目，在过去的几年里，多次实现了技术上的突破：2015 年底，首次在城市道路、环路及高速道路的混合路况下成功实现全自动驾驶；2016 年底，在全开放的城市道路上，18 辆百度无人车实现自动驾驶试运营；2017 年，百度宣布开放无人驾驶平台 Apollo，共享高精度地图及积累的驾驶数据，并与众多知名汽车相关企业及科技公司合作，旨在共同搭建一个以合作为中心的自动驾驶生态体系。[③]与此同时，阿里巴巴与腾讯也不甘落后，在投资滴滴打车伊始便占据了驾驶大数据的一席之地。2014 年，阿里巴巴便与上海汽车集团股份有限公司（以下简称上汽集团）签署了"互联网汽车"战略合作协议，并在 2015 年共同出资成立斑马网络技术有限公司，着力开发车联网的大平台。同时，腾讯在 2017 年进入智能汽车市场，收购特斯拉的部分股份，并和英伟达签署战略合作协议，联手打造人工智能计算和深度学习行业生态系统。[④]2019 年 7 月，华为正式发布智慧汽车解决方案业务单元（business unit，BU），宣示华为布局车联网，2020 年，华为携手其他企业正式成立了"5G 汽车生态圈"。[⑤]

---

① [大都会]上海开出首辆无人驾驶车. (2005-09-06). https://news.sina.com.cn/o/2005-09-06/020268 68303s.shtml[2020-10-12].

② 高雅丽. 智能车挑战赛：无人驾驶的"速度与激情". (2017-11-28). http://news.sciencenet. cn/htmlnews/2017/11/395377.shtm[2020-10-12].

③ 孙秋霞, 徐芳芳. 百度"无人驾驶"智驭未来出行. 中国科技奖励, 2016(7): 63-66; 刚刚, 马化腾宣布"造车"！这个风口再现 BAT 三巨头. (2017-12-01). http://www.sohu.com/a/ 204993276_ 235941[2022-10-05].

④ 腾讯杀进无人驾驶 已开发出自己的无人驾驶系统？(2017-12-01). http://www.sohu.com/ a/203395297_145327[2022-10-05].

⑤ 华为携手首批 18 家车企成立"5G 汽车生态圈". (2020-05-09). https://www.huawei.com/ cn/news/2020/5/5g-car-eco[2022-10-05].

面对新兴互联网企业的挑战，传统车企也纷纷推出了自己的产品与技术。2015 年发布的吉利博瑞 1.8T 旗舰型汽车具备了自适应巡航控制（adaptive cruise control，ACC）系统、全景环视系统（surround view system，SVS）、车道偏离警示（lane departure warning，LDW）、前方碰撞预警（forward collision warning，FCW）、自动泊车（automatic parking，AP）等先进驾驶辅助功能。2016 年，上汽集团发布荣威 RX5，主打互联网功能。该车型搭载了与阿里巴巴合作研发的 YunOS 系统，通过互联网可以实现多媒体播放、预约车位、在线购物及支付等功能。在人机交互方面，荣威 RX5 支持车外的手机远程控制和车内的语音控制；在安全性方面，也具备了车道偏离警示、前方碰撞预警和全景环视等功能。2017 年末，广汽集团发布了 iSPACE 智能互联电动概念车。该车型搭载了腾讯推出的 AI in Car 系统，具备智能化的人机交互模式，能够在不同的出行场景下智能识别通勤、约会、机场接送、购物、停车等驾驶场景，以提供不同的信息，并结合微信与 QQ 使驾驶员能够在驾驶过程中安全、便捷地收发社交信息。

中国智能汽车行业不断发展，在 2015 年举办的第十三届中国汽车产业高峰论坛，中国汽车工业协会正式对"智能汽车"进行了定义、分级和技术架构，自此明确了智能汽车将形成智能化、网联化两个方向共同发展的技术路线。[①]2017 年 6 月，工业和信息化部、国家标准化管理委员会发布《国家车联网产业标准体系建设指南（智能网联汽车）（2017 年）》，明确了智能汽车产业建设的具体结构和要求，对于推动我国智能汽车发展发挥了规范和促进的作用。2020 年 3 月 9 日，工业和信息化部发布的《汽车驾驶自动化分级》推荐性国家标准报批公示，为我国后续自动驾驶相关法律、法规等的出台提供了支撑。

1.1.2　智能汽车核心技术及其发展

1. 环境感知技术

与传统汽车相比，智能汽车搭载了先进的车载环境传感器，具有对复杂环境的感知能力。车载环境传感器使智能汽车拥有了"眼睛""耳朵"，能够实时感知周边交通环境的变化。智能系统不仅能感知到对驾驶员来说是"盲点"的信息，还全程在线，不会产生像驾驶员那样分神或注意力不集中的问题。当前智能汽车驾驶辅助系统使用的环境传感器主要有超声波

---

① 第十三届中国汽车产业高峰论坛成功举办. (2015-10-19). https://www.e-works.net.cn/news/category6/news64321.htm[2020-10-12].

雷达、激光雷达、单目摄像头、双目摄像头，以及计算机视觉图像识别技术等。智能汽车传感器种类及典型使用情境举例如表 1-1 所示。

表 1-1　智能汽车传感器种类及典型使用情境举例

传感器	功能	使用情境举例
视频传感器	识别车道线、路边道路标志、交通标志、其他车辆以及自行车和行人等对象	判断车辆前方障碍物的类别
超声波雷达	精确测量与障碍物之间的距离及物体的方位	判断与前车的距离
激光雷达	识别 250m 内的对象，精确定位自身位置	测量前车的速度
GPS 接收器	感应位置	判断当前汽车位置
光线传感器	感应光线	判断外界光照情况，调节屏幕亮度
温度传感器	感应温度	检测外界温度变化情况

2. V2X 通信技术

V2X 通信技术主要有 DSRC 技术和基于蜂窝移动通信系统的 C-V2X（cellular vehicle to everything）技术。V2X 通信技术与车载环境传感器形成了互补，扩大了智能汽车对环境的感知范围和时间维度。V2X 通信技术主要在车与车、车与基础设施、车与城市云车辆间构建了专用通信系统，以及实现车间信息共享与协同控制的通信保障机制，从而提升汽车的智能水平，缓解道路拥堵情况。V2X 通信技术不仅可以提供驾驶员视线外的交通安全信息，还可以为驾驶员提供实时道路拥堵情况、停车场推荐、位置实时分享等个性化的应用服务。

3. 智能决策技术

智能决策技术建立在上述环境感知技术和 V2X 通信技术基础上，对通过传感器及通信技术收集到的大量数据和反馈信息进行加工、整合，利用危险态势分析、行为决策、危险预警等技术进行智能计算与决策，并依据决策为驾驶员提供信息服务或控制车辆。应用智能决策技术的智能网联汽车系统能够基于当前驾驶情境信息，如车辆周边环境、车辆当前位置、路测感知信息，结合驾驶意图帮助驾驶员进行智能决策，甚至对车辆进行自主控制，实现安全、舒适的行驶目标。目前，主流的智能决策方案有基于规则的决策方案和终端到终端的决策方案，其中，基于规则的决策方案的可解释性较强，需要人工搭建。智能决策技术已被广泛应用在汽车领域，如路径导航系统、自适应巡航控制系统、预测行人保护系统、前方碰撞预警系统、车道保持辅助（lane keeping assist，LKA）系统等。

4. 云平台与大数据技术

通过 V2X 通信技术，智能汽车云平台可以实时获得并存储驾驶员信息、车辆信息（位置和运动信息等）以及车辆周边环境信息（道路和交通信息等）。大数据技术是智能汽车的基础支撑技术，主要包括深度学习算法、图像识别、数据融合、智能预测等。它能够随时随地对各种情境信息进行数据融合和预测，挖掘有效的交通信息，进行信息交换与共享，及时、高效地为用户提供各种情境服务。云平台运用大数据技术对这些信息进行整合、分析，再将这些信息反馈给驾驶员和智能网联车系统，实现了交通堵塞情况预测、相同路线油耗情况分析、事故多发路段的超前预警、主动安全评估以及驾驶行为分析等功能。

1.1.3 智能汽车交互设计发展历史

交互是指人类与自然界事物的沟通，其本质是主体与客体间的交流。交互的主体是人类自身，而客体可以是能产生反馈的各种事物。20 世纪 60 年代，计算机的发明带来了鼠标、图形界面和窗口等新兴事物及新的人机交互模式，并正式有了"人机交互"的概念。

从广义上来说，自从人类制造机器之初，便有了人机交互的存在，并且这种交互关系的发展与相关技术的进步关系密切。汽车人机交互的创新与突破一直紧跟消费电子产品发展的脚步。早期汽车的结构和内饰十分简单，仅有方向盘、车灯和刹车等几项基本操纵功能，对人机交互并不重视。随着技术的发展，车载收音机、按键式收音机、磁带录音机、触控屏、导航、电话、播放器等多媒体电子产品逐渐被应用到汽车中，随后抬头显示器（head-up display，HUD）、声控、远程控制、大尺寸触屏等更为先进的智能电子产品被大量应用在了汽车上，尤其是在大量车载信息系统（in-vehicle information system，IVIS）被应用到驾驶空间之后，汽车从具有乘用功能的机械产品逐步演变成了一个集信息获取、传递、交流和娱乐为一体的具有多种功能的交互式空间，汽车人机交互界面呈现出多功能化、集成化、智能化的特点。

这样的发展历程也体现了汽车人机关系从"刚性"到"弹性"的转变。"刚性"关系指的是早期汽车由于技术和设计水平的限制，驾驶员在人机关系中并非处于主导地位，首先考虑的是如何使汽车更方便地制造和运行，人必须按照机器规定的步骤和方式来进行操作，如早期福特 T 型车必须先用右手转动车前的摇杆给引擎加燃料，再换左手转动摇杆启动引擎，否则的话，引擎发生回火时人就很容易受伤，并且在启动后还需要手动调整火花塞的点火频率，以使引擎能在最合适的状态顺利运转。这都反映了典型的人适应机器的"刚性"关系。

经过近百年的发展，汽车人机交互已经转变为具有可操控性、可理解性和强调用户体验。随着互联网和人工智能等一系列新技术的发展，汽车本身已经具备一定的"自主性"，用户在使用产品的过程中，产品也能在一定程度上学习用户的行为并改变自身，以适应用户的需求，这就是一种"弹性"关系。比如，在 2017 第十七届上海国际车展上，佛吉亚（Faurecia）展出了一款名为 Active Wellness 的智能座椅，可以通过传感器来检测驾驶员和乘客的心跳、呼吸频率，并通过空调系统（调节通风）与按摩系统来帮助驾驶员和乘客放松。①这体现了以人为本的设计理念，标志着汽车的人机关系已经在朝着"弹性"的方向转变。

在传统汽车驾驶过程中，重点解决的是驾驶安全和用户对娱乐与社交等非驾驶类信息的交互需求之间的矛盾。随着车辆智能化和网联化的发展，越来越多的新技术已经被应用于汽车行业，各种汽车服务应用的集成度不断提高，操作层级日益复杂。驾驶员在驾驶过程中需要处理的信息，如接打电话，操作导航系统、社群系统以及选择娱乐系统等，都对汽车的人机交互提出了更高的要求。国内外针对未来半自动驾驶或全自动驾驶的人机交互进行了相关研究和展望，比如，Llaneras 等对半自动驾驶情况下的驾驶员行为进行了实验研究，并据此提出了半自动驾驶人机交互的安全需求②；Kun 等分析了近几年国际汽车人机交互会议上发表的论文，并提出了未来自动驾驶人机交互设计的要求与目标③。Meschtscherjakov 等基于谷歌自动驾驶模拟器和斯坦福大学开发的无人车，提出了无人驾驶系统下交互设计的概念、潜力和原型④；Krome 等提出了针对未来自动驾驶基于

① Active Wellness 座椅为驾乘者健康护航. (2015-10-26). https://auto.vogel.com.cn/c/2015-10-26/688571.shtml[2020-10-12].

② Llaneras R E, Salinger J A, Green C A. Human factors issues associated with limited ability autonomous driving systems: Drivers' allocation of visual attention to the forward roadway. Proceedings of the 7th International Driving Symposium on Human Factors in Driver Assessment, Training, and Vehicle Design, 2013: 92-98.

③ Kun A L, Boll S, Schmidt A. Shifting gears: User interfaces in the age of autonomous driving. IEEE Pervasive Computing, 2016（1）: 32-38.

④ Meschtscherjakov A, Tscheligi M, Szostak D, et al. HCI and autonomous vehicles: Contextual experience informs design. CHI 2016 Workshop Summary, 2016: 3542-3549.

情景的人机交互设计流程，并完成了具体交互设计原型[1]；Kristoffersen 等针对网联化汽车的人机界面，利用更为丰富的信息和交互手段，介绍了新的交互设计概念，并完成了具体的原型设计[2]。

随着消费电子产品快速发展，车内人机交互界面的发展可以总结为以下几个阶段：机械按键交互阶段、基于图形显示器的交互阶段、多通道人机交互阶段和智能驾驶座舱阶段。

1. 机械按键交互阶段

最初的汽车仪表盘是机械式的，从 1908 年的福特 T 型车到如图 1-3 所示的 1937 年福特 V8 型号车，仪表盘上显示速度的指针的转轴都是由一根柔性金属管与变速器上的某个齿轮连接，通过齿轮的转速模拟出仪表盘上的车速。当时人们并不重视仪表盘，基本把它归入电表、水表的功能范畴中，技术上也以传统的热式和动磁式（空心线圈机芯）等为主。随后，纯机械式的仪表盘被电磁脉冲的电子仪表盘取代，并增加了夜光功能。

图 1-3   1937 年福特 V8 型号车仪表盘

2. 基于图形显示器的交互阶段

汽车的仪表盘和中控显示屏是一辆汽车信息交互设备的核心部分，成为用户感知车辆状况、与车辆进行交互的重要媒介，也是评价车辆品质、智能性、可用性的主要参考依据，集中体现了汽车新技术的发展趋向。

① Krome S, Goddard W, Greuter S, et al. A context-based design process for future use cases of autonomous driving : Prototyping AutoGym. Automotive UI'15:Proceedings of the 7th International Conference on Automotive User Interfaces and Interactive Vehicular Applications, 2015: 265-272.

② Kristoffersen S, Ljungberg F. "Making place" to make IT work : Empirical explorations of HCI for mobile CSCW. Proceedings of the 1999 ACM International Conference on Supporting Group Work, 1999: 276-285.

　　电子技术不断发展，促使汽车仪表盘从真空荧光显示器（vacuum fluorescent display，VFD）发展到液晶显示器（liquid crystal display，LCD）、薄膜晶体管液晶显示器（thin film transistor-liquid crystal display，TFT-LCD）、电气仪表盘（图 1-4）。21 世纪，液晶屏开始普及，大部分厂商开始使用液晶仪表盘，在液晶屏植入后，绝大部分车辆行驶信息开始用虚拟数字显示。

图 1-4　斯柯达明锐 RS 电气仪表盘

　　随着触屏技术的发展，作为一种典型的自然交互形式，触屏交互逐渐应用于汽车座舱内，驾驶员无须真正触碰到中控面板背后的控制装置，仅触碰屏幕就可以实现操作。同时，触摸屏可加载于其他软质材料诸如真皮或布料中，最大限度地实现了车内座舱内饰组装的灵活性。目前，关于触屏交互，已经开发出了诸多设计范例。特斯拉 Model S 和 Model X 都配备了 17 英寸①的中控大屏幕（图 1-5），不仅尺寸很大，屏幕显示效果也十分细腻。这块屏基本承载了绝大部分的车辆行驶和娱乐功能的操作，能让驾乘人员很方便地对车辆进行可量化设置。

图 1-5　特斯拉中控屏

---

① 　1 英寸=2.54 厘米。

触屏显示的优势是可以解决物理按键只能承担一个功能进而导致按键数量增加的问题。但是，在识别层面，触屏交互控制器没有物理控制器那么容易，在反馈上也不如物理按键和移动设备的振动反馈那么明显，因此触屏交互在汽车内的应用还有一定的局限性。

3. 多通道人机交互阶段

随着智能汽车、车联网技术的蓬勃发展，新的功能如雨后春笋般出现，车内的交互方式也在增加，在未来，触摸屏、语音识别以及手势控制等新智能系统将主导汽车仪表盘。通过各大车企最新推出的概念车，如宝马 i Vision Future Interaction、讴歌 Precision 及大众 T-Cross Breeze，我们就能看出仪表盘的演变过程。[①]20 世纪 80 年代，凯迪拉克阿兰特的仪表盘上还密密麻麻地排列很多按键，而在如图 1-6 所示的标志概念车型内部设计中，几乎已经看不到传统按键和旋钮的踪迹了。

图 1-6　标志概念车型内部

2016 年,国际汽车行业研究公司思迈汽车信息咨询公司（IHS Automotive）发布的一项研究表明，未来方向盘控制、语音识别、触摸屏和手势控制系统的全球销量将会大幅提升。思迈汽车信息咨询公司在 2016 年对 4000 名汽车消费者进行了一项调查，这些消费者被问及在开车过程中更愿意如何使用仪表盘，受访者可以选择多个选项。调查结果显示，75%的受访者更愿意使用汽车的语音识别系统，70%的受访者希望使用中控台的触摸屏，69%的受访者更青睐方向盘控制系统。这个调查揭示了为什么汽车厂商不断努力将车内设置从传统按键转向触摸屏、方向控制系统、语音识别和手势控制系统等。[②]

---

① 触摸屏、语音识别、手势控制渐成趋势 汽车仪表盘按钮即将消亡. (2016-04-07). http://www.okeycar.com/news/c-9/162842.html[2017-01-23].

② 触摸屏、语音识别、手势控制渐成趋势 汽车仪表盘按钮即将消亡. (2016-04-07). http://www.okeycar.com/news/c-9/162842.html[2017-01-23].

随着交互方式的增加，基于物理按键的交互方式面临着新的形势和巨大挑战。汽车工业经过了几百年的发展，总体来说，车辆内部信息整合将是大势所趋。整合后的中控仪表有多种显示模式，运动模式下转速表和时速表会占据屏幕的大部分空间，而信息模式下屏幕的大部分区域则用来显示导航信息等。

4. 智能驾驶座舱阶段

传统汽车座舱功能区布局碎片化、信息过量化，这样的设置容易给驾驶员与车的交互带来障碍。随着各种技术的发展，集成液晶仪表、增强现实抬头显示器（augmented reality head-up display，AR-HUD）、中控屏、后座娱乐屏等多屏融合智能驾驶座舱将会给驾驶员带来更为智能化和安全的交互体验，并重新定义人机交互方式。

上汽集团在 2017 上海车展发布的荣威光之翼是一个非常具有代表性的未来座舱设计案例。它的车载系统基于 YunOS Auto 打造，是上汽集团和阿里巴巴在 2014 年合作之后，专门为汽车打造的一套互联网系统。这套系统使得车内服务与移动互联网赋能的交互体验几乎趋于一致：涵盖科大讯飞的语音交互系统、高德的地图导航系统、4G 在线服务系统，甚至实现了支付宝与车辆身份标识（identity document，ID）唯一对应，记录下用户的操作习惯，更加"懂你"。将移动互联的特质应用在汽车上，打通各个场景，能让用户体会到生活服务方面的具有连贯性的极致体验，例如，通过系统找到停车位。

现代摩比斯（Hyundai Mobis）是现代汽车集团旗下的零部件供应商，在 2019 年 CES 展上，这家企业展示了新的汽车座舱理念——安装在车顶位置的显示系统。它能够显示驾驶员身体状况及导航信息，并且驾驶员抬头即可见。现代摩比斯给出的一个应用场景是：未来，当驾驶员驾驶着自动驾驶汽车进入高速公路后，座椅自动向后倾斜，驾驶员可以进入休息模式，在这种半躺的模式下，车顶的显示屏可以为驾驶员提供车辆信息。

2018 年，佛吉亚提出了模块化、平台化的未来座舱概念。其认为，互联化和自动化将从根本上颠覆未来的车上体验。其研发重点集中在互联性、适应性和预测性三个方面。互联性是指运用智能人机交互以及集成电子学，强化人、车与外部时间之间的互联性；适应性是指帮助驾乘人员适应不同的驾乘情景，重点关注安全性、幸福感和舒适度；预测性是指未来座舱通过传感器和大数据进行学习，自动预测每位驾乘人员的需求与状态，不断优化车上体验。[①]

德国采埃孚股份公司（ZF Friedrichshafen AG）在智能座舱方面主要展出了两项技术：一个是采用采埃孚"2020概念"的智能交互驾驶舱，这一技术的灵感源于飞行员使用的航空地平仪等图像显示器；另一个是显示屏位于方向盘中间的概念方向盘，其宗旨是利用手势来触发车上的各种功能，比如，通过不同手势来控制温度、灯光等。该方向盘还巧妙地集成了许多其他功能，例如，可检测驾驶员在哪个位置抓握方向盘及是否进行了适当抓握，可实现精确的驾驶员手部判断。方向盘轮圈上集成的发光二极管（light emitting diode，LED）灯带，还可以通过颜色对驾驶员进行指示和提醒。[②]

1.2　汽车智能功能与网联功能的发展

1.2.1　智能汽车的智能化与网联化发展

自动驾驶是一个渐进的过程，在业内看来，驾驶最终会发展到无人驾驶。目前，各大车企的自动驾驶更多的是加入各种各样的智能辅助系统，使得汽车能够完成变道、超车等一些特定、单一的"自动驾驶"动作，从而变得更加智能。

根据2014年版的SAE[③]J3016标准，汽车从全人工操作到全自动化过程主要经历了6个阶段，如表1-2所示。

表 1-2　道路车辆驾驶的自动化水平综述

水平	级别	描述	执行转向、减速操作	监测驾驶环境	动态驾驶任务回退操作	系统能力驾驶模式
人为监测驾驶环境	0　无驾驶自动化	全程由驾驶员执行各种动态驾驶任务的操作	驾驶员	驾驶员	驾驶员	无
	1　驾驶员辅助	加速或减速驾驶辅助系统执行特殊驾驶模式，但仍然由驾驶员完成动态任务的操作	驾驶员与系统	驾驶员	驾驶员	部分系统驾驶模式

---

① 你的驾驶座舱，未来将会彻底变形，你能想象吗？（2018-05-11）．http://www.sohu.com/a/231289060_377283[2018-12-31].

② 汽车驾驶舱应该是这样的！不信？请看！（2018-02-25）．https://www.sohu.com/a/223979392_506372[2022-03-02].

③ SAE（Society of Automotive Engineers，美国机动车工程师学会）是国际上比较大的汽车工程学术组织。

续表

水平	级别	描述	执行转向、减速操作	监测驾驶环境	动态驾驶任务回退操作	系统能力驾驶模式
人为监测驾驶环境	2 部分驾驶自动化	加速和减速驾驶辅助系统执行特殊驾驶模式，但仍然由驾驶员完成动态任务的操作	系统	驾驶员	驾驶员	部分系统驾驶模式
系统监测驾驶环境	3 有条件驾驶自动化	系统执行部分动态驾驶任务，但要求驾驶员能正确回应系统要求，适时进行人为干预	系统	系统	驾驶员	部分系统驾驶模式
	4 高度驾驶自动化	即使驾驶员不能及时进行干预，自动驾驶系统也能完成动态驾驶任务	系统	系统	系统	部分系统驾驶模式
	5 完全驾驶自动化	在任何道路状况和驾驶环境中，自动驾驶系统都能完成所有动态驾驶任务	系统	系统	系统	全系统驾驶模式

资料来源：SAE J3016：驾驶自动化分级（2021 年 4 月，中文版）.（2021-05-25）. https://www.sohu.com/na/ 468337997_468661[2021-06-01]

从条件自动而言，驾驶员要能够及时对系统进行正确的干预操作，即要求驾驶员在恰当的时机激活自动驾驶系统，而且当系统出现故障或超出其自动驾驶条件时，驾驶员能及时进行人为动态任务操作。从技术而言，当自动驾驶系统被激活时，驾驶员并不需要监测系统的操作，但要做好接管汽车的准备。同时，系统要给驾驶员留出足够多的时间对汽车提醒进行正确反应（如刹车、转弯等）。例如，装有自动驾驶系统的汽车在走走停停的城市低速驾驶环境里，可以执行完整的动态驾驶任务，不需要驾驶员进行任何操作。

国内智能汽车技术的发展兼顾智能化、网联化两种路径，"智能化+网联化"融合发展，以系统最终替代人类实现全部驾驶任务为终极目标。中国汽车工程学会牵头制定了智能汽车的 5 级智能化和 3 级网联化标准。[①]

1. 智能化等级

在智能化方面，我国以目前业内普遍接受的 SAE 分级定义为基础，并考虑中国道路交通情况的复杂性，将智能化分为驾驶辅助（driving assiatance，DA）、部分自动驾驶（partial autonomation，PA）、有条件自

————————
① 国家车联网产业标准体系建设指南（智能网联汽车）（2017 年）.

动驾驶（conditional automation，CA）、高度自动驾驶（high automation，HA）、完全自动驾驶（full automation，FA）5 个等级，每个等级对应的具体内容如表 1-3 所示。①

表 1-3   智能汽车智能化等级

智能化等级	等级名称	等级定义	控制	监视	失效应对
1（DA）	驾驶辅助	通过环境信息对方向和加减速中的一项操作提供支援，其他驾驶操作都由人进行	人与系统	人	人
2（PA）	部分自动驾驶	通过环境信息为方向和加减速中的一项或多项操作提供支援，其他驾驶操作都由驾驶员进行	人与系统	人	人
3（CA）	有条件自动驾驶	由无人驾驶系统完成所有驾驶操作，根据系统请求，驾驶员需要进行适当的干预	系统	系统	人
4（HA）	高度自动驾驶	由无人驾驶系统完成所有驾驶操作，特定环境下系统会向驾驶员提出响应请求，驾驶员可以不对系统请求进行响应	系统	系统	系统
5（FA）	完全自动驾驶	无人驾驶系统可以完成驾驶员能够完成的所有道路环境下的操作，不需要驾驶员介入	系统	系统	系统

2. 网联化等级

按照网联通信内容及实现的功能不同，网联化可以分为网联辅助信息交互、网联协同感知、网联协同决策与控制三个等级，表 1-4 从等级定义、控制、典型信息和传输需求的角度进行了解释。②

表 1-4   智能汽车网联化等级

网联化等级	等级名称	等级定义	控制	典型信息	传输需求
1	网联辅助信息交互	基于车-路、车-后台通信，实现导航等辅助信息的获取及车辆行驶与驾驶员操作等数据的上传	人	地图、交通流量、交通标志、油耗、里程等信息	对传输的实时性、可靠性的要求较低
2	网联协同感知	基于车-车、车-路、车-人、车-后台通信，实时获取车辆周边的交通环境信息，与车载传感器的感知信息融合，作为自车决策与控制系统的输入	人与系统	周边车辆、行人、非机动车位置、信号灯相位、道路预警等信息	对传输的实时性、可靠性的要求较高

① 国家车联网产业标准体系建设指南（智能网联汽车）（2017 年）.
② 国家车联网产业标准体系建设指南（智能网联汽车）（2017 年）.

网联化等级	等级名称	等级定义	控制	典型信息	传输需求
3	网联协同决策与控制	基于车-车、车-路、车-人、车-后台通信，实时并可靠地获取车辆周边的交通环境信息及车辆决策信息，车-车、车-路等各交通参与者的信息进行交互融合，形成车-车、车-路等各交通参与者之间的协同决策和控制	人与系统	车-车、车-路间的协同控制信息	对传输的实时性、可靠性的要求最高

1.2.2　先进驾驶辅助系统

ADAS 是智能汽车实现智能化的重要组成部分，是指依靠车载传感系统进行环境感知，并对驾驶员进行驾驶操作辅助的系统。ADAS 是利用安装于车上的各式各样的传感器，在第一时间收集车内外的环境数据，进行静、动态物体的辨识、侦测与追踪等技术上的处理，从而能够让驾驶员以最快的速度察觉可能发生的危险，以引起注意和提高安全性的主动安全技术。

ADAS 的组成架构非常广泛，从技术角度看，包含许多先进的主动安全驾驶辅助技术。表 1-5 详细描述了车辆状态监测、驾驶员状态监测、视野改善、倒车/泊车辅助、避险辅助 5 大类模块。

表 1-5　ADAS 功能介绍

编号	技术条目	技术描述
模块 1	车辆状态监测	通过安装在车内的传感器，监测车辆运行过程中的重要数据信息，以及时检测出车辆的异常情况
1.1	智能行车电脑	监测车辆整体运行状况
1.2	胎压监测系统	监测轮胎压力信息，保障行车安全
模块 2	驾驶员状态监测	通过监测驾驶员自身的身体状态及驾车行为，以保证驾驶员处于安全、健康的驾车状态
2.1	驾驶员疲劳监测系统	监测驾驶员的疲劳状态
2.2	禁酒闭锁系统	监测驾驶员的酒精状态

编号	技术条目	技术描述
模块 3	视野改善	提高在视野较差环境下的行车安全性
3.1	自适应前照明系统	根据周边环境调整配光方式，提供最佳照明范围和照明亮度，改善传统灯光的照明死角
3.2	夜视系统	提高驾驶员在夜间或较弱光线的驾驶环境中的预见能力，扩大驾驶员夜间视野范围
3.3	抬头显示	在挡风玻璃上显示车辆状态参数等信息，方便驾驶员查看
3.4	日间行车灯	提高车辆日间行车时的可见性
模块 4	倒车/泊车辅助	辅助驾驶员进行倒车、泊车操作，防止在该过程中发生碰撞危险
4.1	倒车影像监视系统	通过后视摄像头将倒车过程中车后状况清晰地显示于车内显示屏上，便于驾驶员准确地把握车后路况
4.2	全方位车身影像系统	提供车身周围 360°范围内的影像信息
4.3	智能泊车辅助系统	自动识别泊车位，并控制转向实现自动泊车
模块 5	避险辅助	自动监测车辆可能发生的碰撞危险并发出提醒，必要时系统会主动介入，从而防止发生危险或减轻事故带来的伤害
5.1	电子稳定程序	制动系统的电子控制装置，具有刹车防抱死系统以及加速防滑系统功能，并且可以防止车辆在遭遇突发状况时发生打滑失控
5.2	自适应巡航控制系统	利用雷达探测器探测与前方车辆的车距，在车辆定速巡航时可以根据道路状况控制车辆速度，保持设定好的车距
5.3	碰撞预警系统	用雷达、摄像头等多种传感器探测周围交通环境，判断是否有碰撞危险，一旦检测到碰撞危险，便启动相应预防措施
5.4	变道辅助系统	监测车辆两侧后方盲区（车后 50m 以内）的交通状况
5.5	车道偏离警示系统	车辆偏离所行驶的车道时，对驾驶员进行提醒，防止由于车辆偏离车道而引发事故
5.6	车道保持辅助系统	车辆偏离所行驶的车道时，系统主动干预，自动操作转向系统，使车辆保持在原有车道行驶
5.7	限速交通标志提醒	自动识别路边限速交通标志，提醒驾驶员注意限速

从目标实现的角度来看，辅助系统包含预警与控制两个方面。常见的预警辅助有前向碰撞预警、车道偏离预警、盲点信息系统（blind spot information system，BLIS）、驾驶员疲劳预警（driver drowsiness detection，DDD）、全景环视、胎压监测等。常见的控制辅助包括车道保持辅助系统、自适应巡航控制系统、自动紧急刹车（autonomous emergency braking，AEB）系统、自动泊车系统等。其中，车道保持辅助系统、自适应巡航控制系统、

自动紧急刹车系统是实现汽车自动驾驶的关键技术。

目前，已经有一些量产车辆上搭载其中一种或多种控制功能。一种控制功能已经可以实现汽车纵向上速度或横向上转向的控制，若同时有多种自动化的控制功能，可以通过功能间独立控制或者协同工作，从而达到减轻驾驶员对车辆控制负担的作用。例如，大众 CC 配置的自适应巡航控制系统，可以准确测量车头时距，使本车按预定距离跟随前车；在未探测到前方车辆的情况下，自适应巡航控制系统将按设定的巡航速度行驶。奥迪 A6L 搭载具备走停功能的自适应巡航控制系统，系统由高分辨率摄像头、两个雷达传感器和多个超声波传感器组成，该系统不仅具备跟驰功能，而且具备随前车减速和随前车停车的功能。特斯拉 Model S 配备了碰撞预警和自动紧急刹车系统，能够在最高 145km 的时速下实现自动紧急制动，保证了高速行驶状态下的安全性。

不过，即使是搭载了 ADAS 的车辆，驾驶员依然对车辆有全面控制权，只在有限情况下可以选择放弃控制权，交由汽车进行自动控制。在这种情况下，虽然驾驶员可以双手脱离方向盘或者脚离开刹车和油门，但依然需要实时监控道路情况，准备好对出现的任何状况进行处理。

我们也可将先进驾驶辅助功能分为纵向驾驶辅助功能和横向驾驶辅助功能。纵向驾驶辅助功能是基于主测车在某单一车道内，纵向行驶或跟随前车的场景，为驾驶员提供某些辅助，包括典型的自适应巡航功能和前方碰撞预警功能。横向驾驶辅助则是基于道路环境和主测车的位置关系，如判断主测车和所在车道线的位置关系，为驾驶员提供某些辅助，包括较典型的车道偏离预警功能和车道保持功能。下面将对这 4 种典型功能进行具体介绍。

1）自适应巡航功能。自适应巡航也可称为主动巡航，类似于传统的定速巡航控制，该系统包括雷达传感器、数字信号处理器和控制模块。在自适应巡航控制系统中，系统利用低功率雷达或红外线光束得到前车的确切位置，如果发现前车减速或监测到新目标，系统就会发送执行信号给发动机或制动系统来降低车速，从而使车辆和前车保持一个安全的行驶距离。当前方道路障碍清除后，又会加速恢复到设定的车速，雷达系统会自动监测下一个目标。主动巡航控制系统代替司机控制车速，避免了频繁取消和设定巡航控制。自适应巡航控制系统适合于多种路况，为驾驶员提供了一种更轻松的驾驶方式。

2）前方碰撞预警功能。前方碰撞预警系统能够通过雷达系统来时刻监测前方车辆，判断本车与前方车辆之间的距离、方位及相对速度，当存在潜在碰撞危险时，对驾驶员进行警告。前方碰撞预警系统本身不会采取任何制动措施去避免碰撞或控制车辆。

3）车道偏离预警功能。车道偏离预警系统主要由抬头显示器、摄像头、控制器以及传感器组成，当车道偏离系统开启时，摄像头（一般安置在车身侧面或后视镜位置）会时刻采集行驶车道的标识线，通过图像处理获得汽车在当前车道中的位置参数。当检测到汽车偏离车道时，传感器会及时收集车辆数据和驾驶员的操作状态数据，之后由控制器发出警报信号，整个过程大约在 0.5s 完成，为驾驶员留出了更多的反应时间。如果驾驶员打开转向灯，正常进行变线行驶，那么车道偏离预警系统不会做出任何提示。

4）车道保持功能。车道保持辅助系统属于智能驾驶辅助系统中的一种，可以在车道偏离预警系统的基础上对刹车的控制协调装置进行控制，为车辆行驶时借助一个摄像头识别行驶车道的标识线将车辆保持在车道上提供支持。如果车辆接近识别到的标识线并可能脱离行驶车道，那么会通过方向盘的振动或者是声音来提醒驾驶员注意，并轻微转动方向盘修正行驶方向，使车辆处于正确的车道上，若方向盘检测到长时间无人主动干预，则发出报警，用来提醒驾驶员。

第2章　智能汽车 HMI 设计的认知基础

在如今用户体验经济时代和智能技术不断发展的背景下，人们开始追求在汽车上获得更加人性化的用户体验，与此同时，汽车的设计趋于同质化。因此，符合目标用户需求的汽车 HMI 产品将成为吸引、获取用户的重要途径。本章从视觉设计理论、可用性测试、用户认知等角度围绕智能汽车 HMI 设计标准等内容展开讨论。

2.1　驾驶行为模型

驾驶行为模型描述了人的认知、处理和操控行为过程，在车辆开发、交通仿真、道路安全评价、车路协同等方面起到了重要的作用，对预测、减少驾驶风险，发展智能安全交通系统等有重大意义。

驾驶行为建模是在对具体驾驶活动（如驾驶人对速度的感知、决策过程以及驾驶人的注意力控制等）进行观察、分析和研究的基础上构建一个层级结构，将层级结构与驾驶任务动态地联系起来，在不同的层级上对驾驶人行为进行分析。该模型包含三个方面——输入、信息处理和输出，如图 2-1 所示。

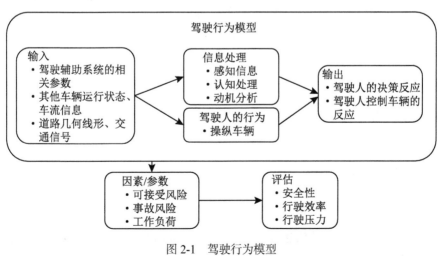

图 2-1　驾驶行为模型

人类的感知过程可以分为感知阶段、判断阶段和操作阶段。感知阶段，即驾驶员利用感知器官接收道路交通信息；判断阶段，即驾驶员在感知信息的基础上，根据积累的知识和驾驶经验，经过大脑的分析做出判断，确定有利于汽车安全驾驶的措施；操作阶段又称为动作阶段，即驾驶员依据判断决策做出反应和行动。驾驶行为可以被认为是驾驶员在驾驶状态下，由交通环境的变化而引起的身体功能化反应。

驾驶行为模型主要有描述性模型、功能性模型两大类，以下进行详细解释。

2.1.1 描述性模型

1. 任务分析模型

任务分析实际上是对驾驶人在驾驶过程中的任务要求、行为要求和能力要求的客观描述与分析。该方法从任务性质、行为要求、能力要求及行为描述四个方面对驾驶任务进行分析。

任务分析模型可以作为功能性模型的低级别控制层（如策略、操作层），这类模型强调驾驶任务的重要作用，尤其是在完成驾驶任务要求和驾驶人行为评估等方面。然而，任务分析模型本身也有缺点，如很少提及道路特征对驾驶任务的影响。

2. 层级模型

层级模型的建模思想如下：将各类驾驶子任务划分为不同层级，在不同的层级上对驾驶任务进行分析。在层级模型中，各层级的任务要求、执行时间以及认知处理等均不相同。根据驾驶任务在时间层次和认知特征上的不同，以驾驶人行为为基础可构建出不同的层级模型，具有代表性的有三层级模型、层级控制模型、扩展控制模型等。

3. Trait 模型

Trait 模型建立在具有事故倾向性的驾驶人基础上，描述了驾驶人不同行为特征之间的关系。

2.1.2 功能性模型

1. 自适应控制模型

"自适应控制"的概念最早是在 19 世纪提出的，之后被广泛应用于车辆工程领域。自适应能力反映了驾驶人对车辆控制系统的理解，以及驾驶人在驾驶条件变化后快速做出反应的能力。

2. 信息处理模型

在驾驶过程中，信息是动态变化的，其不断地被接收、判断与处理。驾驶人需要综合认知、判断与决策等，时刻保持驾驶人与车辆、道路间的信息交流，因此驾驶过程也是不断进行信息处理的循环过程。信息处理模型的建模思想如下：人类认知可以在思维逻辑相互独立的计算步骤上建立模型，一般包括感知、决策和反应选择等，同时也可以对驾驶人的注意力和生理机能的局限性进行建模。信息处理模型常被用来研究驾驶人由次要驾驶任务引起的注意力分散（如在驾驶过程中使用手机）等风险行为。

3. 基于计划行为理论的模型

计划行为理论是由 Ajzen 提出的[①]，是理性行为理论（theory of reasoned action，TRA）的继承者[②]。Ajzen 的研究发现，人的行为并不是完全出于自愿，而是处在控制之下，因此他将 TRA 予以扩充，增加了"行为控制认知"（perceived behavior control）这一新概念，从而发展成为新的行为理论研究模式——计划行为理论（theory of planned behavior，TPB）。基于计划行为理论的模型如图 2-2 所示。

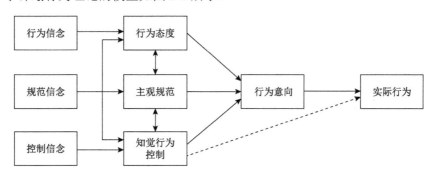

图 2-2　基于计划行为理论的模型

注：虚线表示即使个人想从事某特定行为，也终将因缺乏控制资源的能力，而无法实际从事该行为

2.2　驾驶中的认知心理

在驾驶过程中，驾驶员和车辆处于一种动态的道路交通环境之中。驾驶员作为道路交通系统的信息感知者、处理者、决策者与控制者，需要连

---

①　Ajzen I. The theory of planned behavior. Organizational Behavior and Human Decision Processes, 1977 (2):179-211.

②　Hill R J. Belief, attitude, intention and behavior: An introduction to theory and research. Contemporary Sociology, 1977 (2):244-245.

续不断地从道路环境中获取需要的各种信息。环境信息直接作用于驾驶员的感觉器官，驾驶员将这些信息进行认知后，不仅要能反映出这些信息的个别属性，而且要通过各种感觉器官的协同活动，在大脑中根据这些信息的各种属性，按其相互间的联系或关系整合成事物的整体，从而形成了这些环境信息的完整映像，通过大脑的加工、处理，最后做出决策。因此，驾驶员根据这些道路交通环境信息输入得到的完整映像做出的驾驶行为变化，必然会影响汽车运行状态。

随着自动驾驶功能的发展，驾驶员的任务也更加复杂，驾驶员需要和系统合作共同完成驾驶。在人机共驾过程中，驾驶员的认知在很大程度上会影响驾驶任务的执行。因此，现在越来越多的人将认知学引入人与自动驾驶系统的交互研究工作中，研究人机交互过程中会对人的行为产生影响的认知心理学因素，如信任度、工作负荷、压力等（图 2-3）。

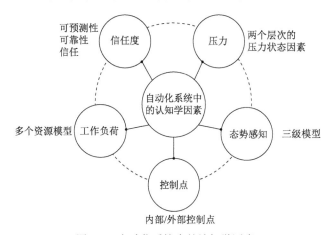

图 2-3　自动化系统中的认知学因素

2.2.1　信任度

1. 信任度模型

根据 Muir 的研究，用户对自动化系统产生的信任感分为系统的可预测性、系统可靠性、用户忠诚度三个部分。其中，系统的可预测性包括机器行为的实际可预测性、操作者对机器行为的可预测性的评估能力和系统所处环境的稳定性。图 2-4 所示的信任度模型是 Muir 总结出的自动化系统、信任度和对系统行为的预测之间的关系。[①]

---

① Muir B M. Trust in automation: Part I. Theoretical issues in the study of trust and human intervention in automated systems. Ergonomics, 1994(11): 1905-1922.

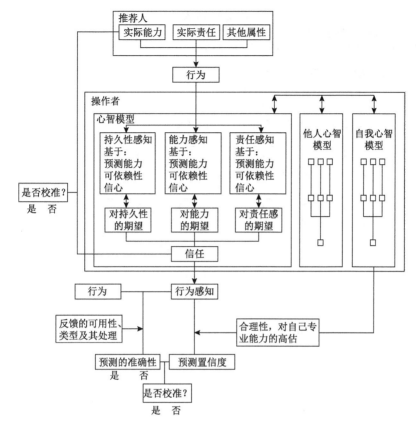

图 2-4　信任度模型

2. 信任度测试

Jian 等总结了一套用于测量自动化系统的信任度测试量表及具体的测试流程[①]：首先，收集大量与信任和不信任相关的单词；其次，进行问卷研究，从之前收集的单词中选出可供使用的少部分与信任和不信任相关的单词；最后，进行成对比较研究，收集数据进行后续的因素分析，以便开发多维度量表来测量信任度。

图 2-5 为 Jian 等的信任度测试量表，通过一些问题来评价用户对系统的信任程度，或者说是当用户操作时对系统的印象，请用户在最能描述他的感觉或印象的数字上打钩[1=非常不同意，2=不同意，3=比较不同意，4=一般（不确定），5=比较同意，6=同意，7=非常同意]。

---

① Jian J Y, Bisantz A M , Drury C G, et al. Foundations for an empirically determined scale of trust in automated systems. International Journal of Cognitive Ergonomics, 2000 (1): 53-71.

信任度测试量表

接下来需要您完成如下信任度测试量表，用于评估您的信任感强度，或者您在完成任务时对系统的印象，请在每条线上最能描述您的感受或印象的点上打"√"

1. 该系统信息提示方式令人迷惑

    1   2   3   4   5   6   7

2. 该系统对于周围车辆信息的提示方式非常隐秘

    1   2   3   4   5   6   7

3. 我怀疑系统对我的提示

    1   2   3   4   5   6   7

4. 我对系统有戒心

    1   2   3   4   5   6   7

5. 系统对我进行信息提示将会产生有害的结果

    1   2   3   4   5   6   7

6. 我对这个系统的提示信息很有信心

    1   2   3   4   5   6   7

7. 该系统对我的信息提示为我提供了安全性

    1   2   3   4   5   6   7

8. 该系统具有完整性

    1   2   3   4   5   6   7

9. 该系统的提示信息是可依赖的

    1   2   3   4   5   6   7

11. 我能够相信这个系统对我的提示

    1   2   3   4   5   6   7

12. 我对系统很熟悉

    1   2   3   4   5   6   7

图 2-5　信任度测试量表

对量表计分时，高分代表信任度高，低分代表信任度低，最后计算平均分，其中题项 1—5 为反向计分。

2.2.2　态势感知

1. 态势感知模型

态势感知是一种基于环境动态、整体地洞悉安全风险的能力，是以安全大数据为基础，从全局视角提升对安全威胁的发现识别、理解分析、响应处置能力的一种方式，最终是为了决策与行动能安全落地。Endsley 将态势感知分为三级：第一级为对当前态势中的元素察觉，第二级为对当前态势的理解，第三级为对未来态势的预测，如图 2-6 所示。[①]

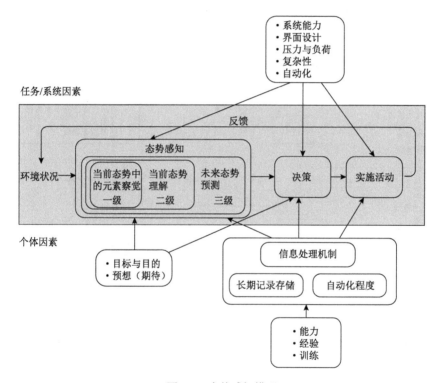

图 2-6　态势感知模型

2. 态势感知测量

态势感知测量分为主观测量和客观测量，主观测量工具包括态势感知评价技术（situational awareness rating technique，SART）量表、主观工作

---

① Endsley M R. Automation and situation awareness. In R Parasuraman, M. Mouloua（Eds.），Automation and Human Performance: Theory and Applications. Boca Raton: CRC Press, 1996: 163-181.

量优势（subjective workload dominance，SWORD）量表、态势感知综合评价技术（situation awareness global assessment technique，SAGAT）量表等；客观测量可以通过评估被试的操作过程和行为、特征指标和生理指标等来进行。下面对 SART 量表、SAGAT 量表进行介绍。

（1）SART 量表

该量表主要从对注意资源的需要、注意资源的供应和对情景意识的综合感知 3 个维度进行测量，如图 2-7 所示。一般在每项任务完成后进行量表填写，量表分数统计方法为 SA=U−（D−S）（注：U=理解的总和，summed understanding；D=需求的总和，summed demand；S=供给的总和，summed supply；SA=态势感知，situation awareness）。

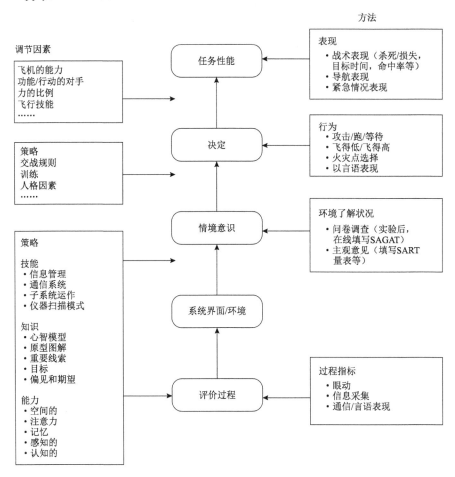

图 2-7　态势感知测量过程

原始的 SART 量表通过 10 个维度（结构）来测量操作者的态势感知，如表 2-1 所示。

表 2-1　SART 量表

领域	结构	定义
注意力需求	情境不稳定性	情况突然变化的可能性
	情境可变性	需要注意力的变量数
	情境复杂性	情境的复杂程度
注意力供给	唤醒	为活动做好准备的程度
	额外的心智能力	适应新变化的心理能力值
	集中度	思想对情境产生影响的程度
	注意力分配	情境下的注意力划分数量
理解	信息数量	接收和理解的知识的数量
	信息质量	传播的知识价值的好坏程度
	熟悉	对情况的了解程度

（2）SAGAT 量表

SAGAT 量表是基于被试的 SA 需求进行的综合评估，用于评估 SA 的所有要素。[①]作为一种全局性测量方法，SAGAT 量表会对所有被试的 SA 需求进行测量，包括第一级数据感知、第二级理解意义和第三级预测未来组件，还会对系统功能和地位及外部环境相关特征进行考虑。SAGAT 量表允许收集关于被试 SA 的详细信息，可以根据实际情况进行评估，从而对被试的 SA 进行客观评估。

2.2.3　工作负荷

1. 工作负荷模型

工作负荷是指单位时间内人体承受的工作量，旨在测定和评价人机系统的负荷状况，努力使其落在最佳工作负荷区域。驾驶工作负荷是指驾驶员在道路、交通和环境对其产生影响情况下的信息处理能力，主要是指驾驶员的心理负荷。

---

① Endsley M R. Situation awareness global assessment technique (SAGAT). Proceedings of the IEEE 1988 National Aerospace and Electronics Conference, 1988: 789-795.

Wickens 的经典多资源工作负荷模型（图 2-8）由 4 个具有两级特征的维度组成：区分知觉和反应的阶段维度、区分听觉和视觉的通道维度、区分空间加工和语言加工的编码维度，以及区分焦点与外围的视觉通道维度。[①]其中，阶段、通道和编码 3 个维度在一定程度上相互独立，而视觉处理则嵌套在通道维度之中。

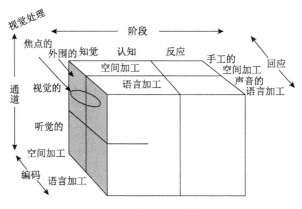

图 2-8　经典多资源工作负荷模型

2. 工作负荷测量

我们利用美国国家航空航天局（National Aeronautics and Space Administration，NASA）的工作负荷指数（NASA Task Load Index，NASA-TLX）量表对工作负荷进行测量。首先，每项任务完成后，对 6 个工作负荷因素分别评分，具体如下。

1）精神需求（mental demand，MD）。

2）体力需求（physical demand，PD）。

3）时间需求（temporal demand，TD）。

4）任务绩效（performance，OP）。

5）努力程度（effort，EF）。

6）挫败感（frustration，FR）。

每个因素下面都有一条分成 20 等分的线段。线段最右边表示程度最高为 100，最左边表示程度最低为 0，被试在线段上选择与其疲劳程度相符的刻度并做标记（图 2-9）。

---

① Wickens C D. Multiple resources and performance prediction. Theoretical Issues in Ergonomics Science, 2002（2）: 159-177.

名字	任务	日期

精神需求

该任务对心力和认知活动的要求如何？（比如，思考、决策、计算、记忆、查找等）这一任务简单还是要求高？容易理解还是复杂？

非常低　　　　　　　　　　　　　　　　　　非常高

体力需求

该任务对体力活动的要求如何？该任务简单还是要求高?轻松还是累？

非常低　　　　　　　　　　　　　　　　　　非常高

时间需求

完成任务过程中有感觉到时间上的压力吗？完成任务的节奏快还是慢？

非常低　　　　　　　　　　　　　　　　　　非常高

任务绩效

您认为自己是否成功完成了此项任务？您对自己的表现是否满意？

完美　　　　　　　　　　　　　　　　　　　失败

努力程度

为了达到您刚刚自我评估的表现程度，在完成过程中花费了多大精力？

非常低　　　　　　　　　　　　　　　　　　非常高

挫败感

在整个任务中，您的感觉是不安全/沮丧/易怒/压力大/心烦的还是安全/称心/满意/放松的？

非常低　　　　　　　　　　　　　　　　　　非常高

图 2-9　NASA-TLX 量表

　　其次,所有任务完成之后,对每对因素进行两两对比,计算权重(图 2-10)。将 6 个因素两两进行匹配，选出每对更能引起疲劳的因素，最后按照对总体疲劳的贡献程度计算出权重。

权重统计

PD / (MD)	(TD) / PD	(TD) / FR	MD ||| = 3
(TD) / MD	(OP) / PD	(TD) / EF	PD = 0
OP / (MD)	FR / PD	OP / (FR)	TD ||||| = 5
FR / (MD)	(EF) / PD	OP / (EF)	OP	= 1
(EF) / MD	(TD) / OP	EF / (FR)	FR ||| = 3
			EF ||| = 3
			总和 = 15

图 2-10 NASA-TLX 量表因素对比

注：图中为因素的两两比较，选择的是每对里能提供这些任务中最重要的工作负荷变化源的成员

最后，进行量表统计分析（图 2-11）。6 个因素加权后所得值即为评估所得的各个因素的疲劳感和总体疲劳感。对每个任务中的 6 个因素计算加权平均分，可用于对工作负荷的统计分析。

评分量表：
说明：在每个刻度上做一个标记，代表您刚刚完成的任务中每个因素的数值

要求		任务1评分		评分		权重		结果
MD	低	|——×————|	高	30	×	3	=	90
PD	低	|—×——————|	高	15	×	0	=	0
TD	低	|————×——|	高	60	×	5	=	300
OP	表现好	|———×———|	表现差	40	×	1	=	40
FR	低	|——×————|	高	30	×	3	=	90
EF	低	|———×———|	高	40	×	3	=	120

总和 = 640
权重（总） = 15
加权平均分 = 32

图 2-11 NASA-TLX 量表统计分析

2.2.4 压力

1. 压力状态的多维性

从心理学角度看，压力是由心理压力源、心理压力反应共同构成的一种认知和行为体验过程。表 2-2 详细描述了压力状态的两级因素。

表 2-2 压力状态的两级因素

第二级因素	第一级因素	域	例句
任务参与度	精力觉醒度	影响	我觉得……充满活力
	任务兴趣度	动机	任务的内容很有趣
	成功的动力	动机	我想比大多数人表现得更好
	专注度	认知	我的思绪经常游离不定（负面语句）

续表

第二级因素	第一级因素	域	例句
危难	张力	影响	我觉得……紧张
	快乐的语气（低）	影响	我觉得……满足
	信心控制（低）	认知	我对自己的能力很有信心
担心	自我中心	认知	我在反思自己
	自尊	认知	我担心自己看起来很傻（负面项目）
	CI（任务相关）	认知	我在想我还剩下多少时间
	CI（任务不相关）	认知	我想到了个人的烦恼

注：CI 为认知干扰（cognitive interference）

2. 邓迪压力状态量表

邓迪压力状态量表（Dundee Stress State Questionaire，DSSQ）由 Matthews 等发表于 1999 年，改进版量表形成于 2002 年。Matthews 等基于心理过程的知、情、意三分法和以往的研究，将人在操作任务时所产生的压力状态分为任务认知、任务情绪和任务动机 3 个部分，其理论模型是认知、情绪、动机 3 个部分的相互作用，以特定方式来影响压力进程中人的主观状态。

在邓迪压力状态量表的建构中，Matthews 等使用了威尔士大学科学与技术学院开发的情绪形容词检查表来评估疲劳倾向。[1]此外，邓迪压力状态量表还设立了考察评估绩效动机的题目：任务兴趣和实现优良绩效所做的努力。他们还使用了一般认知和任务认知两个问卷来评估认知。最初的邓迪压力状态量表包含情绪、动机、认知风格和任务认知 4 个量表（而非因子）共 10 个一阶因子。

该量表的理论假设是压力状态的多维模型，用来评估驾驶员压力的即时状态，同时也可以反映出压力状态的多维性。邓迪压力状态量表分为前测和后测两部分，这种测量方法能够敏锐地察觉驾驶员的疲劳状态。因此，到目前为止，邓迪压力状态量表是测量由操作任务导致的驾驶压力的最佳量表。

---

[1] Matthews G, Jones D M, Chamberlain A G. Refining the measurement of mood: The UWIST mood adjective checklist. British Journal of Psychology, 1990(1): 17-42.

2.2.5 控制点

1. 控制点理论

控制点这一概念,最初是由美国社会学习理论家 Rotter 于 1954 年提出的一种个体归因倾向的理论,旨在对个体的归因差异进行说明和测量,具体来说是指个体将责任归因于自身的内部因素还是外部因素。[①]

Rotter 认为,不同的人对于特定行为在同一情境中导致特定后果具有不同的预期,即预期具有个体差异,而且同一个体对特定行为在不同情境中导致特定后果的预期也不同,即预期具有情境特异性。Rotter 还认为,人们会形成在许多情境中都适用的预期——泛化预期,即在生活中,个体预期的行为结果不断得到证实后形成一种对普遍行为结果的相对固定的预期。这种泛化预期与个体的行为模式直接相关,Rotter 将其命名为"心理控制源"。

心理控制源是指个体对强化物或后果究竟是由自己所控制还是由外部力量所控制的一种泛化预期,分为内控制源、外控制源。高内控者的泛化预期是强化物或后果主要取决于自己的行为或态度;高外控者的泛化预期则为后果主要依赖于运气、命运、机会、有影响力的人物或其他外部力量。在强化值一定的情况下,内控者倾向于认为个人的努力对事态的结果起主要作用,因此更可能采取主动的态度与行为;外控者较多地认为自己的努力不会带来什么变化,因此更可能表现为被动的,在面对外界刺激时更易产生消极的预期。

2. 内在-外在心理控制源量表

内在-外在心理控制源量表(Internal-External Locus Control Scale)共有 29 项,其中 23 项为实际记分项,剩余 6 项为不记分缓冲项。量表中的每一项都有两个句子供被试选择,其中一个句子是外控方向上的观点,另一个是内控方向上的观点(缓冲项则没有这样的倾向性)。

测试时要求被试在每一项中选择一个自己更相信的句子,选中外控方向上的句子记 1 分,否则记 0 分,量表总分为 0—23 分,分数越高,表示外控的倾向性越强。

测试完毕后,可采用 SPSS 软件进行统计。首先,计算所有答卷中每

---

① Crafts L W, Rotter J B. Social learning and clinical psychology. The American Journal of Psychology, 1955(4): 698.

一得分项目与总分的相关，挑出与总分相关最低的项目；其次，通过因素分析对得分项目进行进一步的鉴别和筛选，结合第一步的分析确定量表的项目，并进一步确定量表的结构效度；再次，计算量表的分半信度和同质性信度；最后，再次对部分被试施测，确定量表的重测信度。

2.3　可用性和用户体验

汽车中的用户体验和情感是促进汽车销售的独特因素，因而也成为各车企进行产品开发的重要基础。此外，安全性和可用性对汽车驾驶来说是必须考虑的重要因素。在汽车的设计开发上，对安全、可用性和用户体验进行权衡是一项难度很大的工作。道路安全通过基本要求和法规为汽车 HMI 设计提供了清晰的框架，但可用性考虑了人与技术系统在给定环境中针对特定任务的交互作用，如汽车中的导航设备。因此，可以在安全的基础上提高驾驶员使用 HMI 时的用户体验，通过提高使用效率和满意度对车机进行有效优化。在汽车人机交互设计中，车企应该结合当前的技术发展趋势，优化用户体验，只有这样才能吸引用户，提高用户的满意度。

针对可用性测试，目前国际上常用一些成熟的量表让测试者在进行操作任务后填写自填式问卷，从而进行可用性度量。常用的测量问卷和量表包括系统可用性量表（System Usability Scale，SUS）、计算机系统可用性问卷（Computer System Usability Questionnaire，CSUQ）、用户界面满意度问卷（Questionnaire for User Interface Satisfaction，QUIS）等，下面对其中的系统可用性量表、用户界面满意度问卷进行介绍。

2.3.1　系统可用性量表

系统可用性量表最初是 Brooke 于 1986 年编制的，可以对相对小的样本产生一致性的评分结果。该量表由 10 个题目组成，包括奇数项的正面陈述和偶数项的反面陈述，要求参与者在使用系统或产品后对每个题目进行 5 点评分。大量样本研究表明，该量表既包含了正面陈述，也包含了反面陈述，具有很高的信度（内部一致性信度为 0.91）。系统可用性量表的英文版和中文版如图 2-12 和图 2-13 所示。

当参与者做完一系列任务后，可以快速对系统可用性量表进行打分。在计算时需要对每个题目的分值进行转换，奇数项计分采用"原始得分－1"，偶数项计分采用"原始得分－5"。由于是 5 点量表，每个题目的得分范围记为 0—4，而系统可用性量表的得分范围为 0—100，故需要把所有项的转换分相加，最终再乘 2.5，即可获得系统可用性量表的分数。

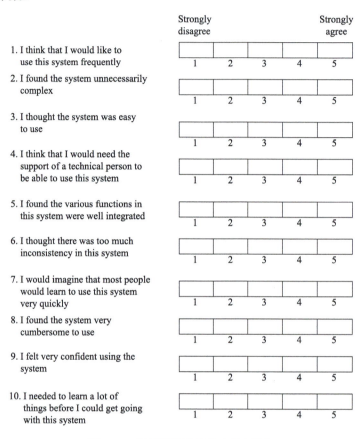

	Strongly disagree				Strongly agree
1. I think that I would like to use this system frequently	1	2	3	4	5
2. I found the system unnecessarily complex	1	2	3	4	5
3. I thought the system was easy to use	1	2	3	4	5
4. I think that I would need the support of a technical person to be able to use this system	1	2	3	4	5
5. I found the various functions in this system were well integrated	1	2	3	4	5
6. I thought there was too much inconsistency in this system	1	2	3	4	5
7. I would imagine that most people would learn to use this system very quickly	1	2	3	4	5
8. I found the system very cumbersome to use	1	2	3	4	5
9. I felt very confident using the system	1	2	3	4	5
10. I needed to learn a lot of things before I could get going with this system	1	2	3	4	5

图 2-12　系统可用性量表（英文版）

SUS标准版　　非常不同意 ↔ 非常同意

序号	问卷问题	1	2	3	4	5
1	我愿意使用这个系统	○	○	○	○	○
2	我发现这个系统过于复杂	○	○	○	○	○
3	我认为这个系统用起来很容易	○	○	○	○	○
4	我认为我需要专业人员的帮助才能使用这个系统	○	○	○	○	○
5	我发现系统里的各项功能很好地整合在一起了	○	○	○	○	○
6	我认为系统中存在大量不一致	○	○	○	○	○
7	我能想象大部分人都能快速学会使用该系统	○	○	○	○	○
8	我认为这个系统使用起来非常麻烦	○	○	○	○	○
9	使用这个系统时我觉得非常有信心	○	○	○	○	○
10	在使用这个系统之前，我需要大量地学习	○	○	○	○	○

图 2-13　系统可用性量表（中文版）

经过分析，我们除了可以获得系统可用性量表的总分，还可以获得分量表得分。在系统可用性量表中，第 4 项和第 10 项构成的子量表为"易学性"（learnability），其他 8 项构成的子量表为"可用性"（usability）。为了使易学性和可用性分数能够与整体系统可用性量表分数兼容，其范围也是 0—100，需要对原始分数进行转换：易学性量表转换分数的总和乘 12.5，可用性量表转换分数的总和乘 3.125。

2.3.2　用户界面满意度问卷

用户界面满意度问卷是由马里兰大学的人机交互实验室（Human-Computer Interaction Laboratory）中的一个研究小组编制的。[①]

用户界面满意度问卷包括 27 个评价项目，分为 5 个类别，分别是总体反应（overall reaction）、屏幕（screen）、术语/系统信息（terminology/system information）、学习（learning）和系统能力（system capability）。评分是在一个 10 点标尺上进行，标示语随着陈述句的不同而发生变化。前 6 个项目（评估总体反应）没有陈述性的题干，只是一些截然相对的标示语（如很糟糕/很棒、困难/容易、挫败/舒适等）。

用户界面满意度问卷（中文版）如图 2-14 所示。

总体反应		0	1	2	3	4	5	6	7	8	9		N/A
1	很糟的	○	○	○	○	○	○	○	○	○	○	很好的	○
2	困难的	○	○	○	○	○	○	○	○	○	○	容易的	○
3	令人沮丧的	○	○	○	○	○	○	○	○	○	○	令人满意的	○
4	功能不足	○	○	○	○	○	○	○	○	○	○	功能齐备	○
5	沉闷的	○	○	○	○	○	○	○	○	○	○	令人兴奋的	○
6	刻板的	○	○	○	○	○	○	○	○	○	○	灵活的	○
屏幕		0	1	2	3	4	5	6	7	8	9		N/A
7.	阅读屏幕上的文字	困难的	○	○	○	○	○	○	○	○	○	容易的	○
8.	把任务简单化	一点也不	○	○	○	○	○	○	○	○	○	非常多	○
9.	信息的组织	令人困惑的	○	○	○	○	○	○	○	○	○	非常清晰的	○
10.	屏幕序列	令人困惑的	○	○	○	○	○	○	○	○	○	非常清晰的	○
术语/系统信息		0	1	2	3	4	5	6	7	8	9		N/A
11.	系统中的术语的使用	不一致	○	○	○	○	○	○	○	○	○	一致	○
12.	与任务相关的术语	从来没有	○	○	○	○	○	○	○	○	○	总是	○
13.	屏幕上消息的位置	不一致	○	○	○	○	○	○	○	○	○	一致	○
14.	输入提示	令人困惑的	○	○	○	○	○	○	○	○	○	清晰的	○
15.	计算机进程的提示	从来没有	○	○	○	○	○	○	○	○	○	总是	○
16.	出错提示	没有帮助的	○	○	○	○	○	○	○	○	○	有帮助的	○
学习		0	1	2	3	4	5	6	7	8	9		N/A
17.	系统操作的学习	困难的	○	○	○	○	○	○	○	○	○	容易的	○
18.	通过尝试错误探索新特征	困难的	○	○	○	○	○	○	○	○	○	容易的	○
19.	命令的使用及其名称的记忆	困难的	○	○	○	○	○	○	○	○	○	容易的	○
20.	任务操作着迷了	从来没有	○	○	○	○	○	○	○	○	○	总是	○
21.	屏幕的帮助信息	没有帮助的	○	○	○	○	○	○	○	○	○	有帮助的	○
22.	补充性的参考资料	令人困惑的	○	○	○	○	○	○	○	○	○	清晰的	○
系统能力		0	1	2	3	4	5	6	7	8	9		N/A
23.	系统速度	太慢	○	○	○	○	○	○	○	○	○	足够快	○
24.	系统可靠性	不可靠的	○	○	○	○	○	○	○	○	○	可靠的	○
25.	系统趋于	有噪声的	○	○	○	○	○	○	○	○	○	安静的	○
26.	纠正您的错误	困难的	○	○	○	○	○	○	○	○	○	容易的	○
27.	为所有水平用户进行设计	从来没有	○	○	○	○	○	○	○	○	○	总是	○

图 2-14　用户界面满意度问卷（中文版）

① Chin J P, Diehl V A, Norman K L. Development of an instrument measuring user satisfaction of the human-computer interface. CHI'88 Proceedings of the SIGCHI Factors in Computing Systems, 1988: 213-218.

2.4　视 觉 设 计

人类的眼睛拥有一个大约 120°的外部视野范围，然而视网膜中心凹的注视范围只有大约 2°。人眼注意到环境变化的能力随着观察距离的增加而降低。在大约 15°的范围内，眼睛转动是最高效的，当驾驶员的注意力在前方道路上时，与驾驶任务密切相关的车载信息应当在这个范围内显示出来，以便驾驶员能够快速获取这些信息；在中央视野周围 15°—30°的边缘，是人眼探测外围信息效率次高的区域，也就是说虽然驾驶员的注意力不在这个范围内，仍然能够较为敏感地观察到周围环境的变化，因此呈现信息的视觉交互界面都不应当超出这个范围，该范围内适合显示与驾驶的相关性不大的车载信息，如娱乐信息等。因为仪表盘处于这个区域以内，不适合呈现与驾驶任务密切相关的车载信息。探测视线以上 50°和以下 70°的范围为人探测物体的极限，也就是人的整个视野范围[①]，如图 2-15 所示。

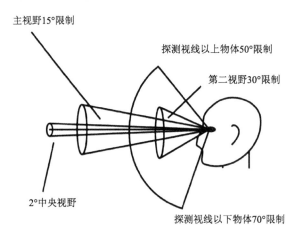

图 2-15　中央视野区域和外围视野区域

2.4.1　中心视觉和周边视觉

鉴于中心视觉和周边视觉的功能特性具有诸多差异（表 2-3），目前对驾驶状态中的中心视觉与周边视觉分工基本达成共识：前者的功能主要是路线规划、险情探测及标志识别，后者的功能主要是维持路线和调整车身姿态。

---

① Diffrient N, Tilley A R, Harman D. Human Scale 4/5/6: Niels Diffrient, Alvin Tilley and David Harman. Cambridge: MIT Press, 1981.

表 2-3　中心视觉和周边视觉的功能特征

项目	周边视觉	中心视觉
主要功能信息源	视觉引导，动作控制视野外围	外形识别，精确辨认视野中心
空间参照系	自我中心	非自我中心
空间分辨率（发现细节）	低	高
时间分辨率（发现运动）	高	低
对比度要求	较低，接近 10% 即可	中高
主要控制模式	闭环控制	开环控制
对记忆的占用	低	中高

需要注意的是，有些任务需要周边视觉和中心视觉两个系统合作才能取得最优绩效，例如，对行人和交通标志的准确识别依赖于中心视觉，但早期觉察通过周边视觉完成。聚焦和转移是驾驶中与视觉注意密不可分的两个方面。

2.4.2　视觉注意的聚焦和转移

通过对驾驶状态中的前方视野进行分割和部分呈现，研究者发现中心视觉通常用于加工接近地平线的远方路况信息，较近的路况信息则多由周边视觉处理。

驾驶中视觉注意的聚焦表现出一些特定的模式。在一般条件下，一段时间内，驾驶员的注视点分布在以地平线附近的路面为中心，水平方向长、竖直方向短，略呈椭圆形的区域内，注视点分布的密度由中心向四周迅速递减。由于周边视觉的低空间分辨率不足以完成对对象精细特征的识别，为了识别视野中不同位置的对象，只能在这些位置之间快速移动注视点。因此，这些注视点的分布可以用来分析驾驶员对哪些范围内的信息进行了较精细的加工。

在特定条件下，视觉注意的聚焦会表现出不同的特点。当面临弯道时，驾驶员的视觉注意聚焦于弯道内侧边线的极值点，或称"切点"（tangent point）。当这种注意分配模式被打破，如要求驾驶员在面对弯道时仍直视前方，或抑制驾驶员对弯道的注视，都会导致驾驶员操作绩效的降低。当驾驶员的心理负荷或警觉水平升高到一定程度，视觉注意的范围会缩小，并向焦点处集中，这种视觉窄化的现象就好似通过圆柱形隧道向外看，故称为"隧道视觉"（tunnel vision）。

视觉注意的转移实质是将注意聚焦从一个对象转移到另一个对象。驾驶中视觉注意的转移表现出一些特定的模式。驾驶员的视觉注意在不同深度之间转移时具有不对称性：从远处转向近处比从近处转向远处容易，表现为反应时间缩短。

对于新手和有经验的驾驶员而言，其视觉注意的转移表现出一些不同特征，并且训练能改变这种特征。有经验的驾驶员视觉注意的转移比较灵活，对周围环境较敏感；新手的视觉注意模式较为刻板，这可能是因为新手在面对同样的任务时心理负荷较高，从而产生了隧道视觉。

仅仅完成眼动并不等于视觉注意的成功转移，有研究表明，有经验的驾驶员和新手用于将视线转向险情处的时间并没有差异，经验的作用是使聚焦之后的认知加工变快。

2.4.3　视觉中的颜色和文本设计

颜色是视觉呈现的一种特征，即由视觉传至大脑过程中产生的色彩物理、色彩生理、色彩心理等关于颜色的感觉效应。不同颜色进入人的眼帘，不但能使人产生轻、重、冷、暖、明、暗等感觉，还能引起人兴奋、紧张、安全等心理。在驾驶环境中，颜色拥有更好的识别即时性，同时可以加强文字、符号等方式传达的意义。然而，颜色是一个非常复杂的变量，在设计过程中需要考虑亮度、色调、对比度和其他信息的潜在冲突等问题。

颜色的固有印象与信号或者符号结合，可以向驾驶员传达信息。当颜色与固有的刺激-反应匹配时，能够促使驾驶员及时响应。在固有印象中，红色与"危险/危急情况"相关联，黄色与"谨慎"相关联，绿色与"正常"相关联，用来补充听觉或触觉信号并传达系统状态。在实际道路环境中，遇到相应颜色的频度会增强驾驶员对颜色的理解。

通过亮度与视觉系统效果的复杂交互，颜色对比度可以影响驾驶员对背景和信息内容的感知。国际标准 ISO 15008-2017《道路车辆. 交通信息和控制系统的人类功效学方面. 车载可视呈现的规格和试验程序》（Road Vehicles-Ergonomic Aspects of Transport Information and Control Systems-Specifications and Test Procedures for in-Vehicle Visual Presentation）提供了图标颜色和背景颜色搭配指南，可以根据需要避免使用表 2-4 中描述的特定组合，例如，绿/红、绿/蓝、黄/橙、黄/白等。在展现文本信息的时候，绿字在眼睛可识别光谱频率中，具备最大灵敏度，同样黄绿字（534nm）在强光和暗光环境中的表现都很好。在驾驶环境中，人类对颜色代码的数量认识是有限的，建议设计不要超过 4 种颜色，通常与警告级别相对应：

危险、警告、小心和正常操作。

表 2-4　图标颜色和背景颜色搭配指南

背景颜色	符号颜色						
	白色	黄色	橙色	红色，紫色	绿色，灰色	蓝色，紫罗兰色	黑色
白色		–	0	+	+	++	++
黄色	–		–	0	0	+	++
橙色	0	–		–	–	0	+
红色[a]，紫色	+	0	–		–	–	+
绿色，灰色	+	0	–	–		–	+
蓝色[a]，紫罗兰色	++	+	0	–	–		–
黑色	++	++	+	+	+	+	

注："++"为最好，"+"为推荐，"0"为高饱和度差异可接受，"–"为不推荐；a. 应避免纯红色和纯蓝色，因为眼睛可能会由于色差而难以聚焦这些颜色

文本是通过视觉传递信息的非常重要的载体，在智能汽车交互设计中，给驾驶员提供清晰易读的文本，是减少驾驶分心和降低负荷的基本要求。清晰可读的文本可以保证驾驶员在大多数驾驶情况下能够轻松阅读信息。字体等会影响文本的易读性。从字体选择角度看，易读性文本一般需要使用具有足够字间距、高辨识度形状、没有内部图案的清晰、简单和传统的字体。选择的字体应该清晰简单，建议使用无衬线字体（如 Arial、Helvetica），不建议使用传统衬线/无衬线字体之外的样式，以及内部样式或扩展的衬线字体。如表 2-5 所示，车载系统中的最小阅读文本的大小会受到文本与驾驶员的距离及其夹角的影响。

表 2-5　国际标准 ISO 15008-2017 驾驶员视角与字体高度关系示意表

夹角尺寸		适宜等级
弧分	弧度[a]	
20	5815×10^{-3}	推荐
16	4652×10^{-3}	可接受
12	3489×10^{-3}	最低限度[b]

注：a. 如果乘观看距离，它将给出（以相同的单位）角色的实际高度

　　b. 指在对阅读的准确性和速度要求不高的情况下

关于字体大小可以采用字体高度或者像素进行衡量。拉丁文本以字母 H 的高度（cap-height）或者字母 X 的高度（x-height）为参考标准。车载

显示文字的字符高度应至少达到 20 弧分的视角，16 弧分也可接受，文本的最小视角不应小于 12 弧分（最小文本只适用于对阅读速度和准确性要求较低的情况）。在车内常见的阅读距离为 700mm 时，选择字体高度为 20 弧分，那么屏幕上的字体高度为 4mm 左右。使用像素进行衡量时，对于拉丁字母，如果只有大写字母，5px×7px 是最小像素；如果注重易读性，7px×9px 是最低标准；对于中文及日文字体，最小矩阵标准为 16px×16px，如果强调易读性，24px×24px 是最小矩阵（图 2-16）。

关键点
1. cap-height（大写字母H的高度）
2. x-height（小写字母x的高度）

图 2-16　国际标准 ISO 15008-2017 字体高度及参考

第3章 汽车 HMI 设计相关规范及标准

与普通的互联网产品相比，汽车 HMI 设计略有不同。手机设备因为具有便携性，使用场景更广泛。无论是在开车还是不开车的情况下，汽车屏幕的使用场景都是在座舱内，受当前驾驶环境的影响非常大，两者需要的功能以及功能的侧重点、功能的设计都是不同的。

我国智能汽车尚处于发展的萌芽期，对于 HMI 的设计存在根基不厚、基础知识研究不深入、设计缺乏统一标准的问题。本章将对相关领域一些常用和重要的设计规范进行分类、归纳，希望能为读者提供一些思路和指导。

3.1 中国国家车联网产业标准体系建设指南

为了加强顶层设计，全面推动车联网产业技术研发和标准的制定，推动整个产业的健康可持续发展，2017 年 12 月，工业和信息化部、国家标准化管理委员会联合发布了《国家车联网产业标准体系建设指南（智能网联汽车）（2017 年）》。该指南是贯彻《中国制造 2025》战略部署、落实《深化标准化工作改革方案》《装备制造业标准化和质量提升规划》有关精神和要求的重要举措，是我国智能汽车技术及产业发展的重要指南。

《国家车联网产业标准体系建设指南（智能网联汽车）（2017 年）》提出了车联网产业的整体标准体系结构、建设内容，指导车联网产业标准化总体工作，推动逐步形成统一、协调的国家车联网产业标准体系架构；确立了智能汽车标准体系建设的指导思想、基本原则和建设目标；按照智能汽车的技术逻辑结构、产品物理结构相结合的构建方法，将智能汽车标准体系框架分为"基础""通用规范""产品与技术应用""相关标准" 4 个部分，同时根据各具体标准在内容范围、技术等级上的共性和区别，对 4 个部分做了进一步细分，形成了内容完整、结构合理、界限清晰的 14 个子类。为全面推动智能汽车标准体系的建设，2017 年，全国汽车标准化技术委员会（National Technical Committee of Auto Standardization）成立了智能网联汽车分技术委员会，负责标准体系建设的组织实施。《国家车联网产业标准体系建设指南（智能网联汽车）（2017

年）》提出的标准体系建设目标为：到 2020 年，初步建立能够支撑驾驶辅助及低级别自动驾驶的智能汽车标准体系。制定 30 项以上智能汽车重点标准，涵盖功能安全、信息安全、人机界面等通用技术以及信息感知与交互、决策预警、辅助控制等核心功能相关的技术要求和试验方法，促进智能化产品的全面普及与网联化技术的逐步应用。到 2025 年，系统形成能够支撑高级别自动驾驶的智能汽车标准体系。制定 100 项以上智能网联汽车标准，涵盖智能化自动控制、网联化协同决策技术以及典型场景下自动驾驶功能与性能相关的技术要求和评价方法，促进智能网联汽车"智能化+网联化"融合发展，以及技术和产品的全面推广普及。

《国家车联网产业标准体系建设指南（智能网联汽车）（2017 年）》旨在有目的、有计划、有重点地指导车联网产业智能汽车标准化工作，通过建立完善的智能汽车标准体系，引导和推动我国智能汽车技术发展和产品应用，培育我国智能汽车技术自主创新环境，提升整体技术水平和国际竞争力，构建安全、高效、健康、智慧运行的未来汽车社会。

如图 3-1 所示，车联网产业标准体系建设图清晰地表明了国家积极引导和直接推动跨领域、跨行业、跨部门合作的目的。在国家法律、政策和战略要求的大框架下，充分利用和整合各领域、各部门在车联网产业标准研究领域的基础和成果，调动各个行业通力合作，共同制定具有中国特色的车联网产业标准体系。《国家车联网产业标准体系建设指南（智能网联汽车）（2017 年）》充分发挥标准在车联网产业生态环境构建中的顶层设计和基础引领作用，按照不同行业属性划分为智能网联汽车标准体系、智能交通标准体系、信息通信标准体系等若干部分，目的是打造创新驱动、开放协同的车联网产业。标准体系按照汽车、通信、电子、交通和公安五大行业领域进行划分。

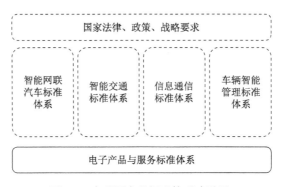

图 3-1   车联网产业标准体系建设图

图 3-2 为智能网联汽车标准体系结构图，从基础、通用规范、产品与技术应用、相关标准等四个方面进行描述。基础类标准主要包括智能网联汽车术语和定义、分类和编码、标识和符号 3 类。术语和定义标准用于统一智能网联汽车相关的基本概念；分类和编码标准用于帮助各方统一认识和理解智能网联标准化的对象、边界以及各部分的层级关系、内在联系；标识和符号标准用于对各类产品、技术和功能对象进行标识与解析。

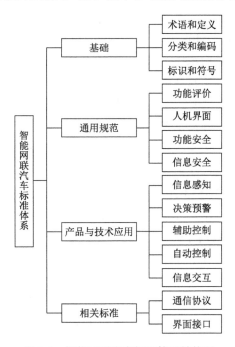

图 3-2　智能网联汽车标准体系结构图

通用规范类标准从整车层面提出全局性的要求和规范，主要包括功能评价、人机界面、功能安全和信息安全等方面。功能评价标准主要从整车及系统层面提出智能化、网联化功能评价规范以及相应的测试评价应用场景；人机界面标准着重考虑智能网联汽车的驾驶模式切换和与其他交通参与者的信息传达交互等问题；功能安全标准侧重于规范智能网联汽车的各主要功能节点及其下属系统在安全性保障能力方面的要求；信息安全标准主要针对车辆及车载系统的通信、数据、软硬件安全，从整车、系统、关键节点以及车辆与外界接口等方面提出风险评估、安全防护与测试评价要求。

产品与技术应用类标准主要涵盖信息感知、决策预警、辅助控制、自动控制和信息交互等智能网联汽车核心技术和应用的功能、性能要求及试验方法。

相关标准中的通信协议为车辆信息通信的基础，主要涵盖实现车辆与 X（人、车、路、云端等）智能信息交互的中、短程通信及广域通信等方面的协议规范，在各种物理层和不同的应用层之间，还包含软、硬件界面接口的标准规范。

3.2　国际标准化组织相关规范

国际标准化组织（International Organization for Standardization，ISO）是一个全球性的非政府组织，是国际标准化领域一个十分重要的组织。

国际标准 ISO 15008-2017《道路车辆. 交通信息和控制系统的人类功效学方面. 车载可视呈现的规格和试验程序》对显示器的图像质量和清晰度做出了最低要求。该显示器的图像包含通过车辆行驶时使用的车载运输信息和控制系统向乘用车驾驶员显示的动态（可变）视觉信息。对于重型车辆而言，对对比度和字体大小的要求比较特殊，所以相关章节引用了仅适用于乘用车的 ISO 4513-2010《道路车辆. 能见度. 驾驶员眼睛位置的眼睛活动范围的确定方法》（Road Vehicles-Visibility-Method for Establishment of Eyellipses for Driver's Eye Location）。这些要求旨在独立于显示技术，以及有关测试方法和测量的参考，以评估设计是否符合此国际标准。ISO 15008-2017 主要适用于视觉信息的感知和一些基本认知组成部分，包括字符易读性和颜色识别，不适用于影响性能和舒适度的其他因素，如编码、格式和对话特性。同时，也不适用于使用以下内容的显示：作为符号或图形信息（例如，CD 符号）一部分显示的字符；外部区域的叠加信息（例如，平视显示器）；图片图像（例如，后视摄像头）；地图和地形图（例如，用于设置导航系统的图）；准静态信息（例如，AM / PM，km / miles，On / Off）。

国际标准 ISO 9241-303《人-系统交互人体工效学. 第 303 部分：电子视觉显示器要求》（Ergonomics of Human-System Interaction-Part 303：Requirements for Electric Visual Displays），确立了电子视觉显示器的图像质量要求，并提供了指南。其具体内容以通用（独立于技术、任务和环境）性能规格和建议的形式给出，可确保为视力正常或调整过视力的用户提供有效、舒适的观看条件。

国际标准 ISO 15622-2018《智能运输系统. 自适应巡航控制系统. 性能要求和试验规程》（Intelligent Transport Systems-Adaptive Cruise Control Systems-Performance Requirements and Test Procedures），包含自适应巡航

控制系统的基本控制策略、最低功能要求、基本驾驶员界面元素、诊断和
故障反应的最低要求以及性能测试程序。自适应巡航控制系统可分为全速
自适应巡航控制系统和限速自适应巡航控制系统两种。限速自适应巡航控
制系统又分为两类，即车辆配置手动或自动离合器。自适应巡航控制的目
的是在高速公路（禁止非机动车和行人通行的道路）上自由行驶时，为装
备的车辆提供纵向控制，全速自适应巡航控制系统也适用于拥堵的交通状
况。自适应巡航控制还可以扩展到其他功能，如前方障碍物警告。对于全
速自适应巡航控制系统，系统试图在其有限的减速能力范围内停在目标车
辆后面，并在驾驶员向系统输入从静止状态恢复行驶的请求后能够再次启
动，系统不需要对静止或缓慢移动的物体做出反应。

3.3　欧盟新车安全评鉴协会相关规范

欧盟新车安全评鉴协会（Euro NCAP）创建于 1997 年，旨在检验欧洲
市场销售的车辆在安全性能方面的表现，为汽车消费者在汽车安全性能方
面提供真实、独立的评价。其在德国、瑞典、意大利、西班牙、英国、荷
兰等均设有联合实验室,每年定期从 15 个欧盟成员国市场销售的车型中挑
选同级别新车型进行碰撞测试、横向比较，并公布测试结果，同时对交通
事故及伤亡数据进行统计分析和研究，为标准法规制定、汽车企业车型研
发提出相关建议。

NCAP 是英文"New Car Assessment Program"的缩写，即新车评价规
程，是最能考验汽车安全性的测试。目前，中国已有较为成熟的评价规程，
美国、日本、欧盟等国家或组织也均有相关评价规程。在这些评价规程中，
被世界公认最为严苛的是欧盟实施的新车安全评价测试。

Euro NCAP 的评价涵盖 4 四项内容：成人乘员保护（驾驶员和乘客）、
儿童乘员保护、行人保护[已扩大到包括骑自行车者，现在被称为弱势道路
使用者（vulnerable road users，VRU）保护]和安全辅助（评估驾驶辅助和
防撞技术）。4 个测评单元包含了一些 ADAS 功能的测试，主要是在低速
场景、高速场景中，AEB 面对机动车、自行车、行人标准化行为的表现，
以及 ACC/LKA 的部分功能。

驾驶员注意力分散或判断失误导致的汽车间的追尾碰撞是在道路上
发生的最常见事故之一。在城市驾驶过程中，典型的事故通常发生在相对
较低的速度下，在这种情况下，受撞击的汽车可能已经处于静止状态，但
驾驶员仍有可能遭受致命的伤害。虽然受伤严重程度通常较低，但这些事

故非常频繁，占所有碰撞事故的约 1/4。

类似的事故场景发生在中等速度到较高速度的开放道路上，司机可能会分心，无法准确识别前方的交通车辆是已停止、即将停止还是正在以较低速度行驶。为了有效避免追尾碰撞，汽车制造商引入了警告、支持充分制动和/或最终自行停车的预防技术，AEB 系统利用传感器检测车辆前方是否存在潜在危险，并且在驾驶员未及时刹车的情况下应用制动，以避免碰撞或降低碰撞的严重性。

该规范规定了 AEB 城市和 AEB 城市间实验程序，是成人乘员保护和安全辅助评估的重要组成部分。对于 AEB 城市，只有在测试低速 AEB 功能的情况下，对测试车追撞前方静止目标车（car-to-car rear stationary，CCRs）方案才适用。要获得 AEB 城市的分数，前排座椅必须达到良好的评分。对于城市间 AEB，系统在 CCRs、测试车追撞前方低速目标车（car-to-car rear moving，CCRm）和测试车追撞前方减速目标车（car-to-car rear braking，CCRb）3 个场景中进行测试。对于这种类型的 AEB 系统，将评估 AEB 和 FCW 功能。

该规范中关于智能汽车的安全辅助功能部分的规定，有速度辅助系统、座椅安全带提醒、城市自动紧急制动系统（AEB City）、车道辅助系统等测试。测试总分为 13 分，速度辅助系统满分 3 分，座椅安全带提醒满分 3 分，城市自动紧急制动系统满分 3 分，车道辅助系统满分 4 分。

Euro NCAP 会评估速度辅助系统的不同功能。例如，通知驾驶员当前道路的速度限制；当行驶车速超过限定的阈值时，警告驾驶员；主动防止车辆超速，使其保持在规定的速度行驶。无论是车速限制器还是智能自适应巡航控制，先进的速度辅助系统都应包含上述所有功能，车辆通过限速标志识别或数字地图数据即可检测和显示速度限制，驾驶员只需对此加以确认即可完成速度设置。系统在设计上应避免对驾驶员造成分心。此外，当车辆无法将车速控制在设定的阈值时，驾驶员会收到恰当的警告。对于可主动控制车速的系统而言，其会通过测试来确保系统精确地做到这一点。

城际道路自动紧急制动系统可发出警告和帮助驾驶员采取适当的制动措施，或者在必要时自行让车辆停止行驶，从而避免发生追尾事故。车辆间追尾碰撞是欧洲最常见的道路交通事故。常见的追尾事故一般发生在公路上，此时车辆往往都在以中高速行驶，而驾驶员由于分心而未能意识到前方车辆已停止、即将停止或者正在以较低速度行驶。城际道路自动紧急制动系统可警告驾驶员即将发生碰撞、帮助采取适当的制动措施和/或最终让车辆自行停止。

对于城际道路自动紧急制动系统，Euro NCAP 对 3 种不同驾驶场景下的自动制动功能和前方碰撞预警功能进行了评估：朝静止车辆行驶（时速为 30—80km）、接近前方慢速行驶的车辆（时速为 30—80km）和前方车辆紧急制动（时速为 50km，慢刹车和急刹车）。

LKA 系统可在逐渐偏离车道的情况下帮助驾驶员纠正行车路线。通常，系统会向驾驶员发出警告，提醒其纠正行车路线，还会让车辆稍加转向，以防止其继续偏离车道。只有在检测到紧急情况时，紧急车道保持（emergency lane keeping，ELK）系统才会更积极地干预。例如，当感应到车辆马上就要驶出路面时，ELK 系统就会施加较大的转向力。

Euro NCAP 会根据在实验跑道上开展的一组标准测试来对 LKA 系统和 ELK 系统打分。两种类型的系统会根据不同类型的道路标记进行测试，包括实线和虚线，以及道路边缘没有标线的情况。对于其性能，会根据采取干涉措施时车辆与车道标记边缘的接近程度来评估。配备车道偏离警示系统和盲点监测系统的车辆可获得更高的评分。

3.4　国际自动机工程师学会相关规范

国际自动机工程师学会是美国及世界汽车工业（包括航空和海洋）领域有重要影响的学术团体，每年都会推出大量的标准资料、技术报告、参数（工具）书籍和特别出版物，建有庞大的数据库。该学会每月要向大约 14 000 名技术人员、商界人士、政府官员传递世界上最新的科技动态。

国际自动机工程师学会是国际上最大的汽车工程学术组织，其研究对象是轿车、载重车及工程车、飞机、发动机、材料及制造等。其制定的标准具有权威性，被广泛地应用于汽车行业及其他行业，并有相当一部分被纳入美国国家标准。

该协会的标准化工作，除汽车制造业外，还包括飞机、航空系统、航空器、农用拖拉机、运土机械、筑路机械及其他制造业用的内燃机等。国际自动机工程师学会制定的标准不仅在美国国内被广泛采用，而且成为国际上许多国家工业部门和政府机构在编制标准时的依据，被国际上许多机动车辆技术团体广泛采用，美国及其他许多国家在制定汽车技术法规时，在许多技术内容或环节上也常常引用国际自动机工程师学会的标准。同时，在美国国家标准学会（American National Standard Institute）的支持和领导下，国际自动机工程师学会代表美国汽车工业界积极参加国际标准化组织道路车辆技术委员会的工作。可以说，国际自动机工程师学会在汽车领域拥有世界上最庞大、最完善的标准体系。

以 SAE J2831-2020 为例,《车载字母数字信息的设计发展和工程建议》(Development of Design and Engineering Recommendations for In-Vehicle Alphanumeric Messages)报告提供了有关在车辆行驶时通过外部(如卫星无线电)或内部(如信息娱乐系统)来源提供给车辆字母、数字消息的建议。大量信息表明,系统地检查驾驶员可能收到的信息并对其进行分类是很重要的。该报告确定了卫星无线电、信息娱乐系统等不同的车内信息系统源。协调信息源,能使驾驶员以显著、及时和突出的方式接收最重要的信息,是集成不同数据源(例如,信息优先级是相对的)面临的挑战之一。这种方法首先分析驾驶员可能遇到的信息类型,此分析有助于定义技术和产品,但无法定义与驱动程序和消息交互最相关的特性。这需要分析与显示相关的消息特性。这些特性与特定的产品或车内技术是分开的,但是可以根据它们与驾驶员的通信内容来定义消息,例如,高紧急度消息或长复杂消息。一旦将字母、数字信息分配给信息源类别,设计者必须确定车内信息系统功能的通信要求。在确定了通信功能之后,这些需求可以定义显示格式和相关参数(有关显示特性,如视角、亮度、对比度、字体设计等人体工程学问题,可以查看 ISO 15008)。

信息源指示了要显示的消息的内容和结构,而这些内容和结构又决定了最有效的显示的特性。这些因素的组合会影响驾驶员的视觉采样策略,也是影响车辆内外信息提取的主要因素。简单地说,眼睛离开道路的时间越久,司机对不断变化的道路状况的反应时间就越少。Senders 等[1]比较早地对这一点进行了量化,他们发现在新公路的封闭路段上,驾驶员只能通过间歇性的视觉取样来驾驶。这说明驾驶员可以使用道路的周期性样本来维持车辆控制。在样本之间,驾驶员对车辆相对于道路的状态变得越来越不确定,当不确定性超过阈值时,驱动程序就会对前视图进行采样。

一般来说,驾驶员的驾驶水平都是经过严格校准的,因为他们的驾驶水平与车辆动力学和道路特性有关。为了补充这项早期工作,Wierwille 等提出了一种概念性的采样模型[2],该模型从驾驶员通过浏览感兴趣的位置并启动车内任务开始。随着时间的推移,信息提取过程也随之启动。如果

① Senders J W, Kristofferson A B, Levison W H, et al. The attentional demand of automobile driving. Highway Research Record, 1967 (195): 15-33.

② Wierwille W W, Eggemeier F T. Recommendations for mental workload measurement in a test and evaluation environment. Human Factors: The Journal of the Human Factors and Ergonomics Society, 1993 (2):263-281.

驾驶员可以在 1s 或更短的时间内将信息分块，他们将返回向前的场景。但是，如果分块需要更长的时间，驱动程序将继续浏览显示屏。如果发生这种情况，当眼睛离开道路时，不确定性会增加，驾驶员很快就会感到有压力，需要及时将目光重新聚焦在前方场景上。如果对车内位置的注视超过约 1.5min，并且无法获取（或分块）信息，则驾驶员需要将目光返回前方场景，稍后再试。如果能在约 1.5min 内获得分块信息，驾驶员将提取信息并返回前方场景。以相同的方式处理额外的样本，直到获得所有必需的信息。

3.5　美国国家公路安全交通管理局相关规范

美国交通部下属的国家公路安全交通管理局（National Highway Traffic Safety Administration，NHTSA）致力于通过教育、研究、安全标准和执法，拯救生命，防止伤害，降低因道路交通事故带来的经济成本。围绕汽车 HMI 的设计标准及指导方针等方面，NHTSA 曾发布过一系列涉及新型车辆技术的报告，包括新驾驶舱设计对驾驶员的影响、解决现代车辆网络安全漏洞的方法、防撞技术的性能以及重型车辆上安装的通信技术的安全应用等主题。NHTSA 关注由于驾驶员使用电子设备而引起的注意力分散对机动车安全的影响，在参考欧洲和日本的相关研究的前提下，发布了非约束性的驾驶员分心指南，通过阻止在车辆中引入过度分心装置来提高安全性，希望通过引导设计而降低驾驶员的注意力分散程度。该指南将影响驾驶员注意力的干扰分为 3 类。

1）视觉干扰：需要驾驶员将视线从道路上移开以获得视觉信息的任务。

2）手动分心：需要驾驶员把手从方向盘上拿开以操作设备的任务。

3）认知干扰：需要驾驶员将注意力从驾驶任务上转移开的任务。

该指南认为，影响驾驶员安全驾驶能力的任务包括以下几个方面。

1）显示与驾驶无关的图像或视频。

2）自动滚动的文字。

3）要求在一项任务中手动操作超过 6 个按键。

4）要求阅读超过 30 个字符（不包括标点符号）的文本。这一建议旨在防止驾驶员在驾驶时出现观看视频片段、手动发短信、手动上网或手动浏览社交媒体等行为。

该指南中对于驾驶员在开车时完成与车载大屏手动交互任务的要求有以下几个方面。

1）视线离开车道≤2s，累计视线离开车道≤12s 完成一项任务。

2）能够在 9s 内，用 1.5s 的连续扫视完成一项任务。

3）只需要驾驶员的一只手来操作。

4）车载大屏应尽可能靠近驾驶员的前视线，并在每个显示器的几何中心提供一条特定的向下观看的最大角度的建议。

用户在操作车载大屏时的使用场景，无非就是静止、行驶和慢速状态中。设计师需要时刻牢记，用户对车载大屏的所有操作都是在车上进行的。在自动驾驶真正解放双手之前，车载大屏始终是辅助配置，而驾驶始终是最基本的任务，保证驾驶安全始终是最重要的。

报告《驾驶员-车辆界面的人因设计指南》（Human Factors Design Guidance for Driver-Vehicle Interfaces）[1]中引述了大量的人因工程学研究，为基于视觉、听觉、触觉的多模态设计提供了一定的理论基础。

报告《面向 L2 和 L3 级别的人因设计指南：自动驾驶概念》（Human Factors Design Guidance for Level 2 and Level 3：Automated Driving Concepts）[2]旨在对 2 级和 3 级自动驾驶下的驾驶员行为进行初步的人为因素评估。任何机动车辆的安全、高效运行都要求驾驶员-车辆界面（即车机界面）的设计符合驾驶员的能力和期望，该报告旨在帮助车机界面开发人员实现这些目标。

报告《现代汽车的网络安全最佳实践》（Cybersecurity Best Practices for Modern Vehicles）[3]描述了 NHTSA 为改善机动车网络安全对汽车行业进行的非约束性指导。NHTSA 认为，该报告中描述的自愿最佳实践为开发基于风险的方法和重要的过程提供了坚实的基础，这些过程可以随着时间的推移有效地保持和更新，以满足汽车工业的需要。

报告《自动驾驶系统可测试案例和情景的框架》（A Framework for Automated Driving System Testable Cases and Scenarios）[4]描述了为自动化驾

[1] National Highway Traffic Safety Administration.（2016）. Human Factors Design Guidance for Driver-Vehicle Interfaces. https://www.nhtsa.gov/sites/nhtsa.gov/files/documents/812360_human factors designguidance.pdf[2022-05-10].

[2] National Highway Traffic Safety Administration.（2018）. Human Factors Design Guidance for Level 2 and Level 3: Automated Driving Concepts. https://www.nhtsa.gov/sites/nhtsa.gov/files/documents/ 13494_812555_l2l3automationhfguidance.pdf[2022-05-10].

[3] National Highway Traffic Safety Administration.（2016）. Cybersecurity Best Practices for Modern Vehicles. https://www.nhtsa.gov/sites/nhtsa.gov/files/documents/812333cybersecurityformodern vehicles. pdf [2022-05-10].

[4] National Highway Traffic Safety Administration.（2018）. A Framework for Automated Driving System Testable Cases and Scenarios. https://www.nhtsa.gov/sites/nhtsa/gov/files/documents/13882-automateddrivingsystems_092618_v1a_tag.pdf[2022-05-10].

驶系统建立样本初步测试的框架，重点是自动化程度较高的轻型车辆，要求该系统执行全动态驾驶任务，包括横向控制和纵向控制，以及目标与事件检测和响应。它首先将自动驾驶系统性能空间划分为独立因素的测试框架，然后通过建模、仿真、跟踪测试和开放道路测试等方法，对测试框架进行映射和优化。

报告《自动车道定位系统的功能安全评估》（Functional Safety Assessment of an Automated Lane Centering System）[①]描述了一项针对通用自动变道辅助（auto lane change，ALC）系统功能安全性的评估研究。ALC系统作为支持车辆自动化的关键技术，通过提供连续横向控制来确保车辆在其行驶车道上保持稳定。该报告以国际标准 ISO 26262《道路车辆功能安全》（Road Vehicle Functional Safety）为基础，采用危害与可操作性研究、功能失效模式与影响分析以及系统-理论过程分析（systems-theoretic process analysis，STPA）等方法进行了研究。该报告根据安全分析结果确定了 5 个车辆级安全目标、47 个 ALC 系统功能安全要求（STPA 过程的输出）和 26 个 ALC 系统附加安全要求（也是 STPA 过程的输出）。该报告还利用分析的结果来开发潜在的测试场景，由此确定故障诊断码覆盖的可能区域。

---

① National Highway Traffic Safety Administration.（2018）. Functional Safety Assessment of an Automated Lane Centering System. https://www.nhtsa.gov/sites/nhtsa.gov/files/ documents/13498a_812_573_ alcsystemreport.pdf[2022-05-10].

第 2 篇　智能座舱 HMI 设计与评估

第4章 智能座舱 HMI 的信息交互特征

随着汽车智能化、网联化的发展，消费者对出行场景有了更多的功能需求，同时越来越多的信息涌入车内，随之而来的便是车内屏幕的不断升级。在多屏化趋势和多通道交互模式下，更要综合考虑智能座舱的 HMI 信息交互特征，在保证安全驾驶的前提下，为用户提供更好的驾乘体验。

4.1 智能座舱多屏布局

4.1.1 座舱多屏布局分析

从现在主流的 HMI 布局来看，座舱 HMI 多屏布局可以归纳为如表 4-1 所示的 6 种情况。两种"一"字形布局代表车型分别是拜腾等和大陆汽车，主要通过方向盘上的触摸屏、语音、手势进行交互，其中大陆的车载屏幕将驾驶员与副驾驶使用的屏幕完全分开；两种"O"字形布局代表车型是玛莎拉蒂和奔驰等，其中奔驰的副仪表板区域不会延展到空调控制器和副驾驶屏幕，且下方信息输出端都统一采用触控板；"三分型"以奥迪为代表的车载屏幕布局，仪表、中控、控制完全分开；"唯一屏"代表车型为特斯拉，一个中控大屏将仪表、中控、控制融为一体，完全移除了物理按键。

表 4-1 HMI 工业造型布局及交互方式归类

布局特点/交互变化趋势	代表车型
 "一"字形布局 1 仪表与中控融合，人机交互输入主要通过方向盘、语音、手势实现	2018 拜腾
	2017 本田 NeuV 概念车
	沃尔沃 2018 年 CES 展概念车
 "一"字形布局 2 后视镜影像成像在车内，中控与仪表融合，触屏输入	大陆集团 2018 年 CES 展车型

布局特点/交互变化趋势	代表车型
"O" 字形布局 1 为了满足用户对海量信息与娱乐的需要，设计横向长联屏，同时兼顾传统的纵向物理输入方式	2018 玛莎拉蒂
"O" 字形布局 2 仪表和中控融合，HMI 的人机交互从旋钮等物理操作发展到触摸板	2018 奔驰 A 级梅赛德斯 2016 奔驰 EQ 车型
"三分型" 布局 车内人机交互方式从物理按键控制发展到触摸屏控制	2015 奥迪 A7 运动版
唯一屏 输入方式完全移除物理按键，同时中控与仪表融合	2012 特斯拉 Model S

注：RVM 为后视镜（rearview mirror），LM 为左后视镜（left mirror），RM 为右后视镜（right mirror）

　　综上所述，座舱内屏幕的发展趋势是将中控屏和仪表区域融为一体，驾驶员的视觉导向为横向搜索，缩小了视线与路面的距离和角度，座舱内的物理按键随着屏幕的变化大量减少甚至完全消失。与此同时，很多新的技术被应用到车载显示上。2017 年 CES 上展出的宝马 HoloActive Touch 全息屏，通过手势识别操作控制；2018 年 CES 上展出的大众概念车搭载的眼球追踪技术，使车辆可以识别驾驶员在看什么，随即在仪表盘上实现对注视内容的高亮显示；大陆集团的触觉识别和反馈、头部识别，以及已经很普遍的语音控制技术等，可以实现座舱内多种交互方法协同控制，减少了驾驶员的操作步骤及降低了操作难度，增强了人-车交互的流畅性。同时，现代设计更加注重以驾驶员为中心，出现了"用户体验""情感化"等概念，发展生物识别技术，搭载个人身份识别以适应驾驶员的偏好，设置了自定义界面等；在硬件方面，使用 3D 屏幕，采用了无反光、无指纹、无划痕全玻璃屏等屏幕技术及增强图像抬头显示技术；信息架构层级简单，追求"直觉操作"；不同自动驾驶级别对应不同的智能座舱 HMI，座舱内的屏幕是可以调整的。例如，在 2014 年德国汉诺威国际消费电子、信息及通信技术展览会上展出的奥迪詹姆斯 2025 未来虚拟座舱，就展示了新的概念：座舱有自动驾驶模式和手动驾驶模式两种，为处于不同自动驾驶级别的车辆提供了不同的交互模式。

值得一提的是，目前抬头显示技术在汽车领域越来越受到重视，并被认为是车内交互显示的发展趋势。抬头显示技术不仅可以将驾驶员视线保持在路面上，使其对周围驾驶环境保持良好的态势感知能力，而且可以使 ADAS 功能所提供的信息通过 AR-HUD 的方法得到更加直观和充分的展示，让驾驶员直接获取信息。

4.1.2　整车 HMI 多屏设计

通过对市场上现有车辆及概念车的调研和分析，笔者对整车 HMI 的多屏设计定位进行了梳理整合（图 4-1），分析对象为现有车辆常见的车内屏，包括仪表盘、中控屏幕、控制屏和抬头显示。

仪表盘是汽车上的传统显示屏。现在车辆的仪表逐渐摒弃了机械式显示方式，采用全液晶数字显示屏。仪表所在位置方便驾驶员查看，所以在 HMI 设计中的定位便是显示大量驾驶相关信息，信息排布紧凑、集中。

中控屏幕是近年来逐渐进入市场，并被消费者接受的车内屏，并且有尺寸不断变大的趋势。中控 HMI 集成了车辆设置、娱乐和导航等功能，同时也具有倒车影像、360°车外环境影像等场景化功能，可利用中控进行个性化设置，实现与智能手机互联。

控制屏是一个比较新的概念，在路虎揽胜星脉及奥迪 A8 等车型上有着明显的体现。控制屏的 HMI 定位主要为座椅加热、吹风等功能的情景化显示，在用户操作时可以给用户实时反馈，如振动、声音反馈等，增加信任感，硬件按键和屏幕配合使用，可以增强操作的易用性和安全性。

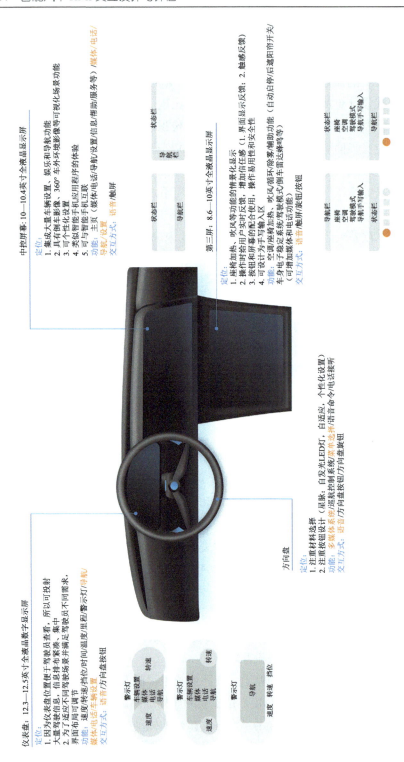

中控屏幕: 10—10.4英寸全液晶显示屏
定位:
1. 集成大量车辆设置、娱乐和导航功能
2. 具有倒车影像、360°车外环境影像等可视化场景功能
3. 可个性化设置
4. 类似智能手机应用程序的体验
5. 可与智能手机应用互联
功能: 主页（媒体电话/导航/设置/信息/帮助服务等）/媒体/电话/导航/设置
交互方式: 语音/触屏

第三屏: 8.6—10英寸全液晶显示屏
定位:
1. 座椅加热、吹风等功能的情景化显示
2. 操作时给用户实时反馈，增加信任感（1. 界面显示反馈；2. 触感反馈）
3. 按钮和屏幕的配合使用，操作易用性和安全性
4. 可初步对于手写输入
功能: 空调/座椅加热、吹风/循环/除雾辅助驾驶模式（自动启停/后遮阳帘开关等）车身电子稳定系统/辅助驾驶功能（倒车雷达可增加媒体和电话功能）
交互方式: 语音/触屏/旋钮/按钮

仪表盘: 12.3—12.5英寸全液晶数字显示屏
定位:
1. 因为仪表盘位置便于驾驶员查看，所以可投射大量驾驶信息，信息排布紧凑，集中
2. 为了适应不同驾驶场景并满足驾驶员不同需求，界面布局可调节
功能: 速度/转速挡位/时间/温度/里程/警示灯/导航/媒体/电话/车辆设置
交互方式: 语音/方向盘按钮

方向盘
定位:
1. 注重材料选择
2. 注重按钮设计（星脉：自发光LED灯、自适应、个性化设置）
功能: 多媒体系统/巡航控制系统/菜单选择/语音命令/电话接听
交互方式: 语音/方向盘按钮/方向盘旋钮

图 4-1　整车 HMI 多屏设计定位

抬头显示是近年来比较新的一种汽车 HMI 显示方式,主要是将一些重要的行车信息投射到和驾驶员视线平行的前方,避免了因观察仪表而分散其对前方道路的注意力。

我们在进行智能座舱 HMI 设计实践时,需要根据车型、目标市场充分了解用户定位、不同屏幕的功能、操作定位等基础信息,确定车内不同屏幕 HMI 设计的具体定位,针对性地提高整车多屏 HMI 设计的安全性和舒适性。

4.1.3　智能座舱 HMI 一体化设计

未来的智能座舱中,会有更多的信息呈现、更多样化的软硬件布置、更多种类的人机交互方式。如何综合利用座舱中的多种信息和交互特性,使人-车交互更加自然流畅,成为 HMI 设计需要重点关注的问题。

智能座舱一体化可以是信息的一体化,在进行 HMI 设计时,不仅要对多个屏幕分别进行设计定位,还需要考虑整车的空间信息整合,实现信息一体化设计。在信息一体化设计中,多屏之间的信息互相流动、动态变化,成为一个整体。根据驾驶情境的不同,座舱内多屏 HMI 信息互相配合,为驾驶员提供快捷、高效的信息传达。

一体化也可以指车内软硬件布置的一体化,未来智能座舱中将会配置具有一定功能的透光表皮。基于这种强大的技术,在木纹、真皮、皮革、织物、玻璃、金属等各种材质上都可以应用,汽车内部的每一个表面都可以进行功能操作,赋予原本简单的静态内饰新的功能。

同时,一体化也可以指交互方式的融合。未来的智能座舱内,用户可以利用触摸屏、语音、手势等多种方式与汽车和环境进行交互。多种交互方式的融合设计,使用户在不同的场景下能够顺利地转换交互方式,更加高效、自然地进行交互,这便是交互方式的一体化。

4.2　多通道交互模式

4.2.1　车内多通道交互

多通道交互是使用多种通道与计算机通信的人机交互方式。这里的通道是指人的信息输入与输出的感知通道,如视觉、听觉、触觉、运动觉信息的输入通道,手、足、口等信息的输出通道。

在多通道交互模式下,用户通过多个感觉器官、运动器官与机器进行交互，用并行、非精确的方式完成交互任务，优势是能拓宽交互信息带，有利于解决交互资源和通道的竞争问题，还可以提高人-车交互的自然性，体现了以人为中心的交互思想。在智能网联汽车中，人与车之间的多通道交互方式可以对驾驶员的认知资源进行有效分配，在保证驾驶任务安全的基础上优化驾驶体验。

当前，车内最常用的是触屏交互方式，主要利用了驾驶员的视觉和触觉通道。当驾驶员通过视觉确认所需功能在屏幕上的位置后，利用手指触摸完成任务。随着用户对车内功能的需求越来越多，传统的物理按键不能满足需求，同时智能设备的软件应用市场趋于成熟，使得触屏成为车内HMI交互的主流方式。动态驾驶场景和智能设备的静态使用场景有着本质的区别，动态驾驶场景下屏幕占用了驾驶员较多的视觉资源，这将对驾驶安全带来重大威胁。

语音交互也是当前车内使用较多的交互方式之一，主要利用了驾驶员的听觉通道。相对于触屏来说，语音交互会减少在汽车驾驶情境下对驾驶员视觉通道的占用，提高驾驶安全性。利用语音交互可以快速、便捷地完成某一任务，不必在车机屏幕上点击进入不同的层级，极大地提高了完成任务的效率。但是，目前语音交互技术还存在一定的局限性，如语音识别速度不够快、不够准确等，还有待进一步开发。

手势交互利用了驾驶员的运动觉通道，驾驶员通过不同手势与车机进行交互。相对于触屏来讲，使用该方式时不必在屏幕上进行视觉定位，驾驶员可以直接在空中通过手势进行操作，从而避免了驾驶时对视觉通道的占用，提高了驾驶安全性。手势识别也是近年来车企重点开发的车内交互技术之一。

我们在进行汽车HMI设计时，应该充分考虑采用多通道交互，对驾驶员的注意力资源进行合理分配，从而减少对其执行主驾驶任务时所需资源的占用，提高驾驶安全性。

4.2.2　座舱内交互技术

随着智能汽车、车联网技术的蓬勃发展，汽车交互技术正发生着一场巨变。传统的按键、旋钮和把手将逐渐消失，在未来，触摸屏、语音识别及手势控制等新智能技术将主导汽车交互系统。

1. 硬件交互

汽车设计发展至今，现有车型在硬件设计趋势上呈现出一定的规律和变化,对现有车辆内饰布局进行分析,有助于确定硬件功能布局,如表 4-2 所示。

表 4-2　内饰布局设计示意图总结表

名称	内饰布局设计示意图
特斯拉	液晶屏仪表　触摸屏中控
宝马	液晶屏仪表　液晶中控　物理按键
路虎揽胜	液晶屏仪表　液晶屏　触摸屏　物理按键
奔驰	液晶屏仪表 + 触摸屏中控　物理按键　触控板

在市场上现有的车辆中,仪表及中控大多以液晶显示屏的形式出现,中控周围及中控下方配置物理按键或可触控形式的界面按键。特斯拉、宝马、路虎、奔驰等品牌的最新车型的仪表盘大多采用液晶屏,但无论其他区域变动多大,方向盘上的传统物理按键在形式和功能上都没有太大的变化,变化较大的是中控及挡位区域。特斯拉大刀阔斧地对中控进行了改革,取消这一区域的所有物理按键,用大尺寸的全触控屏幕替代,这一改变曾

在行业内引起了激烈的讨论。宝马的中控区域是液晶屏显示，物理按键操作，也是现在很多车型采用的形式。奔驰的中控形式相对多样，包括触摸屏显示操作、物理按键和触控板辅助操作。路虎揽胜的中控部分组成相对比较复杂，有液晶屏及触摸屏两块，触摸屏和旋钮相结合，触摸屏下方还有一块物理按键区域辅助操作。

2. 触屏交互

触屏交互是一种典型的交互方式，在手机上已经普及，在汽车上也逐渐替代了很多物理按键的操作。触屏交互可以解决车内物理按键太多的问题，使面板的空间得到释放。另外，更多的新功能出现时，触屏操作可以使增加一些操作非常容易实现，而传统物理按键就很难实现新功能的增加。在软件升级后有新的操作时，触屏操作显示出更多的柔性特征。用户适应了手机、平板电脑等触屏类产品后，也会逐渐习惯汽车车内的触屏操作系统，尤其是很多汽车搭载了基于安卓等主流操作的系统，使用户很容易适应汽车上的一些功能。

车载的触屏交互产品的设计也越来越人性化，越来越快捷和安全，未来作为智能网联汽车的重要人机交互方式，将会有更大的发展空间。

3. 语音交互

语音交互是指基于语音识别技术，应用在拨号、导航、语音辅助驾驶等操作中的交互方式。听觉显示可分为音响显示和言语显示。音响显示呈现的是音调信号，即声音的本体属性（如声强、音高、音色等）、声音的表现形式（如时长、节奏、意象等）；言语显示呈现的是言语方式在具体的设计中传递的信息，是不同声音传达的内容。

由于语言具有一定的复杂性，机器学习的难度很大，声音作为交互手段来控制设备，首先需要解决的是机器的语音识别技术问题，使之能准确识别语音输入。地理位置的信息量是有限的，语言信息格式也相对简单，因此当前车载信息系统的声音控制主要应用于导航系统的声音指令。相对于那些层次较为复杂的菜单树而言，语音交互具有较大的优势。

1997 年以来，语音识别技术在汽车领域的应用取得了不错的成绩。2009 年，德国宝马公司推出了新一代 iDrive 多媒体智能系统，集成了全新的语音控制系统，具有多项控制和操控功能。2012 年，通用汽车等多家公司与苹果公司达成了战略合作协议，将在各自的车载系统中集成苹果手机的 Siri 语音控制功能，在行车过程中，用户可以通过声音启动 iPhone 的各种功能，解放了用户的双眼、双手，提升了行车安全性。

虽然语音控制在一定程度上解放了驾驶员的双手和节省了更多视觉资源，但是也占用了更多的听觉和大脑资源。在使用语音控制系统过程中，用户需要先打开控制按键，说出指令，在用户发出指令之后，系统要反复确认信息，避免出现识别错误。因此，大多数语音控制系统都是短命令式的，所以相对来说是一种安全的操作方式。目前，大多数语音控制系统可以实现功能调节，如调整空调温度、升降车窗、拨号等。

4. 手势交互

驾驶过程中，信息来源广泛，人的五感接收到信息后需要大脑快速判断做出决策，这就要求车内交互任务简单，不需要任务下达后反复确认。手势作为交互方式的一种，适合"状态切换类"的任务，如一些较为简单、需要重复操作的任务。手势控制不占用驾驶员的视觉资源，单步操作简单，降低了学习成本，同时也能够提供与实体按键一样简单便捷的交互体。

传统的手势识别技术需要依靠控制器来获取手的位置和动作，随着图像识别技术的发展，市场上已经出现了像 Kinect、Leap Motion 等无控制器且具有较高识别精度的手势控制硬件，这为手势控制在车内的应用奠定了技术基础。目前，车内手势交互的操作深度通常不超过 2 级，主要应用于简单的调节或状态切换类任务中。首先，调节类的任务让用户联想到滑块或旋钮控制器的使用，可以使其产生通过类似手势进行操作的冲动；其次，手势控制符合调节类任务需要用户持续根据系统反馈来决定下一步的操作的特性。

自 2014 年以来，手势交互已逐渐被应用于各大车型中。2014 年，伟世通公司的概念座舱 Horizon 向全球汽车制造商演示了 3D 手势识别技术。2015 年，宝马公司通过新款 iDrive 系统，展示了手势操控信息娱乐系统的概念，驾驶员无须接触仪表盘，只需移动手部甚至是手指就可以轻松操作特定的车辆控制装置。德国宝马公司在 2016 年 CES 上展出全新的 3D 手势控制技术 AirTouch，如图 4-2 所示。AirTouch 技术的感应范围扩大到仪表盘至后视镜之间，驾驶员和乘客在车内使用 5 个手指做出手势即可给系统发布指令，如用手做出旋转动作就可以调节收音机的音量。

图 4-2　宝马公司的 AirTouch 技术

伟世通公司的市场调研结果表明，70%的消费者对于在车中使用虚拟音量旋钮表现出了强烈的兴趣[①]，这也进一步表明了未来车内手势交互的多种应用场景得到了更多消费者的认可。

5. 抬头显示屏

从汽车的发展历史来看，早期车内的信息显示主要通过机械仪表和硬件界面来呈现，在真空荧光显示器被应用到汽车界面后，车内信息以硬件界面和字符界面为主体，这两个阶段的共同特点是界面功能简单、显示精确度低、信息量小。随着液晶显示器在车内的使用，数字化仪表界面逐步取代机械仪表和硬件化的界面，成为现代汽车的主流趋势。

传统数字界面的视觉设计主要集中在仪表和中控的液晶显示屏幕部分，目前已出现了新的被称为平视显示的抬头显示屏的车载交互界面。抬头显示屏的前身是战斗机上的光学瞄准器，其将环状瞄准圈投射在飞机座舱前端的一片玻璃上，当飞行员在瞄准目标时，无须转移视线。出于行车安全考虑，其逐渐被变相装配到汽车座舱内。抬头显示屏解决的是驾驶过程中驾驶员目光从仪表盘到前方的时间差问题，它将行车相关的图形和文字信息以平视视角呈现，使驾驶员在大视野不转移的情况下能够快速获取相关信息，以提高行车的安全性。如果投影范围足够远（一般抬头显示屏投射距离为 0.65—1.5m，2m 左右人眼负担降低），会使得驾驶员在看路和看抬头显示屏时的焦距变化更小，不会增加眼睛的疲劳。

现在市场上多数抬头显示屏投影解决方案有三种：第一种是其自带一

---

① 伟世通打造革新性驾驶体验. (2014-05-16). http://www.tireworld.com.cn/auto/parts/2014516/11231.html[2022-05-08].

个透明玻璃显示屏；第二种是机器或手机投影到挡风玻璃上，挡风玻璃是由两层玻璃中间的一层塑料锻压而成，因此容易产生重影，需要在挡风玻璃上粘贴一种透明反光玻璃；第三种是悬挂式显示屏，悬挂在驾驶员上方，其优势在于比前两种有更大的视角范围，更适合行车记录。根据光学方案的不同，3 种方式在不同的外部光照环境或雨天、沙尘暴天气下显示的清晰度有所不同，要求强光直射下清晰可辨，在夜晚（弱光）柔和不刺眼。影响抬头显示屏使用体验的另一个要素是产品的散热功能，要保证其在车内高温状态下待机，工作时正常散热，使得交互顺畅。

随着技术的进步，另一种抬头显示技术，即增强现实抬头显示逐渐得到广泛应用。增强现实抬头显示技术将信息投射到挡风玻璃上，投射的内容和位置能与现实环境相结合，显示的范围不局限在某一处，而是扩展到整个挡风玻璃。相比传统的抬头显示，增强现实抬头显示是一个集传感器、光学、电子、控制、通信、网络于一体的庞大视觉系统，显示的范围更大、距离更远，通过内部特殊设计的光学系统将图像信息精确地融合于实际交通路况中，从而扩展、增强了驾驶员对于实际驾驶环境的感知，能够增强驾驶的安全性，增强人机交互的体验，如将 3D 导航信息显示在前挡风玻璃上，与前方的地貌、建筑、加油站、匝道等现实景象组成虚实结合的场景。

抬头显示改变了传统中控台信息显示的模式，随着电子技术的发展和车内信息量的增多，抬头显示的优势越发明显。调查显示，75%的人会在驾驶时使用手机，当速度超过 120mi/h（约 193km/h）时，视线不能离开路面，大多数人在边驾驶边使用手机时会造成每英里有 300ft（约 91m）的距离视线都不在路面上[①]，抬头显示的出现取代了原本的仪表盘和中控显示屏，可以使驾驶员避免频繁地切换视觉焦点，保持直视前方。地图导航可以更好地叠加在真实场景，使信息的呈现更加直观、易读。HUD 屏如图 4-3 所示。

抬头显示屏使用体验的提升，除了受限于技术因素，还受限于信息的选择和分类，要将中控的信息和导航及车联网信息转移到抬头显示上，需要经过严格的筛选和布局，才能确保真正发挥抬头显示屏的作用，提高驾驶的安全性。

---

① 晒着冬日的阳光谈谈汽车中控的前世今生. (2016-12-23). http://dealer.autohome.com. cn/13068/news_25329629.html?PvareaID=103705[2022-04-05].

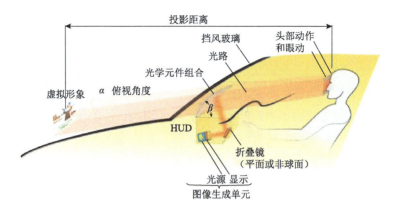

图 4-3   HUD 屏

资料来源：车云网. 盘点 13 大车载 HUD，自主 vs 豪华差了哪些细节？(2019-03-03).
http://www.cheyun.com/content/26367[2022-10-10]

6. 眼动交互

随着各种信息在车内的集成，除主要驾驶任务外，驾驶员与信息娱乐相关的交互也使驾驶任务流变得更加复杂，驾驶负荷不断增加。比如，驾驶过程中使用电话会严重影响当下信息条目的认知记忆。如何通过有效的交互模式设计降低行为负荷和认知负荷，是亟待解决的问题。

作为眼科学和认知心理学研究的技术手段，眼动追踪技术已经广为人知，它常借助眼注视、眼跳和眼固定等参数研究阅读或者浏览过程中人的眼动轨迹、热点区域。在汽车交互设计领域，通过追踪驾驶员的眼动轨迹，探索信息交互和驾驶任务之间的影响，可以对不同阶段驾驶员的关注点进行研究。在进入汽车领域之前，眼动技术就已经被广泛运用于可用性研究、人机交互设计中。

人眼运动分为有意识的运动和无意识的运动。通常情况下，眼睛处于无意识运动中,这样的行为属于从感知到理性思考的自下向上的认知行为。有意识的运动则属于从理性到行为感知的自上到下的反省思考。在传统仪表盘的中控显示屏上添加眼动控制功能无疑是不可行的，这样不仅需要眼睛频繁地来回切换焦点，还会导致驾驶员的目光长时间脱离道路，会降低对道路情况的判断能力。如果将眼动控制功能应用在抬头显示屏上，驾驶员不用在获取道路信息和车内信息之间频繁切换，对紧急情况的响应时间也更短。

现在的眼动研究偏向于采用瞳孔捕捉技术来进行，如扫视、注视、眨眼。虽然这样的眼动或多或少还是会影响驾驶，但以线性的眼移动为主要交互方式能明显降低驾驶危险，在技术上要考虑如何避免驾驶员眼睛的随意扫动造成误操作，以及如何处理容易中断的进程和恢复中断的进程。对于车内的眼动交互技术，需要在未来进行更多的研究。

4.2.3　手势交互及场景研究

面对种类日益复杂的车载娱乐信息系统和操作层级的增加，直觉化的交互设计能够增进驾驶员潜意识的操作。对于手势交互这种直觉化的生理运动机制，研究者已从人-车信息交互的方向进行了探索，主要用于信息类的交互设计。虽然手势操作占据驾驶员的视觉资源相对减少，但是在指令形式的明确、固定性及记忆性方面，对用户的要求比较高。因此，在驾驶情境下，车内触屏手势操作更为直观，但是触屏手势操作存在着缺少物理反馈、操作敏感性弱和响应时间长等问题，驾驶员将更多的视觉资源分配在屏幕，从而增加了驾驶负荷。因此，针对驾驶情景中较为简单、需要重复操作的任务，进行手势交互设计，对于车内触屏交互设计具有非常重要的实践意义。

1. 实验目的及目标人群

本次实验的目的包括：获得定性的用户定义的车内交互手势，了解驾驶员在使用手势时的心理决策流程，加深设计者对车内交互设计的理解，并尝试得到一组用户参与设计的车内交互手势。每个被试都能设计出一套手势，但这样的手势不具有普遍性，因此要分析实验数据，尝试得到比较准确的手势数量，分析哪些命令可以用同一类手势来控制，以及如何组合一些手势中的特征来形成新的更有代表意义的手势。

为了保证测试结果不受影响，测试前会告知被试任务的交互形式，测试中不干扰被试，不对被试的决策做出鼓励或修改的暗示。为了避免实验结果产生偏差，抬头显示信息的呈现应避免使用市场上特殊的界面风格。每个参与测试的被试在驾驶中均被要求做出一个能表示如何从 A 到 B 的手势。

目标人群：已拿到驾照并且驾驶经历中没有手势控制的相关经验的人群。

2. 实验流程

实验开始前，告知被试以下信息：这次实验的目的是收集车内交互手势信息，在实验过程中进行与平时一样的驾驶，在接收到任务指令之后做出手势，同时解释现在正在进行的行为，然后屏幕上再给出手势操作的反馈，并让被试填写基本信息表（包括性别、年龄、驾驶年限等）。

实验按照如下步骤进行。

1）准备。被试坐在驾驶席位置，进行 5—10min 的驾驶环境熟悉，主要熟悉方向盘转动角度和油门、刹车力度，主试及记录人员做好相关准备工作。

2）打开虚拟驾驶系统，打开录像机和屏幕录制软件，将程序调试正常。

3）实验开始。图 4-4 为实验场景顶视图，在 A 点处开始驾驶，沿箭头方向行驶，循环驾驶，整个实验场景中的道路车辆少，汽车匀速行驶，速度保持在 35km/h 左右。

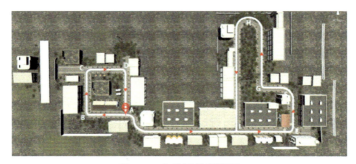

图 4-4　实验场景顶视图

在实验中，向被试详细解释任务，具体如下。

任务一：唤醒手势。被试在 A 点处开始驾驶，启动车辆前，被试操作手势，唤醒任务界面（图 4-5）。此界面内容为车辆基本情况（胎压是否正常，车门是否关好）和当前速度、限速信息。

图 4-5　唤醒任务界面

任务二、任务三：正反向切换手势。被试在 A、B、C、D 四点间驾驶时完成此任务，需要进行正反向手势切换的任务界面如图 4-6 所示，从车辆情况界面切换至简单的导航界面，再从简单的导航界面切换到车辆情况界面。此手势适用于两个或多个任务的切换，或当任务不多时，不用分为正、反切换两种手势，只用一种即可。

图 4-6　正反向手势切换的任务界面

4）开始记录。

5）终止记录。被试在完成最后一项任务之后，终止录像机和屏幕录制软件的记录。

6）访谈。对被试进行访谈，询问其在实验过程中的感受，并且让被试填写量表。量表包括给每个手势的难易程度打分（1 分是"很简单"，2 分是"简单"，3 分是"一般"，4 分是"困难"，5 分是"很困难"），根据每种手势的功能可能的使用频次进行打分（1 分是"使用次数很少"，2 分是"使用次数较少"，3 分是"使用次数一般"，4 分是"使用次数较多"，5 分是"使用次数很多"）。

3. 车内用户参与式手势实验设计

（1）实验场景设计

实验环境使用 Unity3D 软件搭建设计；使用三屏拼接显示，接入罗技方向盘、油门、刹车脚踏板；利用驾驶模拟器展示虚拟测试场景，如图 4-7 所示。

图 4-7　虚拟测试场景

（2）任务设置

参考抬头显示系统的功能，实验任务设置如表 4-3 所示。

表 4-3   实验任务列表

手势操作	任务	信息显示
唤醒	唤醒抬头显示	页面标识、速度、车况
	打开导航	车速、地图
主程序正向切换	停车时从导航切换到车况	

每次任务结束后，请被试填写利克特 5 点量表，评价每种手势的难易程度及可能的使用频次，填写完毕之后对被试进行访谈。实验过程如图 4-8 所示。在实验中，被试坐在驾驶位置，记录人员坐在被试左边，辅助被试完成实验、处理一些突发情况，例如，当被试驾驶到死角时。

图 4-8   实验过程图

（3）实验设计小结

首先，搭建实验场景，其中包括实验场地的取景和尺寸测量，根据照片在 Blender 中进行建模和渲染，最后导入 Unity3D，调节材质、灯光等参数，以及完成后期的渲染优化，共包括 4 种道路模型、4 种树木模型、5 种场景小模型、3 种建筑模型。

其次，实验任务共分为 4 组，包括 8 种手势，同时确定实验的自动驾驶等级，规定实验中被试使用右手进行手势设计以及对手势操作区域进行划分等实验细节。实验用时大约为 25min，包括安装、测试实验设备，给被试讲解手势和实验任务，让被试熟悉驾驶仿真器，以及正式实验和最后的访谈。记录设备包括一架放在被试前方的摄像机和一架放在被试右侧的 GoPro 相机。

最后，实验结束后，被试需要填写一张表，以收集被试对任务设置的主观看法，包括对每项任务的难度值和使用频次进行打分。主测人员记录每种手势的信息，包括手势类别、操作时间、反应时间、开始位置、操作次数。实验结束后，对被试进行访谈，对实验中有疑问的地方，如手势设计原因、任务设置等相关方面进行询问并记录。

4. 实验结果分析

实验被试共 21 人，有效视频记录为 20 人，有效文字资料记录为 21 人。被试平均年龄为 24 岁，男性 5 人，女性 16 人。20 名有效视频记录被试中，驾龄 5 年以上的有 5 人，2—3 年的有 7 人，新手有 8 人。

主测人员以任务为单位对实验结果进行垂直分析，例如，任务难度值比例计算、手势类别统计、手势类型比例计算等。

同时，针对各任务进行水平分析，例如，各任务难度量值和离散度相关分析、手势类别和离散度相关分析、主要功能手指统计、任务操作次数统计、手势任务类型分析等，并且针对访谈结果进行了分析。

在案例的实验结果分析中，主要以唤醒任务的垂直分析、水平分析中的主要功能手指和手势任务类型以及访谈结果分析为例进行说明。

根据实验收集的利克特 5 点量表数据，得到如表 4-4 所示的唤醒任务难度值比例。

表 4-4　唤醒任务难度值比例

选择	占比/%
难度 1	61.9
难度 2	19.0
难度 3	9.5
难度 4	4.8
难度 5	4.8

注：大部分人觉得设计唤醒手势无困难，13 人选择了难度 1，4 人选择了难度 2，2 人选择了难度 3，1 人选择了难度 4，1 人选择了难度 5。其中选择难度 5 的手势设计为表 4-5 中的最后一种手势，和其他人的结果具有一致性

唤醒任务中出现的手势如表 4-5 所示，集中表现为如图 4-9 所示的两种手势，这两种手势可解释为自定义和自然语义。生活中一些事物升起会让人产生打开的感觉，有 9 人选择了图 4-10 中的向上拨动手势。点触则是从我们使用的各种移动设备迁移而来，选择、确认都是点击同一个键，加上预测试结果，有 2 人选择了图 4-11 中的点触手势。从图 4-10、图 4-11 可看出两种手势在实际生活中的相关经验来源，我们使用的开关大部分是按键或者拨动式，所以图 4-10 和图 4-11 对应的两种手势也在人脑中形

成了代表打开某种东西的印象。其他手势还包括打响指、敲门、挥手、五指放大等。打响指出现在一些音乐、戏剧中，相较于其他手势而言比较戏剧化，有 2 人使用了这种手势，可能是他们在现实生活中乐于参加文娱活动、喜欢跳舞。敲门和挥手则是更能反映真实生活场景的手势，把系统当作一个真实的人而不是机器来和它交互。五指放大则给人一种打开、关闭东西的感觉。以上几种手势都形象地表示了打开的意义。还有一类为手掌悬停的手势，被试想对系统表达"通知"的意思，多用于交通场景中。

表 4-5   唤醒任务手势集

手势	频次	手势	频次
	9		1
	2		1
	2		1
	2		1
	1		

注：表中呈现的是 20 名有效视频记录被试的数据

图 4-9　左：被试点触手势表示唤醒；右：被试向上拨动手势表示唤醒

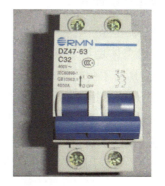

图 4-10　"升起"唤醒手势与对应的生活经验

图 4-11　"点触"唤醒手势与对应的生活经验

表 4-6 将唤醒任务中所有手势归类到不同类别中，分为自定义、自然语义、自定义/自然语义，并计算了每种手势的操作时间。除去静态的手势（平均悬停时间为 2.49s），其他动态手势的操作时间约为 0.478s。

表 4-6　唤醒任务手势类别比例

选择	占比 / %
自定义/自然语义	35

续表

选择	占比 / %
自定义	55
自然语义	10

注：有 11 人为自定义，7 人为自定义、自然语义兼有，2 人为自然语义。其中，将手掌向前悬停、打响指归类到自定义类型。因为虽然这些动作从实际生活中来，但是不同人对这些动作的理解不同，并且之前其他任务中也出现了这些手势，所以将其归类为自定义类型。所有动作中有 15 种手势都为单向动态的，3 种为动态的，2 种为静态的，表明大多数人喜欢用单向动态的手势来表达

5. 各任务水平分析结果

（1）主要功能手指

实验结果的总体趋势是被试喜欢用食指和拇指的组合来代替整个手掌的动作。结合所有手势结果来看，每项任务中大约有 25% 的手势使用这两个手指发出指令。食指可以代表除拇指外的其余手指的运动趋势，例如，缩小和放大任务中的食指、拇指的运动趋势和五指运动一致。图 4-12 所示的两种手势为正反向切换一致性较高的手势。同理，其他方向的切换如上下、左右、前后均可使用食指代替其他四根指头。

图 4-12　左切换手势

图 4-13 和图 4-14 分别为缩小和放大手势，实验结果显示，所有被试均使用图 4-13 和图 4-14 中的手势完成缩小、放大任务。其中使用食指与拇指的频次为 8 次，占比为 40%。由此可以推断，一致性较高的手势、主要功能手势与整个手掌动作趋势基本一致。

图 4-13　缩小任务手势

图 4-14　放大任务手势

（2）手势任务类型分析

经过以上分析可以看出，实验的 4 项任务分别确定了手势性质，不同的分类方法会得到不同的结果。我们对手势集进行分析，着重于将手势按其本身的形态、运动规律进行分类。以下将采用不同分类方法对最终的手势集进行分类解释，此处的分类抛开实验场景，是对手势适用的所有场景进行分析。按手势形态来分类，如表 4-7 所示。

表 4-7　按手势形态分类

项目	唤醒	关闭	正向切换	反向切换	放大	缩小	确定	取消
单向动态	√	√	√	√	√	√		
动态					√	√		√
静态							√	

单项动态手势与动态手势最大的区别在于，重复手势动作的操作结果是否一致。结合实验任务可以看出，唤醒、关闭、正反向切换手势具有一次有效性，即同样的动作，被试操作多次得到的结果完全不同。正反向切换任务中，只有两种状态来回切换，可以把这两种状态比作行李运输带上的行李，它们不断循环、首尾连接，即可用一种手势来控制。还有一种情况是一种状态变为另一种状态只有单向可操作，这时候就必须要用两种手势才能实现两种状态之间的正反向切换。让被试多次操作放大、缩小手势后，结果依然是呈现出相同的变化趋势。

按手势操作任务类型来分类，如表 4-8 所示。

表 4-8　按手势操作任务类型分类

项目	唤醒	关闭	正向切换	反向切换	放大	缩小	确定	取消
0/1	√	√	√	√	√	√	√	√
程度改变	√	√	√	√	√	√		

　　0/1 类型是指只需要任务结果为 0、1 两种状态，程度改变类是指任务结果会随着手势操作的次数（或动作幅度的大小）而改变。所有手势都可以做 0/1 状态的改变，根本上是因为所有手势的含义均可自定义；唤醒、关闭、正反向切换、放大、缩小可以做程度的改变，是因为这几种手势是两两成对的，如手部上下、左右运动，手指向内向外运动，这样便于被试理解是在对同一项任务进行操作。

　　按手势操作是否可延展来分类，如表 4-9 所示。

表 4-9　按手势操作是否可延展分类

项目	唤醒	关闭	正向切换	反向切换	放大	缩小	确定	取消
可延展	√	√	√	√				
不可延展					√	√	√	√

　　可延展是指根据所有打钩的手势可在形态上的共性做延伸，唤醒、关闭、正反向切换均是根据手掌方向来做判断，根据这一规则可延伸手掌向内外运动为一组的情况。放大、缩小手势其实可用中指、无名指、小指和拇指的组合来表示其他含义，只不过前三根手指不是主要功能手指，手势不便于理解和记忆，因此属于不可延展类。

　　按手势含义来分类，如表 4-10 所示。

表 4-10　按手势含义分类

项目	唤醒	关闭	正向切换	反向切换	放大	缩小	确定	取消
确定	√		√				√	
取消		√						√
选择	√	√	√	√				

　　表 4-10 中，唤醒、正向切换、确定手势皆有确定的含义；关闭、取消手势皆有取消的含义；唤醒、关闭、正向切换、反向切换有选择切换的含义。考虑到真正在驾驶活动中使用的手势较少，实验中出现的手势有些含义较为一致，可以选择其中一种代表其他。

6. 访谈结果分析

　　实验共收集有效访谈问卷 21 份，现对访谈结果进行分析。

　　问题一：您觉得目前的手势识别区域是否合理、舒适？您自己会选择哪个区域？（手势识别区域划分如图 4-15 所示）

图 4-15　手势识别区域分布

　　我们将方向盘及其周围区域分为 9 个空间，用字母 A—I 表示，实验中指定识别区域为 I。图 4-16 为结合被试访谈和实验过程视频得到的数据。在实验中，执行第一项任务之前，不对被试说明实验目标区域，让被试自己做出非条件反射的区域选择。

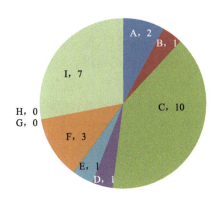

图 4-16　操作区域人数分布（单位：人）

　　有 10 人选择了区域 C，即选择方向盘右上侧区域作为手势识别区域。正面理由是：从信息反馈角度来说，有一种控制感，能看到手势和抬头显示界面的变化；距离方向盘近，考虑到安全和顺手，而实验区域有点远，而且如果第一次手势操作不成功，需要反复做手势，很麻烦；平时习惯手握方向盘上方，抬起来比较顺手。反面理由是：担心在右上侧操作动作幅度太大可能会挡住视线。

　　有 7 人选择了区域 I。正面理由是：因为测试使用的座位和方向盘不是真实车辆上的，实际车辆中的方向盘会更矮一些，座位会更高一些，因此真车内手移动到目标位置更顺手。反面理由是：离方向盘太远，新手会觉得不安全，如果要频繁操作会觉得不顺手，容易分心，并且实验区域和挡位较近，担心误触到挡位。

选择其他区域的理由如下。

A：被试中有 1 人是左撇子，因此选择了该区域。

B：被试觉得方向盘左右区域都适合，希望可以握住方向盘操作，而且左右手都能操作。

D：被试担心在方向盘右边操作会碰到副驾驶。

E：被试觉得方向盘中间的感应效果会更好，比较有安全感。

F：与方向盘距离近，担心方向盘右上侧会挡住视线。

问题二：如果您自己设置任务，您最想把哪些功能设置成手势操作？（可对比基于抬头显示的视觉反馈以及控制音量、空调等任务）

有 7 人觉得现有的解决方案已满足需求，更喜欢物理按键操作，因为这样更安全、可靠，并且多数操作都能在开车前调整好。8 人希望能够控制音乐或音量，因为驾驶中听音乐很常见，并且操作次数较多，一直低头去中控切换音乐有点麻烦，选择此类的超过一半的人认为手势操作会带来很大的便利性，是一个可选方案。2 人希望能把一些比较复杂的操作，如调节大灯等设置成手势，因为他们都是新手。3 人希望手势可以操控一些比较有未来感的任务，例如，通过手势控制座椅角度等。

问题三：您之前是否有通过语音或手势控制车载系统的经验？如果有的话，请描述一下有哪些功能，如何操作。

只有 5 人有使用语音手势控制车载系统的经验，功能为设置导航和开启或关闭音乐。1 人有手势控制经验，即提前将一种手势定义为常用地址。

问题四：您平时习惯用单手还是双手驾驶？刚刚的手势操作对您的驾驶活动是否有影响？

有 13 人平时习惯双手驾驶，5 人习惯单手驾驶，2 人习惯单双手交替驾驶。实验结果显示，在操作拐弯变道时，被试将精力集中在对车的控制上，不能完成手势任务。访谈结果显示，多数人觉得使用手势控制不会影响驾驶，但需要根据路况和驾驶熟悉程度来区分，路况复杂时，希望能双手驾驶。

问题五：您平时对左右手的使用习惯会影响您刚才的手势操作吗？

被试中有 1 人为左撇子，其余都是用右手。大部分被试希望在右侧操作，因为原本汽车的中控就需要右手操作，并且单手驾驶时，大部分情况下是左手握方向盘。

问题六：任务感受。

关于手势交互方式，被试的观点如下：手势操作有一定的前沿性、实用性；参与性较强，车变成像人一样，可以和它交流，在心理层面给自己的体验较好，任务和驾驶信息结合得较紧密；有些手势属于非条件反射行为，记忆难度较低；担心有时候在车上做动作会误触发操作系统，手势不宜太多，希望能通过一两种手势就能完成大部分操作；希望某些功能能用语音实现；现在真实车辆内大部分常用按键都在方向盘上，多余的功能不需要用手势完成。

4.3 智能座舱的信息架构

4.3.1 智能座舱人机交互设计的必要性

交互设计作为一门新的学科产生于 20 世纪 80 年代，重点关注数字产品设计领域的用户体验、互动行为及人机之间的有效沟通等，涉及用户分析、情感研究、可用性研究、界面设计、工业设计、认知心理和人机工程学等诸多领域。在实践中，交互设计关注的并不是设计对象本身硬件技术的新旧或者水平高低，而是通过用户观察找到人们在使用设计对象过程中的用户需求并进行设计优化，将技术更好地融入人们的生活中去。

回顾汽车人机界面的发展，早期的汽车设计以显示马力和速度等功能性设计为主，配备了机械仪表盘，操作简单，不追求人机交互体验。1950年，福特汽车搭载有按键式寻台操作的收音机，汽车人机交互进入初级阶段。直至 1985 年，通用汽车把显示屏集成在新发布的别克豪华轿车上，显示屏才成为汽车人机交互的重要一部分。1988 年，通用汽车首次在量产车上引入了抬头显示器，汽车人机交互又有了新的形式。随着在汽车上引入电话、播放器、空调等设备，汽车的驾驶操作区域包括仪表板、中控台的设计及功能布局已初具雏形。20 世纪 80 年代后，电子技术的发展使得微控制单元被引入汽车系统，机械仪表被电子仪表取代，机械控制板也逐步电子化。

21 世纪之后，随着信息科技的不断发展，作为人工智能、车联网技术、5G 技术发展的重要场景载体，智能驾驶座舱在技术研究和产业发展上有了极大的进步，国内绝大多数顶尖车企、科技巨头公司、人工智能企业都在逐步进入智能汽车的研究领域。虽然智能驾驶座舱已逐步被应用于特殊的环境场景，如码头、矿区、超市、社区，但在复杂场景环境中，完全的自动驾驶短期内还无法实现。因为人与机器在信息感知、处理、决策等环节存在着差异，机器的决策方式基于智能感知、规则条件及概率计算，与人的决策方式基于情感感知、感性、知性判断机理存在巨大差异。

4.3.2 智能座舱空间信息设计框架

人机关系的本质在于人机共存中的交互，作为人类驾驶员与智能汽车之间信息交流、控制活动作用的"面"，人机界面的设计直接关系到人机关系的合理性。如何结合人机工程学的理论，从人的生理和心理出发，研究人、机、驾驶环境相互作用的规律，把人类控制和智能驾驶结合在一起，形成一个更有力、更具有支持性的人-机-环境交互系统，是未来智能汽车 HMI 设计的一个主要研究方向。同时，随着车内信息获取渠道的增加，驾驶员需要处理的信息日益增加，面对复杂的驾驶情境，汽车人机界面设计需要解决如何在保证驾驶安全和效率的同时，为驾驶员创造更舒适的交互体验。因此，驾驶员和智能交通系统的人机交互行为研究、交互方式设计，以及两位驾驶员之间在"共驾"模式中的沟通、驾驶任务的分配和驾驶控制权的转换等，成为目前智能座舱 HMI 设计的重点，也成为智能汽车取得成功的关键。

1. 车内外空间信息整体分布关系

随着汽车智能系统能感知的信息不断增加，如复杂的交通环境信息、驾驶辅助安全信息、娱乐通信信息等，人类面对的信息内容也变得越来越繁杂，会影响驾驶员的注意力分配，给其带来较大的工作负荷，使发生交通事故的可能性增加。在驾驶过程中，人类决策和行为以及汽车系统性能表现都会受到来自人-车-环境动态交互系统（详细介绍见 5.1.2）中的三个方面（人、车、环境）的影响。三者在驾驶情境下相互作用，进行信息分享与交流，构成了一个人-车-环境的信息流闭环。该信息流闭环的主要研究对象为人与智能网联汽车间的汽车人机界面交互设计，如图 4-17 所示。

在智能网联汽车人-车-环境信息流闭环中，人通过多种感官对周围环境进行感知。驾驶员会监控道路和交通状况、其他交通者发出的信息等，同时通过踩油门、刹车，转动方向盘等方式控制车辆运动，保证驾驶安全。除此以外，驾驶员及车内乘客还追求听音乐、接收消息等娱乐通信体验。交通参与者通过了解当前交通情境而做出正确的行为决策，避免交通事故的发生。智能网联汽车通过车载传感器及网联信号对人、车、环境等情境信息进行感知，将部分信息通过人机界面呈现给驾驶员、乘客和其他交通

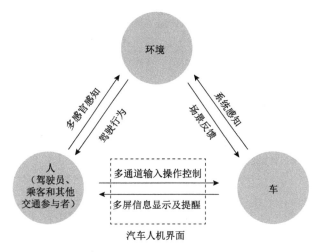

图 4-17　智能网联汽车人-车-环境信息流闭环

参与者，部分信息通过系统的智能决策控制车辆，同时将本车信息或遇到的状况反馈到网联环境中。环境随着驾驶员、乘客和交通参与者的行为决策及车辆运动状态改变，实时接收智能网联汽车的信息，同时通过智慧交通系统对海量的交通信息进行分析，实时向智能网联汽车反馈交通情况，进行路径引导及路况异常预警，保证道路畅通，同时也能提升用户的驾驶体验。

　　人、智能网联汽车和环境构成了典型的人机系统，驾驶安全取决于三者在这一复杂闭环系统中的相互协调作用，协调失败会引发危急情况，甚至会导致交通事故，危及人员安全。人机界面设计应以人为中心，通过智能网联汽车人机界面使得驾驶员和智能网联汽车共同感知情境信息，协同决策，享受安全、舒适的驾驶体验。在复杂多变的驾驶情境下，作为人与智能网联汽车间沟通桥梁的汽车人机界面需要优先确保人的驾驶安全，将安全性放在考量标准的首位，促进人与车辆之间的相互理解。研究人-车-环境三者的交互关系及信息流闭环，不仅要考虑人的当前情境需求，还要考虑人与汽车系统的交互，使得信息能够在驾驶员和汽车系统间进行双向流动，在恰当的情境以最佳的方式将复杂的驾驶环境以信息的形式可视化，快速、准确地传递给人，从安全性、舒适度、便捷性、效率等多方面提升驾驶体验。

　　多年来，同济大学艺术与传媒学院汽车交互设计实验室针对汽车 HMI 设计进行了学术研究及实践，基于人-车-环境动态交互系统（详细介绍见 5.1.2），构建出了智能座舱空间信息设计框架，如图 4-18 所示。

　　在智能座舱空间信息设计框架中，"车"是指根据车型、配置而设计的具有固定功能的信息架构，包括驾驶信息、控制信息、娱乐信息、报警

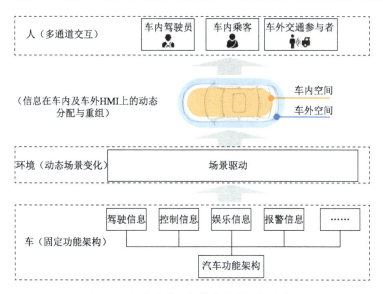

图 4-18　智能座舱空间信息设计框架示意图

信息等。"环境"是指动态变化的车内外场景。"人"是指车内驾驶员、乘客及车外交通参与者。

根据智能座舱空间信息设计框架，虽然整车的功能信息根据车型、配置而具有固定架构，但是信息的呈现受场景驱动，根据车辆所处场景的不同，不同功能信息在车内及车外的空间中分配与重组后进行 HMI 显示。车内驾驶员或车外交通参与者都可以通过动态信息显示与车辆进行多通道交互，从而协调人、车、环境三者实现高效、快捷的信息流动与读取，保证驾驶安全和舒适。

2. 车内空间信息分布

从车内 HMI 整体布局设计考虑，首先需要将相似的内容模块化，构建信息模块，同时，要考虑屏幕之间的信息互动，将信息模块有规律地分布于车内空间，能够有效节省驾驶员的认知资源，提高驾驶员处理信息的效率和准确性。

根据研究实践，我们对车内 HMI 显示空间及信息布局进行了设计，如图 4-19 所示。车内信息模块分区主要考虑仪表盘、中控屏、副驾驶屏、触控面板和 HUD。仪表盘信息模块主要负责驾驶基本信息、ADAS 信息、导航信息的显示。中控屏信息模块用于显示娱乐信息和导航信息。副驾驶娱乐信息系统为娱乐信息模块。触控面板为空调控制、车辆控制等控制信息模块。HUD 信息模块则主要负责驾驶基本信息和 ACC 信息的显示（图 4-19）。

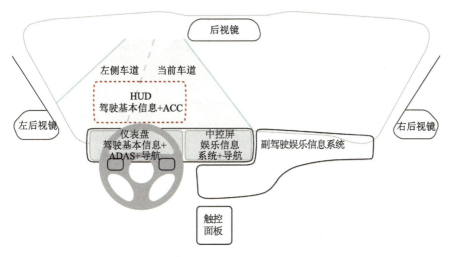

图 4-19 车内 HMI 显示空间及信息布局

在进行实践时，我们需要根据车型及目标用户等的定位，对空间布局及信息模块的划分进行更加具体的设计，这样才能获得更高的安全性和更好的驾驶体验。同时，车内信息的整车空间分布也能为未来的整车 HMI 设计提供方向。

3. 车外空间信息分布

目前，市场上基本还没有利用车外空间进行信息显示的车辆，但是车外信息显示是未来智能汽车交互设计的一个重要方向。因此，针对车外空间信息分布进行的概念设计研究有着重要的意义。

搭载不同交互平台的车外交互系统可以显示不同类型的信息，根据用户看到的不同方向，我们将车外空间主要分为前方、侧方、后方 3 个方位进行具体分析。

1）车辆前方显示区域，如图 4-20 所示。在车辆前方，可看到的能够用于交互的平台包括车前屏幕、前车灯、车前投影。

图 4-20 车辆前方显示区域

2）车辆侧方显示区域，如图 4-21 所示。在车辆侧方，可看到的能够用于交互的平台包括车辆侧身投影、车门玻璃、车身屏幕、车门光带、后视镜、车轮。

图 4-21　车辆侧方显示区域

3）车辆后方显示区域，如图 4-22 所示。在车辆后方，可看到的能够用于交互的平台包括后车灯、车尾屏幕、车后窗玻璃、车辆后方地面投影。

图 4-22　车辆后方显示区域

在确定车外信息显示空间后，也需要确定车外信息动态架构。在此，我们以会车场景、行人场景、事故场景 3 个场景为例，进行车外屏动态信息交互示意，如图 4-23 所示。

在会车场景（图 4-23 中红色线连接内容）下，重点显示车辆行驶状态、车辆距离与车辆性能信息，这些信息分布在前投影区、车前屏幕、车镜灯、侧边屏等。在行人场景（图 4-23 中蓝色线连接内容）下，主要显示信息为车辆行驶状态、车辆性能和其他交通参与者信息，信息分布在车前屏幕和后投影区。在事故场景（图 4-23 中绿色线连接内容）下，重点显示道路、光照等信息，这些信息分布在前投影区、车前屏幕、车镜灯、侧边屏、流水灯带、车后大灯和后投影区。

无论是车内还是车外 HMI 设计，都应充分考虑信息的空间布局及动态信息架构，实现在动态驾驶场景下的动态信息显示，使大量多样化的信息能够在整车环境中快速有序地流动，满足用户的安全及体验需求，从而实现更加自然、高效的人车交互。

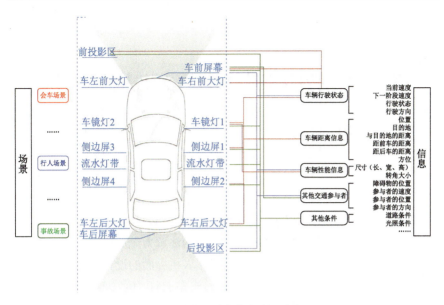

图 4-23　车外屏动态信息交互示意图

第 5 章　智能座舱 HMI 设计方法与过程

得益于计算机软件技术以及传感器等硬件的快速发展,近年来,汽车智能技术也在不断地发展,例如,现阶段典型应用的驾驶员辅助技术有自适应巡航控制、车道保持辅助等。这种人机共驾阶段的操控不仅存在技术难题,也存在认知问题,给驾驶安全带来了威胁。研究发现,当人类驾驶员和智能系统共享方向盘的操控权时,如果突然要求人类在紧急状态下掌握方向盘,驾驶员反而会无法胜任,表现为注意力无法集中。所以在当前人机共驾的智能驾驶技术背景下,对汽车人机界面的设计提出了更高的要求,要求 HMI 设计可以帮助驾驶员通过汽车 HMI 始终理解智能网联汽车当前的状态、监控汽车的行为,并且在汽车提出接管请求或发生其他紧急情况时能够迅速接管。

5.1　智能座舱 HMI 设计原则

5.1.1　多层次 HMI 设计思维

在进行智能汽车 HMI 设计时,首先需要有整车 HMI 设计思维。也就是说,要从整车的人机交互界面视角出发,考虑整车形态、车内硬件、车内服务、交互方式、信息架构、信息布局、界面元素、界面布局和多屏联动等方面,以此来设计和布局各硬件部分的信息形态、规律、交互方式以及信息传播的行为和方式。

同时,HMI 设计还需要从单一设备出发,延伸到整车层面的多设备协作:从人-车层面,再到人-车-环境层面,最后到人-环境-社会层面,进行多层次的整体思考,如图 5-1 所示。

从多层次进行整体思考,能够使设计师的目光不仅仅局限在设计的可用性、易用性、舒适性、美观性等单一设备层面,而是更多地考虑社会性、伦理性、合法性等更广阔的人-环境-社会层面,从而使得 HMI 设计不仅能获得更高的安全性和用户满意度,也能更好地适应市场和社会环境。

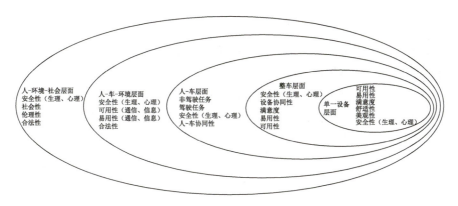

图 5-1　多层次 HMI 设计思维

5.1.2　人-车-环境交互理念

交互设计的核心理念是给用户提供良好的体验。在进行智能汽车的交互设计时，需要在人-车-环境综合条件下，以驾驶中的安全性和舒适性为中心，以为消费者提供良好的用户体验为核心目标，进行整体 HMI 设计，如图 5-2 所示。

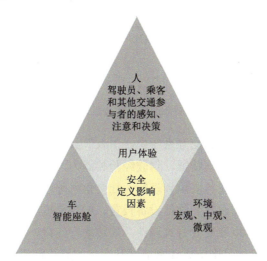

图 5-2　人-车-环境交互理念

在通过汽车界面进行交互的过程中，人类的心理活动和行为决策与桌面交互或智能手机交互的心理活动和行为存在着很大的差异。其中，最主要的原因是人-车闭环以外的其他环境因素在频繁地影响着整个交互过程，驾驶员需要花更多精力检测周围环境、执行驾驶任务和完成其他非驾驶任务。

　　人（驾驶员、乘客和其他交通参与者）、车、环境是影响驾驶安全的主要因素，为了最大限度地保证人员安全，汽车人机界面交互设计需要协调由人、车、环境组成情境的系统动态关系。

　　与传统汽车不同，智能网联汽车打破了人-车-环境间的单向关系，建立起新的双向交互的人-车-环境动态关系。智能网联汽车动态交互系统（图 5-3）中人-车-环境的动态关系包括人与环境的相互关系、人与智能网联汽车的相互关系、智能网联汽车与环境的相互关系以及三者的同时作用关系。

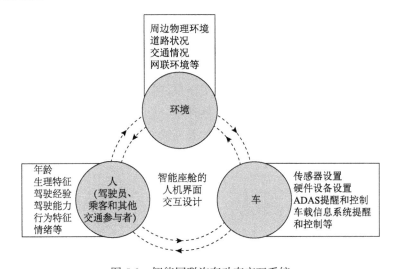

图 5-3　智能网联汽车动态交互系统

　　在智能网联汽车动态交互系统中，"人"具有驾驶员、乘客和其他交通参与者的特质，如生理特征、驾驶经验和能力、行为特征和情绪、认知能力、态度和动机、任务需求和理解、社会角色等。"车"指的是智能座舱的功能，如传感器设置、硬件设备设置、ADAS 提醒和控制、车载信息系统提醒和控制，以及交互方式属性，如转动方向盘、控制踏板、触控屏幕等。"环境"指的是影响人和智能网联汽车的周边物理环境、道路状况、交通情况和网联环境等。

　　在驾驶员通过汽车人机界面交互完成特定任务的过程中，人（驾驶员、乘客和其他交通参与者）、汽车、环境三者在时间和空间中共同起作用。因此，在汽车人机界面交互设计过程中，必须考虑人、汽车、环境这三个主要部分的特征，将人-车-环境融入整个人机界面设计流程中，并贯穿于整个设计的始末，使得人-车-环境的特性能系统、直接、准确地作用在汽车人机界面设计方向上，并且能够最终体现在汽车人机界面设计的具体设计输出上。设计师通过将设计流程每一阶段的任务分解为驾驶员、智能网联汽车、环境，实现人-车-环境系统的有效交互，保证系统的安全性及舒适性。

5.1.3　HMI 设计原则

结合整车 HMI 设计思维及人-车-环境交互理念的分析，我们以驾驶安全为核心设计目标，对智能网联汽车人机界面交互设计提出了以下设计原则。

1. 提供系统状态的可见性

与传统汽车不同，智能网联汽车系统具有智能决策和控制能力，可以通过多种方式协助驾驶员完成安全驾驶操作。驾驶员对系统过高或过低的信任度会造成系统的滥用或弃用，需要驾驶员明确系统的能力及局限性。在汽车人机界面交互设计中，系统应该对驾驶员的操作行为做出即时的反馈，实时显示汽车系统的运行状态、系统感知到的环境状态与建议的决策，用户可以及时获取系统的异常情况，了解系统运行状态，进行快速检查，提升驾驶员对系统的信任度，进而提高其对系统的接受度。

2. 保持车内设备间的一致性

在驾驶过程中，驾驶员需要同时面对车内多个可显示信息的设备，不同设备上应用不同的设计语言会给驾驶员带来信息访问的困惑，增加了理解信息的学习成本和信息识别时间。在进行设计时，需要遵循统一的设计语言，保持各设备上的用语、标签、图标、字体等一致，实现设备间的一致性，让驾驶员在不同的设备上读取信息时对信息的理解更自信，促进其对信息的加工。

3. 增强信息的易读性

汽车行驶的移动性使车内设备处于非稳定的使用环境，车内各设备的位置相对于驾驶员各不相同，驾驶员的观察视角、光线照明强度及角度等因素随行驶环境的改变而变化。不同年龄的驾驶员对信息元素的易读性阈限有差异，易读性弱会增加辨认信息的时间。在进行各设备元素的设计时，需要考虑元素的大小、间距、字体种类、背景对比度等的可用效果，确保所有显示信息在不同驾驶情境下都可以清晰地被驾驶员读懂，包括年长的驾驶员。

4. 控制显示信息的数量

驾驶情境瞬息万变，驾驶员的注意力需要集中到基本的驾驶任务上，在设计中需要考虑驾驶员注意力分配的问题。具体而言，要控制界面显示信息的数量，只显示当前驾驶情境下对驾驶员而言真正必要的信息，集中驾驶员的注意力，最小化驾驶员认读信息的时间，提高驾驶员的决策效率，避免不必要的信息给驾驶员带来的信息混乱。

5. 建立信息空间位置预期

由于智能网联汽车内可显示信息设备的增多，信息分布到了不同设备上，信息空间位置布局设计要遵循用户搜索和浏览信息的习惯，确定各类信息常出现的位置。同时，要根据驾驶员对信息显示位置的预期来进行信息布局的设计，使信息的分布合乎驾驶员的预期，以使驾驶员不需要思考信息的位置，只需要用较短的时间就可以获取到当前情境所需的信息。

6. 确保信息被正确识别并解释

汽车人机界面显示的信息应该贴近驾驶情境，能够被驾驶员快速而正确地识别并解释，识别时间过长或解释错误容易导致驾驶失误。驾驶员通过人机界面获取信息时，会依据相关标签、过往的经验以及当前驾驶情境来识别并解释界面上显示信息的意义。通过设置相关的识别标签可以缩短驾驶员识别功能或信息的时间，例如，在车辆速度下设置 "km/h" 的标签。在设计汽车人机界面元素或标签时，需要使用驾驶员熟知的概念和语言，避免使用晦涩难懂的专业术语或图表。

7. 适时隐藏与激活信息

汽车人机界面显示信息数量和类型的增加给驾驶员带来了较大的认知负荷，信息的适时隐藏能够降低信息信噪比，以便驾驶员聚焦在当前任务所需的重要信息上。系统应该能够充分利用驾驶员感知的视线范围与设备显示空间，根据驾驶情境适时地激活显示特定信息，在恰当的设备上适时为驾驶员提供信息服务，提升信息服务的及时性与有效性。

5.2 HMI 的设计过程

汽车的移动性使驾驶情境极为复杂且不断变化，驾驶员感知、处理信息和快速决策的难度大大增加。汽车的智能化使驾驶员不再独自做决策，智能系统能通过多种方式为驾驶员提供帮助。现在智能座舱人机界面的设计多是从系统技术出发，缺乏对人（主要为驾驶员、乘客和其他交通参与者）的考虑。因此，在设计智能座舱人机界面时，必须以人为中心，结合智能网联汽车新技术，建立智能网联汽车人机界面适应用户的心理模型，将信息以最佳的方式传达给用户，促进用户与智能网联汽车的双向交流。

5.2.1　智能座舱 HMI 交互设计流程

为了让人-车-环境系统协调统一，发挥汽车的智能及网联能力，提升智能网联汽车系统的主动性，应该将人-车-环境系统设计理念始终贯穿于整个智能网联汽车人机界面交互设计流程中。

结合驾驶情境，我们将智能网联汽车人机界面交互设计流程划分为如图 5-4 所示的 5 个阶段，即探索研究、分析建模、设计框架、设计细化以及测试验证，每个阶段的研究内容都围绕人、车、环境三方面展开。

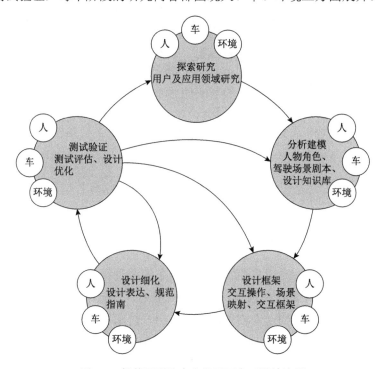

图 5-4　智能网联汽车人机界面交互设计流程

图 5-5 展示了交互设计各个阶段的关键环节以及知识连接，具体内容分述如下。

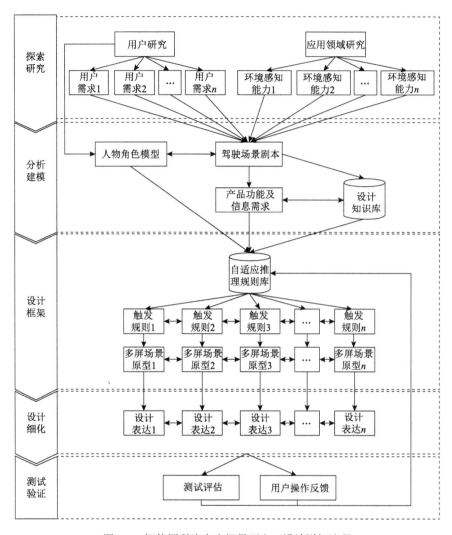

图 5-5　智能网联汽车人机界面交互设计详细流程

1）探索研究：对用户和智能网联汽车领域进行研究，明确目标用户的需求和行为，了解产品前景、环境感知能力、智能网联能力。

2）分析建模：构造人物角色，结合用户需求和产品功能、发散设计概念，撰写场景剧本，从中提取产品功能及信息需求，构建设计知识库。

3）设计框架：根据不同驾驶场景下用户对系统的期望及交互操作，构建自适应推理规则库，建立场景与产品功能或信息需求、交互流程的映射规则，定义场景触发的交互流程。

4）设计细化：根据不同驾驶场景下的交互流程对各个设备界面的形式和设计表达进行细化，提出产品设计规范指南。

5）测试验证：通过用户测试与评估的显性反馈以及用户操作行为的隐性反馈对推理规则及设计方案进行优化。

5.2.2　不同阶段的设计方法

1. 探索研究阶段

研究是设计的基础和依据，特别是对于智能网联汽车设计和开发难度大、周期长、容错率低的领域，充分的探索研究能够有效减少时间和资源的浪费。探索研究阶段主要分为用户研究和领域研究两大部分。

（1）用户研究

用户研究的目的是了解目标用户（包括驾驶员、乘客和其他交通参与者）对智能网联汽车应用的态度与想法。

在用户研究阶段，我们通过用户深度访谈等方法了解智能网联汽车在目标用户生活中的角色，明晰用户对不同驾驶场景的认知描述，发现目标用户对典型驾驶场景认知的关键线索，以及确定用户在当前场景下对智能网联汽车系统的需求或期望。例如，用户在高速公路上驾驶遇到前方车辆减速，且前方滞留了多辆车，此时用户期望系统能提前给用户提供绕开拥堵尽快到达目的地的路径。通过用户观察等方法实时观察目标用户在正常驾驶场景中的真实行为，发现用户在驾驶过程中遇到的问题，分析影响用户驾驶关键决策、用户驾驶行为的因素。这些影响用户驾驶的因素在一定程度上反映了用户在当下的场景认知和行为决策的信息需求，通过回溯访谈，再进一步了解用户在当前场景中期望获得的信息，作为信息设计的参考。

最后，对用户研究进行归纳总结，梳理出典型驾驶场景，拆解出典型驾驶场景中的关键线索，分析驾驶员、车辆、环境之间的相互关系。同时，通过分析不同驾驶场景下的用户特征、心理、行为、目标、动机、能力等，归纳一般用户需求，挖掘用户期望获得的信息及帮助，寻找不同场景因素组合与用户需求之间的关系，为后续的设计提供真实、可信的依据。

（2）领域研究

领域研究的目的是加强团队对智能网联汽车领域的理解，主要从市场发展基础、竞争产品策略、智能网联技术、相关产业政策四个方面进行研究，如图 5-6 所示。我们需要明确智能网联汽车的当前市场情况、当前产品特性、当前技术限制和政策方向，以及产品未来前景、技术发展潜力、基础配套设施未来建设情况，进而定义产品具备的功能。

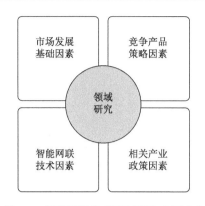

图 5-6   智能网联汽车领域研究主要内容

我们可以通过市场统计等方法分析产品的市场接受度，确定市场机会；通过竞品分析等方法对市场上的智能网联汽车进行功能特征分析、HMI 设计分析和技术逻辑分析，发现产品设计的机会点；通过文献研究等方法研究智能网联汽车当前发展情况、前景发展规划、存在的风险、技术限制和发展方向，研究配套基础设施现状、前景规划和网联环境。

我们还要明确当前智能网联汽车的智能网联能力和情境感知能力，以及能够识别到的情境信息，比如，当前的时间、天气、道路情况、用户信息、用户位置等，通过研究系统的情境感知技术，检测出用户当下的需求，预测用户将要执行的任务及如何实现。

2. 分析建模阶段

（1）用户角色建模

为了确保在设计过程中用户始终是人-车-环境交互系统中的核心，在分析建模阶段，首先需要对智能网联汽车系统的目标用户群体有明确的定位，对用户群体的特征分布、驾驶能力等有清晰的认识。人物角色是对目标用户群体的观点、行为、动机等真实特征的刻画，构建人物角色能有效地保证实际设计过程中始终以用户为核心。

其次，通过前期的用户研究，对研究结果进行分析、整合，构建用户角色模型，为用户目标及需求设计提供基础。同时，基于角色构建驾驶场景剧本，从故事中提炼出角色的需求。为了使用户角色更真实、可信，更贴近真实的用户特征，一方面可以依据用户研究结果对角色进行丰富；另一方面可以通过大数据对用户行为模式、驾驶习惯、活动偏好等进行精准的分析，根据实际需求选取用户要素，构建更加精细的用户角色模型。

（2）头脑风暴

在分析建模阶段，头脑风暴的关键目标是围绕用户需求与智能网联汽车感知能力之间的联系，尽可能多地产生具有创新性的解决方案。我们通过关注用户在不同驾驶场景下的行为、需求和期望，考虑产品当前的环境感知能力，洞察可能的设计点，从而进行创新方案的设计。另外，要将用户需求与用户当前感知到的环境因素相结合，打破固有的规则，思考用户在产品的感知下会经历什么故事，用户期望做些什么，发现用户在特定场景下希望获得的创新服务。

讨论结束后，对通过头脑风暴获得的设计创新点进行整理和记录，应用亲和图等方法对这些大大小小的创新点进行去重、聚类或分解。为了验证这些创新点的合理性，确定创新点的优先次序，可以将这些创新点展示给目标用户，或使用人物角色对这些创新点进行评估，得到核心的设计创新点。

（3）驾驶场景剧本构造与场景节点拆分

驾驶场景剧本是对头脑风暴中产生的可行的设计解决方案进行的细化，是设计解决方案落地的载体。构造驾驶场景剧本可以促使团队思考：实施设计解决方案时，从用户的角度来看，这是一个怎么样的"故事"？哪些因素在发挥作用？需要考虑用户哪些环节的体验？驾驶场景剧本关注智能网联汽车系统如何帮助用户达到目标，以及如何协助用户完成任务。

在构造了初步的驾驶场景剧本后，需要对其进行技术能力方面的打磨，也就是要考虑产品的环境感知能力以及智能网联能力是否能够支撑这个剧本，是否有可能带来更先进的体验，是否有其他的可能。在对整个驾驶场景剧本进行完善后，通过故事板等方法将剧本按场景节点进行拆分，明确每个节点相关的场景因素，描绘用户在该节点的关键任务及行为流程，从而构建场景因素与用户目标、产品功能或信息的联系。在确定最终驾驶场景剧本前，要邀请目标用户或团队成员对串联场景节点后的剧本进行测试，过滤掉不具有可行性的部分，根据反馈对驾驶场景剧本进行调整。

（4）产品需求定义

我们通过对驾驶场景剧本及拆分出的场景节点进行分析，提取出当前描绘的场景下用户的产品需求。产品需求主要分为功能需求和信息需求。产品需求定义是明确需求的具体含义，对产品需求进行更完整和详细的描述。功能需求是系统为用户提供的功能性服务，信息需求是系统为用户提供的信息性服务。无论是功能性服务还是信息性服务，都是与用户所处场景紧密关联的，共同为满足用户场景需求服务。因此，产品需求出现的时机以及空间位置，都与当前触发的场景存在着一定的映射关系。一个场景组合可能会触发多个产品需求，而一个产品需求可以在不同的场景中被触发。对于第一种情况，由于驾驶员的注意力有限，需要考虑各个产品需求的优先级，对并发需求进行处理。对于第二种情况，需要考虑同一个产品需求在不同场景下的意义，以及驾驶员的动机、目标或行为的差异。

（5）智能网联汽车驾驶场景知识库建模

为了让智能网联汽车能够理解用户所处的场景，了解用户的意图，预测用户的需求，需要构建一个场景知识库，帮助智能网联汽车从用户的角度理解场景。场景知识库是存储场景因素及场景因素间内在关系规则等场景知识的数据库，具备学习能力，能够适应不同的用户，为用户提供个性化服务。对系统感知的场景因素进行语义转换，对转换后的场景因素进行数据融合，抽象出场景的高级语义，获得明确的复杂场景，从而能够根据这个复杂场景对用户需求、用户行为进行反应，为用户提供相应的信息或服务。例如，汽车通过感知当前车速，前方障碍物类别、大小、距离、移动方向、移动速度等场景因素，构建当前场景，判断前方是否为碰撞危险情境，如图 5-7 所示。

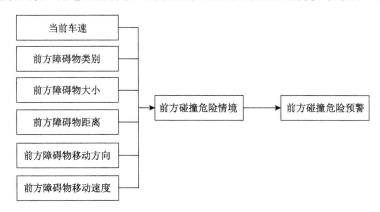

图 5-7　前方碰撞危险情境感知

3. 设计框架阶段

（1）自适应推理规则库构建

智能网联汽车系统通过车载传感器、通信网络、系统数据库等获取原始的场景数据，将这些原始场景数据通过处理及数据融合，与场景知识库进行匹配，转化为系统对当前驾驶场景的解释。场景功能及信息是由场景因素触发的，在何种场景下触发何种功能及信息，需要由一系列的规则进行定义，即自适应推理规则。

自适应推理规则是定义场景与相应功能信息及交互流程之间的映射关系，自适应推理规则库存储并管理着这些规则，根据感知到的场景因素对关联规则进行检索和输出，触发和驱动相关功能信息及交互流程，最终形成与用户进行交互的图形界面。自适应推理规则是根据典型驾驶场景下用户对功能及信息的需求构建的，需要用户参与，为了适应驾驶员的个性化需求，自适应推理规则库会根据驾驶员操作反馈信息对推理规则进行增加、删减和修改。由场景因素触发的功能及界面流程交互逻辑如图 5-8 所示。

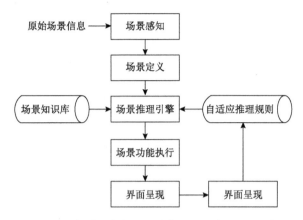

图 5-8　由场景因素触发的功能及界面流程交互逻辑

（2）信息架构构建

汽车内部的空间信息随汽车智能网联化发展而不断增加，车内交互设备增多，汽车人机界面不仅需要适时为驾驶员提供足够的信息，还要避免对驾驶员产生干扰。这需要构建合理的车内各屏幕的信息架构（详细内容见 4.3.2），并定义各屏幕上的信息与功能组织层级。通过合理的信息架构对大量复杂的驾驶信息进行过滤与组织，控制信息数量、内容，关注信息呈现位置及方式，能帮助用户有效地发现及管理车内空间信息，并且不会干扰正常驾驶行为。

一般在建立信息分类体系的过程中，需要考虑用户的心理模型、用户处理信息的能力、对信息的理解及熟悉程度、使用信息的频率。对于车内信息空间，驾驶过程中驾驶员对特定功能或信息的需求部分是由特定的驾驶场景触发的，因此在对车内功能和信息进行组织时，不仅要依据功能模块分类，还需要以典型驾驶场景下的用户行为和语言作为信息组织的依据分类，考虑信息在当前驾驶场景中的优先级及显示区域，使显示的信息与驾驶场景紧密相连。

在空间布局上，采用模块化设计（详细内容见 4.3.2），基于合理的信息分类体系构建不同的信息模块，对各信息模块在车内空间的各屏幕进行模块布局，减少驾驶员需要学习、提取和识别的信息量，维护驾驶员的认知资源。同时，将与驾驶任务相关的重要或高频信息模块置于驾驶员的主要视野内，方便驾驶员快速浏览信息，保证视线及注意力保留在当前道路上。与驾驶任务相关的次要信息可置于主要视野附近，而与驾驶任务不相关的低频信息可置于驾驶员主要视野外，驾驶员可选择性地查看，以便减少其对驾驶员的干扰。

（3）场景原型设计

场景原型设计是根据驾驶场景触发的功能及信息，提出相应的车内多设备体验设计解决方案，包括典型场景下完整的用户交互流程、各设备界面框架及元素布局、各设备间的界面元素联动关系。场景原型将定义好的信息内容转化为界面元素，合理布局界面元素，设计用户使用流程，从而将系统的功能、信息架构、交互逻辑具象化，展示设计概念。场景原型有助于团队对设计概念的理解，能够用于用户测试，及时获得真实反馈，进行低成本的快速迭代。

驾驶场景具有复杂多变的特点，可以将驾驶场景拆解为多个节点，场景节点随场景演进而变化。每个节点下对应一组车内各设备的界面，界面随节点的变化而切换。例如，在与前车追尾的场景中，主要状态变化为车辆与前车距离逐渐减小，可以划分为三个节点：车辆接近前车，处于安全距离；车辆与前车的距离小于安全距离，可能存在危险；车辆与前车的距离过近，即将发生危险。与前车追尾的场景原型由这三个节点下的界面组成，界面交互流程因与前车距离减小而推进。在真实使用场景中，界面依据真实场景状态而自适应显示。在进行场景原型设计的过程中，需要从关键路径出发，考虑用户对车内多设备显示内容的认知及使用习惯、用户对反馈信息的理解程度，对用户理想情况下使用智能网联汽车人机界面的体验流程进行设计。

4. 设计细化阶段

设计细化阶段主要针对场景感知触发的交互流程，构建具体的用户交互细节及其中涉及的界面转换，从而定义界面风格，保证界面的一致性。

在进行设计细化时，需要考虑当前用户所处的场景及行为状态，进行繁简切换的设计。当驾驶员集中执行驾驶任务时，驾驶员的注意力和认知资源十分有限，对信息的要求简洁明了，需要做到快速传达信息。当驾驶员处于等待红灯、路边停车等静止场景时，驾驶员的注意力和认知资源相对充足，可以展现更多设计细节。

对于驾驶员注意力有限的场景，需要运用设计表达凸显当前场景最需要被关注到的信息，主要从界面元素的形状、大小、色彩、亮度、动态等方面进行设计。界面元素的形状是向用户传达信息的关键，会影响用户对界面的辨认和理解。通过分析用户对驾驶辅助信息、行车环境信息、导航信息等的认识，可以设计符合用户认知的图形，以帮助用户对界面元素进行快速、准确的理解。界面元素的色彩会影响用户对图形的辨认效率及含义理解，我们可以通过分析色彩对驾驶员感知危险的影响以及色彩在各个不同设备上的显示效果，选择适当的颜色以区别不同界面元素的信息含义。此外，动态目标比静止目标容易发现，但也容易分散驾驶员的注意力，需要谨慎表达。总之，可以通过定义各屏界面风格，保证设计过程中界面风格的一致，向驾驶员有效传递恰当的信息。

5. 测试验证阶段

在设计进行的不同阶段，都可以对产生的设计方案或概念进行验证，以确保满足用户的需求，这对于开发智能网联汽车相关的难度大、周期长的项目意义重大。设计人员需要及时对设计方案或概念进行验证，发现设计方案中存在的主要问题，从而减少进入开发阶段后对设计方案的调整。测试数据主要通过观察、访谈及实验的方法收集。智能网联汽车人机界面交互设计测试评估的内容主要包括以下几个方面。

（1）汽车人机界面可用性测试

汽车人机界面可用性测试主要是通过观察驾驶员在典型驾驶场景中使用产品完成一系列典型任务的情况，记录驾驶员是如何执行不同任务的，以及其在执行任务过程中的想法及反应。同时，从驾驶员操作时间、操作路径、出错节点、任务完成度、满意度等方面进行分析总结，评估车辆人机界面是否能够舒适且安全地满足驾驶员在当前场景下的需求，让驾驶员在使用产品时产生安全与愉悦的感觉。

（2）驾驶员使用汽车人机界面的表现和性能测试

驾驶员使用汽车人机界面的表现和性能测试主要是基于研究目的及研究可用资源，从驾驶员的客观响应、主观印象以及车辆状态等变量中选取有代表性的变量进行测量，如速度的标准偏差、车道位置、车道改变、加速度等。这一测试能准确地收集驾驶员在用车途中执行任务的数据，能对驾驶员行为、生理反应、车辆状态等进行精准量化，以评估汽车人机界面的设计是否对驾驶员表现或性能有积极的影响。

（3）驾驶员使用汽车人机界面的认知状态（如工作负荷、态势感知、信任度等）评估

驾驶员使用汽车人机界面的认知状态评估主要是通过测量驾驶员的行为，评估其在不同驾驶情境下执行任务的工作负荷、态势感知、信任度等情况，以及这些因素对驾驶员驾驶表现的影响，从而预测人机界面对安全驾驶的影响。

测试评估环境主要包括驾驶模拟器模拟驾驶实验、控制环境（如封闭

测试场）的实车实验、开放道路的实车实验。

5.3　基于工作负荷评估的 HMI 设计

自适应巡航控制是在传统巡航控制系统的基础上，基于低功率雷达或红外线光束的距离传感器和距离控制系统得到前车位置。如果检测到前车减速或出现了新目标，系统就会发送信号给发动机或制动系统来降低车速，从而使本车和前车保持安全的行驶距离；当前车加速离开或者消失后，本车又会加速恢复到设定的车速，雷达系统会自动监测下一个目标。自适应巡航控制系统可以代替司机控制车速，避免频繁取消和设定巡航速度。

自适应巡航控制是控制车辆纵向运动的驾驶员辅助系统，是自动驾驶汽车的主要功能需求之一，于 20 世纪 90 年代开始在汽车市场中被使用。目前，其在市场上应用广泛，大部分有自动化功能的车都会搭载自适应巡航控制功能，但配合驾驶员认知及行为能力，帮助驾驶员适应自动驾驶系统的车内交互设计水平参差不齐。本节以自适应巡航控制中的切入驾驶场景为例，在对驾驶员工作负荷进行分析的基础上，进行车内空间信息设计。首先，建立了自适应巡航控制典型应用场景下的动态信息架构；其次，进行 HMI 原型设计；最后，对 HMI 进行测试评估。

5.3.1　自适应巡航控制功能分析和典型应用场景设定

自适应巡航控制有 5 种运行模式：关闭、开启、定速巡航、跟随和待机。开启自适应巡航控制功能时，如果检测到本车道前方无其他车辆，系统则通过设置巡航速度进入巡航模式。该系统可以从巡航模式转向其他 4 种模式，如果驾驶员加速，则系统在驾驶员干预后自动返回巡航模式；如果驾驶员刹车，则自适应巡航控制进入待机模式并且车辆需要手动驾驶。在系统待机模式下，驾驶员可以恢复到巡航模式或重置巡航速度。无论系统处于何种模式，驾驶员都可以随时关闭自适应巡航控制系统。在跟随模式下，当车辆靠近前方另一辆车时，车辆从巡航模式转变为跟随模式，驾驶员不必刹车，如果前方车道的跟随车辆消失，自动恢复为巡航模式。自适应巡航控制的控制策略如图 5-9 所示。

在自适应巡航控制功能应用场景中，车辆主要完成在本车道内行驶或跟车行驶的任务。车道边界、跟车目标、限速信息（限速交通标志、路面标记）对于行车过程而言十分重要。行车过程事件包括跟车目标出现、消失及改变。本车前方出现跟车目标有两种形式：前方目标切入本车道（左侧/右侧）、本车接近前方慢速目标。跟车目标消失有两种形式：前方目标

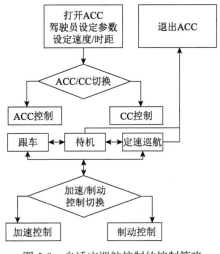

图 5-9 自适应巡航控制的控制策略

驶出本车道（左侧/右侧）、前方目标加速驶远。跟车目标改变有两种形式：前方目标驶出本车道（左侧/右侧）、前方目标切入本车道（左侧/右侧）。

5.3.2 场景需求分析

在设计初期，我们通过实地调研和用户深度访谈，并结合文献资料整理分析，从场景化、交互设计、驾驶员认知三个方面对自适应巡航功能目前存在的问题和痛点进行了归纳分析。在场景化方面，聚焦切入驾驶场景；在交互设计方面，关注驾驶员通过视觉通道监测信息，进行 HMI 可视化设计；在驾驶员认知方面，当驾驶员使用自适应巡航控制功能时，驾驶员的工作负荷变量已经被证明与驾驶安全有紧密关系，因此，分析驾驶员在使用自适应巡航功能时的工作负荷非常有意义。屏幕上的多种信息会分散驾驶员的注意力，通过 HMI 设计向驾驶员提供有价值的信息并平衡驾驶员的工作负荷，是本案例中 HMI 设计主要的关注点和问题解决方向。

基于针对自适应巡航控制功能使用问题的总结，我们聚焦于当驾驶员使用自适应巡航控制功能时，本车道有车辆切入的自适应巡航控制功能典型应用场景，将驾驶场景分为两个阶段，以辅测车辆（F 车）右侧前轮驶过车道线为分界点，驶过前为第一阶段，驶过后为第二阶段。第一阶段包括两种状态：巡航状态和变化调整 1 状态；第二阶段也包括两种状态：变化调整 2 状态和稳定跟车状态。在巡航状态下，由驾驶员开启自适应巡航并设置车速；在变化调整 1 状态下，F 车开始超车，此场景变化可能会影响 S 车（主测车）驾驶员调整自适应巡航控制设置；在变化调整 2 状态下，F 车开始切入当前车道，此场景变化也可能会影响 S 车驾驶员调整自适应

巡航控制设置且影响更大；在稳定跟车状态下，S 车以 F 车的速度跟随 F
车行驶。对于两辆车在两个阶段中的状态描述，如图 5-10 所示。

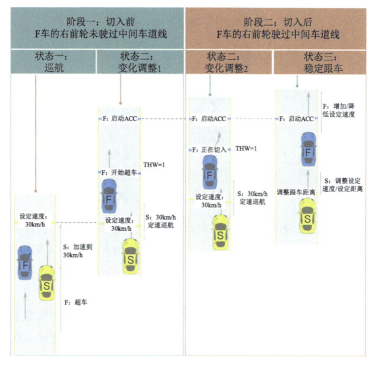

图 5-10　驾驶场景示意图

注：THW 为车头时距（time headway）

5.3.3　驾驶员工作负荷分析

在驾驶过程中，自动驾驶的功能有可能会降低驾驶员的工作负荷，与
此同时，自动驾驶功能附带的信息可能又会增加驾驶员的工作负荷，所以在
使用一种自动驾驶功能时，驾驶员工作负荷很可能会保持不变。Stanton 等
认为，增加新的自动驾驶功能和模式都会对驾驶员的认知产生显著影响。[1]表
面上看，减少驾驶员物理制动任务会减轻其工作量，但对于使用自适应巡航
控制是否意味着工作量降低，仍然存在争议。Patten 等认为，在使用自适应
巡航控制时，驾驶员的工作负荷与手动驾驶大致相同[2]，而 Stanton 等在 1997

① Stanton N A, Young M S. Driver behaviour with adaptive cruise control. Ergonomics, 2005,
48（10）: 1294-1313.

② Patten C J D, Kircher A, Östlund J, et al. Driver experience and cognitive workload in different
traffic environments. Accident Analysis & Prevention, 2006（5）: 887-894.

年的研究表明，使用自适应巡航控制时驾驶员的工作负荷有所降低①。

我们建立了如图 5-11 所示的前方切入车辆驾驶场景下驾驶员的操作任务和认知任务，描述驾驶员在使用自适应巡航控制时的认知过程，用以分析驾驶员在不同道路场景下使用自适应巡航控制的物理操作、认知状态，以便从认知角度分析驾驶员的信息需求，从设计角度出发，设计基于驾驶员认知的 HMI，减少由于在自动驾驶汽车环境感知系统效率降低的情况下，驾驶员对驾驶环境、车辆自适应巡航控制功能本身处理能力不知情带来的潜在危险，设计出适应甚至能提高驾驶员认知能力的 HMI。

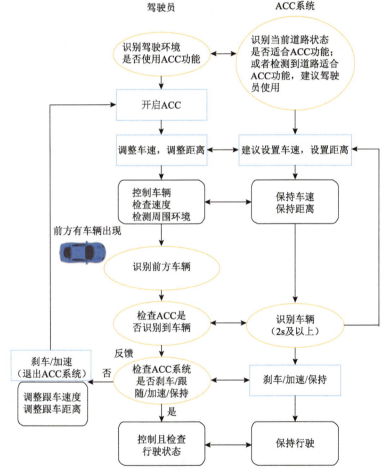

图 5-11　前方切入车辆驾驶场景下驾驶员的操作任务和认知任务

① Stanton N A, Young M, McCaulder B. Drive-by-wire: The case of driver workload and reclaiming control with adaptive cruise control. Safety Science, 1997（2-3）：149-159.

通过对驾驶员使用自适应巡航控制功能的认知进行分析可以看出，自适应巡航控制减少了驾驶员制动的驾驶任务，与此同时也增加了驾驶员需要实时检查车辆是否对道路环境的变化做出适当反应的认知负荷。例如，驾驶员必须检查自适应巡航控制系统是否检测到车辆，是否在需要的场景下产生制动，检查车辆是否以正确的模式处理当时所处的驾驶场景而不是仅仅用刹车解决。由此可以得出，自适应巡航控制虽然在一定程度上减少了驾驶员的物理操作，但是与认知相关的工作负荷并没有减少，反而有可能增加，这两种类型的工作负荷可能会相互抵消。

5.3.4　抬头显示中的动态信息架构

首先，对自适应巡航控制功能的基本信息进行信息模块化分类及布局，如图 5-12 所示。

图 5-12　抬头显示空间布局

注：W-HUD 为风挡型抬头显示器（windshield head up display）

其次，对自适应巡航控制功能的信息表达进行梳理，并根据典型驾驶场景的分解进行对应的 HMI 视觉设计，如表 5-1 所示。

表 5-1　自适应巡航控制功能的典型驾驶场景下的 HMI 设计

阶段	使用自适应巡航控制功能的 典型驾驶场景分解	对应 AR-HUD/W-HUD 界面
阶段一：切 入前	状态一 S：设定速度　S：加速到30km/h 30km/h F：超车	

阶段	使用自适应巡航控制功能的典型驾驶场景分解	对应 AR-HUD/W-HUD 界面

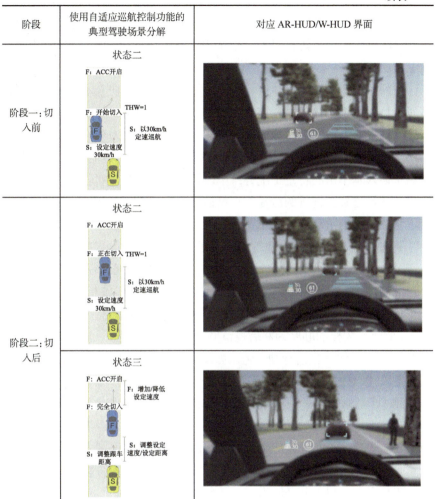

5.3.5　自适应巡航控制功能在抬头显示上的 HMI 基本设计

设计车内动态信息架构的目的是更深入、准确地寻找典型场景下基于驾驶员认知的自适应巡航控制功能的设计点，分阶段、分维度分析驾驶场景，结合驾驶员行为预测，预估在驾驶员执行哪些驾驶任务时需要 HMI 帮助（什么时候信息该出现），进一步判断哪些信息可以平衡驾驶员的工作负荷等。同时，基于 AR-HUD 和 W-HUD 的显示区域，分析信息出现的时刻、形式以及两屏的关联互动等问题。

外部驾驶环境改变（车辆切入），驾驶员会获取来自外部环境的信息，从而根据当下的驾驶场景调整内部功能（自适应巡航控制），引起一系列车内外信息的改变。本案例从两个维度分析自适应巡航控制功能典型应用场景下的抬头显示动态信息架构设计，分别为时间线轴和动态信息。在设计方面，其表现为分别呈现在 AR-HUD 和 W-HUD 上的信息元素的关系。

时间轴分为两个阶段。第一个阶段如下：辅测车切入本车道之前，被试发现目标—识别车辆—预测轨迹；第二个阶段如下：辅测车正在切入本车道及切入本车道之后，被试调整车辆。动态信息分为车外动态信息和车内动态信息，车外动态信息主要包括环境信息，例如，其他车辆运动状态、辅测车切入本车道的特定工况等；车内动态信息主要为驾驶员的设置操作信息，在设定驾驶场景的前提下，包括自适应巡航控制功能信息、基本车辆信息。信息的关联交互显示在 AR-HUD、W-HUD 上。

驾驶员在行驶过程中通过前挡风玻璃、内后视镜、左右后视镜实时监测驾驶环境。根据眼动仪视频，驾驶员的基本扫视路径为左外后视镜（内后视镜）—左侧窗—左车道—当前车道。结合驾驶员视觉扫视分析和车辆本身的行驶轨迹，我们可以得到驾驶员态势感知监控下车辆的行驶轨迹，此轨迹大概的顺序为左后视镜/内后视镜—左侧窗—前挡风玻璃—左侧车道—车道线—当前行驶车道。如图 5-13 所示，图中圆点表示车辆行驶轨迹节点，1—3 为驾驶员识别范围，4—6 为驾驶员与车辆共同识别范围。当辅测车辆行驶在 4—5 区域时，驾驶员和车辆需要做出前车状态是否会影响本车自适应巡航控制功能使用的判断，以及驾驶员是否需要调整自适应巡航控制设定速度和设定距离。在本案例中，我们将区域 4 作为设计帮助的重点区域，帮助驾驶员判断前车的行驶轨迹，增强态势感知，降低驾驶员的工作负荷，以便其及时做出有效判断及采取行动。

图 5-13　驾驶员态势感知监控下的车辆的行驶轨迹

本节研究的设计区域为抬头显示范围，为了更直观地表现动态信息架构的变化，采用符号表达各类信息，信息与符号的对应如表 5-2 所示。

表 5-2　车内动态信息架构中信息与符号的对应

信息	外部信息图示	内部信息图示
设定速度	□	□
设定时距	○	○
识别信息（是否识别）	△	△

在切入驾驶场景下，将整体运行流程分为 3 种状态，根据状态的改变在 HUD 上对自适应巡航控制系统进行 HMI 设计，不同状态的详细介绍如下。

状态一：初始设定。当 F 车行驶在 S 车后方，此阶段为切入驾驶场景阶段一。被试驾驶 S 车速度达到 30km/h 后，开启自适应巡航控制功能，此时 S 车处于巡航模式。被试根据当前驾驶环境及之前使用自适应巡航控制的经验，对自适应巡航控制功能进行初始设定，设定速度和时距。此阶段被试监视到 F 车的驾驶轨迹如图 5-14 中的车辆行驶轨迹节点 1—3 所示。虚线表示相同信息的关联变化（图 5-13 中为保证显示清晰度，信息图示放大显示在示意图上，故显示位置失真，下同）。在状态一中，AR-HUD 仅显示时距信息，示意给被试不同时距条表示在道路上的实际距离；W-HUD 则显示此时的设定速度、设定时距及识别信息。

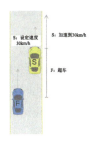

图 5-14　车内动态信息架构设计状态一：初始设定

状态二：变化调整 1（左侧车道有车辆行驶，接近本车道）。在此阶段，前车行驶在左侧车道，被试需要判断左侧车辆的意图是超车还是变换车道，是否会影响自适应巡航控制功能的使用，是否需要调整设定速度与设定时距，如图 5-15 所示。此阶段被试监视到 F 车的驾驶轨迹如图 5-15 中的车辆行驶轨迹节点 4 所示。此阶段，S 车依旧处于巡航模式，车辆需要辅助被试预测前方车辆的驾驶轨迹，告知被试车辆的工作状态，以及是否识别到前车等信息，此阶段的识别为预识别状态，仅告知被试车辆已识别到 F 车，但未切换至跟车模式。

图 5-15　车内动态信息架构设计状态二：变化调整 1（左侧车道有车辆行驶）

状态二：变化调整 2（左侧车道有车辆行驶，跨过本车道）。在此阶段，F 车穿越车道线行驶至 S 车前方，被试监视到 F 车的驾驶轨迹如图 5-16 中的车辆行驶轨迹节点 5 所示。此时 S 车已从巡航状态切换至跟随状态，AR-HUD 持续显示识别信息，识别信息由预识别变为已识别，增加了自适应巡航控制状态改变的提示。

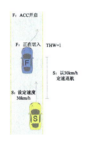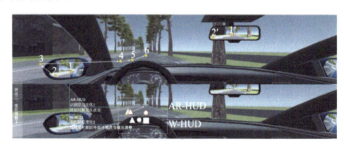

图 5-16　车内动态信息架构设计状态二：变化调整 2（左侧车道有车辆行驶）

状态三：稳定跟车。在此阶段，F 车行驶在 S 车前方，被试监视到 F 车的驾驶轨迹如图 5-17 的车辆行驶轨迹节点 6 所示。驾驶员可根据此时驾驶场景调整设定速度与设定时距，识别信息持续显示，以提示自适应巡航控制功能处于持续工作状态。

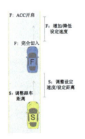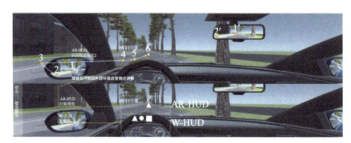

图 5-17　车内动态信息架构设计状态三：稳定跟车

综合以上内容，可以得出基于切入驾驶场景的 2 个阶段、4 种状态下的车内动态信息架构，如图 5-18 所示。该图一共包括 4 个部分：①驾驶场

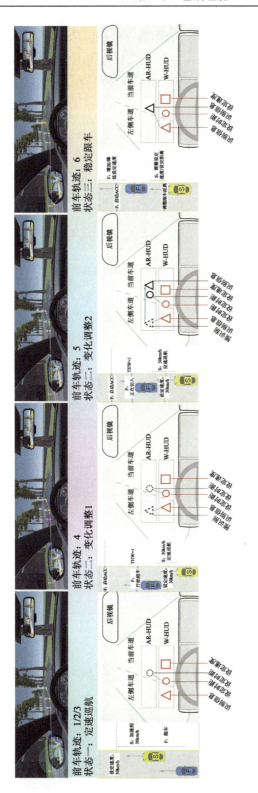

图 5-18　车内动态信息架构设计分析图

景分析,即前车辆的轨迹分析(表示车内动态信息架构的时间线);②切入驾驶场景 4 个阶段分析图示;③驾驶员视野图;④HUD 动态信息的布局以及 W-HUD 和 AR-HUD 上的联动信息设计原型。

第6章　智能座舱 HMI 评估

汽车 HMI 的评估过程包括实验方案策划、用户定位、被试招募、正式评估、数据收集、数据的定性及定量分析等。工程师和设计师需要在测试评估中获得有价值的信息，从而进行 HMI 的改善。智能网联汽车功能和场景的丰富，对 HMI 设计提出了更大的挑战，从最初的概念设计到最后的量产，整个过程都需要经过不断的测试和迭代。这就要求在 HMI 测试评估过程中，实验人员需要对方法和流程有较好的把握，从而能够高效地开展测试，并且获得有意义的测试结果。因此，我们对智能网联汽车的 HMI 评估提出指导性意见，帮助行业从业人员及研究人员更加有效地进行 HMI 的测试评估，完善 HMI 设计，进一步提升驾驶安全和体验。

6.1　HMI 评估分类与指标

6.1.1　评估分类

进行汽车 HMI 的测试时，可以采用静态原型测试、驾驶模拟器仿真动态测试、封闭测试场实车测试和开放道路实车测试等方法，如图 6-1 所示。每种测试方法都有其优势及局限性，在实际的 HMI 设计中，应当根据当前设计阶段的需求、测试设备及资源条件，选择合适的测试方法，高效、合理地进行 HMI 测试评估。

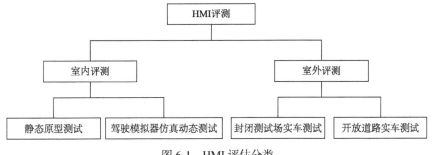

图 6-1　HMI 评估分类

1. 静态原型测试

在 HMI 设计初期，可以利用原型在实验室内部进行静态测试。使用该方法时，通过在模拟器上播放测试场景或测试图片，或结合 iPad、安卓系统的平板电脑等屏幕进行原型展示，甚至可以利用纸质原型进行展示，从而对 HMI 原型进行初步的测试评价。为了获得较为真实的驾车体验，也可以在静止的汽车内进行测试。

静态原型测试的优点是简单、易操作，适用于早期的快速迭代测试，缺点是沉浸感较差，无法确保测试结果的准确性。在设计的前期阶段，我们会经常用到静态原型测试。针对智能座舱内控制屏的 HMI 设计的可用性评估，可以通过静态原型测试探知用户使用该屏幕时的体验，收集用户在不同场景下对于 HMI 设计的主观感受，从而改善 HMI 设计。

首先，我们根据前期的设计调研，利用 Axure、Sketch 等软件完成可交互原型制作，导入 Pad 模拟车内屏。测试前，实验人员需要了解被试的基本信息及车辆使用经验，对设计背景及测试场景和任务进行说明，并且让被试在一定程度上熟悉屏幕的功能和使用方法。

正式测试时，利用实验室内的驾驶模拟器，在屏幕上播放测试场景视频，模拟真实开车时的路况，将 Pad 屏幕放在模拟器一侧，模拟车内控制屏所在位置，如图 6-2 所示。实验人员在动态场景视频播放时进行测试任务的发布，要求被试尽量想象在此场景下驾驶时的真实反应和操作，测试任务结束后完成量表及问卷填写。

图 6-2　静态原型测试

我们通过静态原型测试，获得被试在不同场景下的任务完成度，以及对 HMI 评估的满意度数据，结合开放式问卷，对 HMI 设计的可用性问题和亮点进行分析总结，并提出解决方案。

2. 驾驶模拟器仿真动态测试

驾驶仿真系统是一个集车辆运动模拟系统、视景系统、声光系统、实时监控系统和数据采集与传输系统于一体的虚拟现实仿真设备。驾驶仿真系统起初用于对驾驶员进行教学及训练,例如,在考取驾驶资格证时,学员都会接触到驾驶仿真系统,用以进行虚拟的驾车训练。随后,驾驶仿真系统作为一种实用设备得到不断发展,现在的驾驶模拟器能够实现实际道路环境的模拟,也能够通过其座椅、方向盘、脚踏等的力反馈、声音反馈,给驾驶员真实的驾车体验,同时给驾驶员提供屏幕以实时观察周围交通路况。当然,它也能够记录和提供驾驶员的方向盘、油门和刹车等踏板的操作数据,供研究人员进行进一步的研究和分析。

国外驾驶仿真系统的开发研究起步较早。2003 年,艾奥瓦大学联合美国联邦高速公路管理局开发了当时规模最大、最先进的驾驶仿真系统——美国国家高级驾驶模拟器第一代(national advanced driving simulator,NADS-I),如图 6-3 所示。该驾驶仿真系统具有 12 自由度运动系统[1],并配备了 8 个液晶显示器,可提供 360°全视交通场景,主要用于研究碰撞事故中的驾驶员因素及交通风险应对机制。2006 年,英国利兹大学开发了 UoLDS,用于研究车辆的道路安全设计、自动控制系统对安全性的影响、驾驶员认知模型等领域的问题。该模拟器具有 8 自由度运动系统,由 250°高清投影呈现逼真视景。[2]2008 年,日本丰田东富士技术中心研发了一套高 4.5m、内径 7.1m 的驾驶仿真系统,主要用于研究汽车主动安全技术以及驾驶员行为模式。[3]该仿真系统屏幕呈 360°球面,具有很高的逼真度和沉浸感。2010 年,戴姆勒-奔驰公司研制了高约 4.5m、内径约 7.5m,具有 7 自由度运动系统的驾驶仿真系统[4],主要用于车辆主动安全技术、汽车悬架技术(如自适应阻尼系统)、驾驶辅助技术等方面的研究。

① Haug E J. Feasability study and conceptual design of a national advanced driving simulator. University of Iowa, 1995.
② Jamson H. Driving me round the bend: Behavioural studies using the new university of leeds driving simulator. 2nd Motion Simulator Conference, 2007.
③ 室内学车——模拟驾驶器巡礼(一). (2019-02-28). https://www.sohu.com/a/298187098_100176582[2022-10-05].
④ Crivellaro C, Franco J M V. Methodology for getting a 7-degree-of-freedom vehicular model for active suspension control system design. SAE Brasil Congress and Exhibit, 2007.

图 6-3　艾奥瓦大学驾驶仿真系统 NADS-I

　　此外，澳大利亚昆士兰科技大学事故与道路安全研究中心自主研发了可用于智能道路安全和驾驶员行为分析测试的高级驾驶模拟环境，包括被试人员接待室、模拟器所在的实验空间、实验人员所在的控制室以及高级驾驶模拟器、MP-150 多导生理记录仪及生理设备设置需要的相关设备及材料。其中，空间内的亮度和温度可控，排除了外部光线与温度等无关环境因素的影响。高级驾驶模拟器用于完成与驾驶员行为相关的实验，包括一个完整的 Holden Commodore 车辆和相关的研究附件，SCANeR Studio 软件配合 8 台电脑、3 台投影仪和一个 6 自由度运动系统，可实现在三维空间的纵向、横向、横摆等运动。驾驶员和乘客坐在仿真车中，沉浸在一个包括 180°前视场、模拟后视镜图像、发动机和环境噪声环绕声、真实车厢和模拟车辆运动的虚拟环境中，如图 6-4 所示。

图 6-4　澳大利亚昆士兰科技大学高级驾驶模拟器

　　我国首台汽车性能模拟器于 1996 年在吉林大学建成，拥有 6 自由度运动系统，包括实时计算机系统、实时计算机成像系统、数据采集系统、触感模拟系统、电液伺服控制系统和油源，以及液压作动器、模拟舱、中央控制台、投影仪、图像开发系统，可用于车辆主动安全性能设计、车用控制系统的开发、道路安全性能的验证和交通法规合理性的检验。2011 年，同济大学搭建了拥有 8 自由度运动系统的高级驾驶模拟器（图 6-5）。该驾驶模拟舱为穹顶封闭结构，仿真车型为 Renault MeganeⅢ，在去除发动机、保留轮胎的基础上，加载了其他设备（如转向方向盘、刹车换挡的力度反馈系统和实验数据输入输出设备），其左、右、内视镜由 3 块液晶屏幕组成，投影系统由 5 个投影仪内置于驾驶舱，由水平 250° 视角的球形屏幕呈现逼真场景。该驾驶仿真系统主要用于开展车辆安全技术、道路交通设计、驾驶员行为模式等领域的研究。

图 6-5　同济大学的高级驾驶模拟器

传统的驾驶仿真系统主要被应用于研究碰撞事故中的驾驶员因素以及交通风险应对机制中，如汽车硬件技术的设计、研发、交通设施优化、驾驶员心理学研究等领域。近年来，大数据、互联网、云计算等技术的兴起，不仅使智能网联汽车的研究得到了很大推进，而且使得驾驶仿真系统在更多扩展领域有了新的应用，驾驶模拟器的使用从验证汽车技术可行性转移到汽车 HMI 交互问题上，如驾驶员行为、"人-车-环境"的交通特性、人机交互设计和评估等研究实验中。尤其是近年来，科学技术的进步和视景系统的升级完善，高精度的汽车驾驶仿真系统带给驾驶员"沉浸感"和"身临其境感"，其应用被拓展到汽车工程、人机交互设计、道路交通、交通安全等诸多方面。

驾驶仿真系统测试对资源的消耗较少，通过建模、编程、设计，驾驶仿真系统能够很好地再现道路的实际情况，包括道路表现、道路交通标志、周围环境等，能使被试产生一定的驾驶沉浸感。同时，模拟器中的 HMI 开发较灵活，具有成本低、可测试、安全性高、可记录数据等特点，使得驾驶模拟器测试成为众多车企和科研机构相关人员首选的 HMI 测试方法。但是，在驾驶模拟器上的仿真动态测试和真车驾驶感受具有一定的体验偏差，因此在汽车量产上市之前，仅仅做模拟器动态测试是不够的。

3. 封闭测试场实车测试

实车测试时，被试会具有真实的驾驶感受，对 HMI 的测试评价结果更加准确。同时，在设置的封闭场地进行测试，在一定程度上可以保证被试的安全。但是进行实车测试时，对人力、物力、时间等资源的消耗较大，而且封闭场中并不是真实的交通场景，也会在一定程度上影响测试效果，在实车上 HMI 迭代的灵活性也较差，需要较长的开发迭代周期。

2017 年，同济大学艺术与传媒学院汽车交互设计实验室基于上海汽车工业科技发展基金会项目"基于主动安全危险场景的驾驶员行为和避撞策略研究"，对 ACC/LKA 驾驶辅助功能的控制策略和人机交互策略问题展开了封闭测试场实验测试，目的是通过封闭测试场实验获得特斯拉和沃尔沃中的两辆车在切入场景针对自适应巡航控制功能的控制策略和人机交互策略，并进行 HMI 设计的改进。

实验前，在车辆上安装实验所需的全套 RT 系统（RT-3002X2、RT-rangeX1、配套专用电脑 X1 等，是 ADAS 常用实验仪器和设备）、V-box 等设备，被试开启本车实验车辆自适应巡航控制功能进行路试，确保被试已熟悉实验场地及该功能的使用，并且熟悉自适应巡航控制功能下的人机交互界面。正式测试时，当两车状态符合实验需求时，实验人员下达切入的任务指令，被试执行测试任务，当本车稳定跟车 5s 时，发布结束的指令。测试场景如图 6-6 所示。

图 6-6   切入场景下自适应巡航控制功能测试场测试图

测试结束后，对实验设备采集的客观数据及主观数据进行统计分析，获得切入场景下自适应巡航控制功能的控制策略和人机交互策略,进行 HMI 设计改进。

4. 开放道路实车测试

为了得到更真实、准确的 HMI 测试评价效果,在开放道路上进行实车测试无疑是最好的选择。开放道路是真实的道路场景,被试在测试过程中也将拥有真实的驾驶体验,测试结果更加准确。但是,开放道路场景复杂,具有一定的危险性,对人力、物力、时间等资源的消耗较大,HMI 迭代的灵活性也较差。因此,一般会在开发的后期,即功能和设计基本完整的时候,进行开放道路实车测试。

目前,北京、上海、重庆等城市已经开始推进智能网联汽车道路测试。国家智能网联汽车(上海)试点示范区规划在汽车城核心区的部分道路上建设智能网联汽车上路实测的基本环境条件,覆盖面积达到 $27km^2$,涉及城市快速路、园区道路等,测试与示范车辆规模争取达到千辆级。

各地应充分利用道路地理环境和当地的气候条件,充分考虑智能网联汽车的测试需求,构建差异化的开放道路测试环境,推动自动驾驶技术的研发测试。依托实际道路测试数据的累积,有利于形成可重复、统一的智能网联汽车测试评价标准体系,从而使开放道路实车测试的发展更加规范化。

6.1.2 评估指标

在智能座舱 HMI 测试中,主观及客观评价指标是对智能汽车的驾驶安全性和舒适性进行科学评价的重要依据。

我们首先对智能座舱 HMI 评价指标进行分类整理,构建了智能座舱 HMI 评价指标体系。本次测试的总体评价目标为智能座舱的 HMI 评价,而 HMI 设计的优劣可以通过自身心理感受和驾驶行为表现出来,所以我们把 HMI 评价分为主观和客观两方面。主观评价分为驾驶员认知、可用性和设计美学,客观评价分为车辆控制参数、驾驶员行为、眼动、生理指标和任务绩效,它们共同组成了智能汽车 HMI 的评价指标,每个评价指标又包括多方面的 HMI 评价细分因素。该评价指标体系从主观和客观两大方面建立了智能汽车 HMI 评价指标体系和递阶层次关系。

在实验过程中,车辆数据、实验人员的观察记录,测试过程中或测试任务结束后进行的主观量表问卷的评估,都能获取实验所需的主客观数据。

客观数据包括车辆参数（横向控制：横向偏移、方向盘转角等；纵向控制：速度、加速度等）、驾驶员行为（如驾驶员的脚部、头部、手部等操作行为）、眼动（如注视时长、扫视次数、眼动轨迹、热点图等）、生理指标（如心电、脑电、皮肤电、肌电）和任务绩效。主观数据包括针对驾驶员认知的主观量表（如态势感知、信任度、工作负荷等）、SUS、QUIS、针对设计美学的开放式问卷等。通过对收集到的主客观数据进行统计分析，可以深入研究 HMI 设计对驾驶安全及驾驶体验的影响，并且探索驾驶员认知和可用性、设计美学等因素之间的相关性。

6.2　驾驶模拟器仿真测试环境搭建

6.2.1　模拟器整体系统架构

在进行研究和设计开发时，与其他传统的实验环境相比，功能强大的驾驶模拟器具有很多优势。首先，它可以完全地控制实验所需环境因素，高效、方便地完成实验数据采集、车辆模型选择，以及模拟环境的设定，再现性好；其次，为危险的实验工况提供了一个安全的实验环境，可以安全地进行高速、极限行驶以及其他非常危险的安全性实验，这在实车实验中是无法达到的；最后，驾驶模拟器的实验成本较低。以上诸多原因使得驾驶模拟器受到国内外交通安全领域的广泛关注。

同济大学艺术与传媒学院汽车交互设计实验室于 2012 年开始将座舱人机界面的交互设计、测试评估作为汽车设计的核心，考虑到真车测试中人机交互的复杂性、安全性以及测试的依赖条件比较复杂，在智能汽车人机交互设计的基础上，依据国际、国内标准（智能网联汽车）进行测试场景的设计、搭建，开发了可用于智能汽车交互设计的智能汽车虚拟仿真测试平台。该平台为解决 ADAS 与智能网联测试中实际道路场景不足以及测试周期长、测试方案组合设计困难等问题而设计。实验室通过虚拟场景模拟不同的工况，设置不同的车辆性能状态，创建了动态可控的模拟驾驶环境。

在驾驶模拟器系统中，可以实现多车接入、多屏交互、ADAS 功能模拟、测试任务控制与实验数据记录等。以人为中心进行汽车刹车系统与反应时间等的研究，旨在基于驾驶控制器硬件平台和虚拟仿真软件平台，结合虚拟现实头盔、数据手套、语音识别等设备和技术，对汽车动

态交互情景进行建模与仿真，研究和测试新形态汽车的交互形式和用户
体验。

　　根据测试需求，对驾驶模拟器的整体系统架构进行构建，如图 6-7 所
示。首先，系统需要设置服务器进行数据的传输，服务器是数据收发的中
转站，由此可以实现多人共驾。客户端之间的数据共享通过服务器实现，
有 3 个主要的客户端，即主测车、辅测车、监控和数据采集系统。主测车
的主要功能包括实现汽车智能驾驶、多屏联动和场景规划；辅测车的主要
功能是驾驶和配合主测车进行测试；监控和数据采集系统的主要功能是通
过画面监测实验情况，并进行数据的采集和保存。

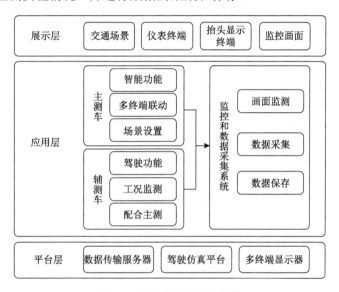

图 6-7　驾驶模拟器系统架构

6.2.2　硬件环境

1. 硬件设备

　　未来驾驶座舱将为驾驶员提供更高效、便捷的信息操作及多通道的交
互方式。随着大屏智能车机、液晶仪表盘、流媒体后视镜、抬头显示设备、
车载系统与手机互联等设备和软件的渗透率持续提升，未来围绕驾驶座舱
内人机交互而产生的市场需求将进入快速增长期。汽车驾驶模拟器对于科
学实验与教学研究具有重要意义，不仅能保障被试的安全，还能通过实验
获得与实车实验相近的数据。

　　一般而言，中小型科研驾驶模拟器主要由基础支架、多屏显示布局

和驾驶仿真设备组成。基础支架为其他组件提供受力支持和安装空间，是承接其他组成部分的重要连接部分，由不同规格的铝型材料制成，彼此通过角件连接。基础支架包括基座、支撑架、丝杆脚轮等。支撑架与基座彼此分离，座椅和屏幕可在基座上进行角度与位移的变换。此基础支架的最大特点就是便于拆装和转移。多屏显示布局主要由多屏幕支持系统或者环形屏幕组成，显示内容为各类虚拟交通场景及相关的 HMI 设计。

图 6-8 中的驾驶仿真硬件设备主要包括力反馈方向盘、力反馈踏板、汽车座椅、液晶显示器、液晶显示器挂架、数字三屏分屏器、主机系统等，利用该套设备可以模拟驾驶操作及驾驶环境，为被试营造更真实的驾驶环境，并且测试乘坐舱可以实现多人驾驶。

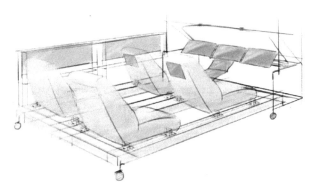

图 6-8　多人共驾驾驶模拟器硬件设备示意图

2. 实验环境功能分区

在 HMI 可用性测试中，通常涉及多角色的相互协作，所以在考虑实验环境搭建的过程中，需要对环境进行功能分区，如图 6-9 所示。根据实验中不同功能的需求，将其分为 4 大区域——接待区、主测试区、辅助驾驶区和操作监控区。

1）接待区。接待区是进行实验前的活动区域。实验人员在这里对被试进行接待与实验引导，讲解必要的流程与介绍实验相关的器材。

2）主测试区。关于这个区域的设计，不仅要考虑物理的模拟器设计，还要考虑人与人、人与模拟器的交互方式。驾驶模拟器内交互区域的选择可以从用户、活动和技术 3 个角度着手。用户即明确车内交互区域的使用者，被试坐在主驾驶位置，接受由实验人员发布的任务，如有必要，

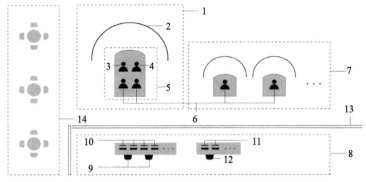

1. 主驾驶模拟器台架；2. 环幕；3. 被试；4. 实验人员；5. 台架；6. 辅助驾驶人员；
7. 辅助驾驶区；8. 操作监控区；9. 记录人员；10. 观察屏；11. 测试工程师操作屏；
12. 测试工程师；13. 单面透视镜；14. 接待区

图 6-9　驾驶仿真实验环境

还有辅助驾驶人员坐在后排，观察被试的行为，协助实验顺利进行。测试车前方有环幕，可以显示出预设的各种道路工况和动态的交通场景。活动指的是被试在车内的主要行为与任务，不同行为与任务所涉及的车内区域也不同。技术的发展支持了车内交互区域的延伸，而现在的增强现实技术更是将交互区域延伸到了车外，车内的可交互区域也变得越来越多。

3）辅助驾驶区。当多辆驾驶车同时运行时，各测试车之间通过网络连接，辅助驾驶人员和被试可以看到其他进入同一场景的驾驶车辆，可以配合完成不同的驾驶任务。实现网络连接后，该驾驶仿真系统的灵活性更强，只要在同一局域网下，则可以任意接入驾驶车辆，实现多车测试，更加真实地模拟真实的交通环境。

4）操作监控区。操作监控区中有两种角色，即记录人员和测试工程师。记录人员能够在观察屏上看到被试操控硬件设备的实时录像、场景的全局地图以及当前驾驶车辆的局部地图，这样能够更加清晰地看到驾驶车辆在地图中的位置信息，并且观察到车辆周围的环境，同时也可以针对录像中被试的动作提出驾驶意见。观察屏呈现了车辆实时曲线图，包括速度、加速度、方向盘转角、刹车等数据，以及仪表盘、HUD、中控屏等显示相关的数据，数据实时曲线图数据与视频的时间线统一，便于后期的数据分析。测试工程师是指在被试测试过程中检查软件有无缺陷，测试系统是否稳定、易操作等的人员，以及切换驾驶场景的专门工作人员。他们保证了实验的顺利进行，并且可以在实验结束后同记录人员一起分析数据。

3. 多屏联动显示布局设计

智能汽车需要准确感知并理解人类驾驶员的意图，并主动地介入驾驶任务，还需要通过多通道的交互途径，整合不同屏幕的信息，在合适的时间、合适的场景传达合适的信息给驾驶员，从而优化驾驶体验和提高驾驶效率。

不同于传统的人与计算机界面的交互，车内交互设计的计算机只有一个屏幕，所有的交互活动都在这个屏幕上进行。但车辆是一个三维空间，车辆信息无法集中于一个特定的区域，因此为了使车内繁多的信息更加快速、清楚地传递给驾驶员以及使驾驶员快速进行信息输入，需要在车辆的三维空间选择合适的区域进行设计，之后落实到每个区域内具体的人机界面。

根据未来智能驾驶座舱屏幕数字化的趋势，我们对车内可交互区域进行分析，并提出了车内多屏联动显示的布局设计（图 6-10）。对目前座舱内的信息显示屏进行分析可以发现，主要涉及的屏幕有仪表盘、中控屏、信息系统显示屏、抬头显示器、内外后视镜、后排屏和车窗屏等。

图 6-10　驾驶模拟器多屏布局

6.2.3　软件架构

驾驶模拟器在 Windows 环境下使用 Unity 结合 Visual Studio 进行跨平台开发。项目编译的程序可运行在 Windows、安卓和 iOS 环境下。出于对性能的考虑，主驾的驾驶模拟和 ADAS 部分、辅驾和监控屏的程序必须可运行在高性能的个人计算机上，与 HMI 相关的屏幕程序可运行在 Windows、安卓或 iOS 的平板电脑上。

　　整个模拟器系统分为服务器端和客户端。服务器端主要用来进行数据传输，实现多人共驾和测试车辆的数据监测。客户端分为主测车、辅测车、监控和数据采集系统。对于主测车和辅测车来说，软件架构主要分为车辆模块和场景模块。车辆模块负责实现仿真车辆的车身控制、汽车智能功能和人机界面的显示。场景模块是根据测试需求，搭建符合测试环境和任务要求的虚拟交通环境，包括道路、交通设施、周围景观和天气等。对于监控和数据采集系统来说，软件架构主要分为实验设置、测试监控和数据采集 3 个模块。实验设置模块提供创建新的被试记录和任务记录的功能，测试监控模块用于在测试过程中执行任务以及查看监测画面，数据采集模块用来做实时的数据记录和数据的本地保存。

　　驾驶模拟系统建设需要满足以下的功能需求：①汽车功能模拟，能基本实现一辆典型的汽车具有的功能；②汽车驾驶场景演示，将汽车初始状态以及智能车辆的位置和数量进行不同的组合，形成不同交通环境下的驾驶场景；③局域网内的网络连接，实现网络连接后，整个驾驶仿真系统具有更大的灵活性，只要在同一局域网下，就可以任意接入驾驶车辆，实现多车测试，更加真实地模拟真实交通环境来进行驾驶；④观察屏，使得测试人员能够在观察屏上看到驾驶员操控硬件设备的实时信息。按照功能，驾驶模拟系统模块可以划分为车辆模块、场景模块与监控数据采集模块等几个主要部分。

　　车辆模块主要用来展示汽车的基本功能和结构。汽车构造是一个非常庞大且复杂的系统，为了更好地建立汽车的仿真模型，以及给汽车驾驶场景的建立提供完整的汽车功能模型，实验室对汽车构造系统进行了抽象简化与建模。主测车与辅测车的输入方式不仅有油门、刹车、方向盘、转向，同时还有智能的交互输入方式——手势交互与语音交互。系统收集到测试车的信息后，可以将其反馈到智能驾驶座舱的屏幕中。多辆测试车之间通过局域网连接，被试可以看到其他驾驶人员驾驶的车辆。其中，主测车驾驶系统视野如图 6-11 所示。该系统能够提供场景仿真与模拟驾驶，营造车载 HMI 系统测试的动态仿真驾驶环境，其功能如下。

　　1）通过台架仿真驾驶行为。

　　2）模拟、更换驾驶仿真环境。

　　3）接入 HMI 系统，进行 HMI 测试。

　　4）提供驾驶基础数据信息与环境信息。

图 6-11　主测车驾驶系统视野

5）通过接入辅测车驾驶系统，测试人员可以与被试处于同一场景中，并辅助被试完成测试任务。

场景模块主要为汽车提供驾驶环境，包括声音、天气、场景、智能车辆、道路、天空盒等模型，还针对建筑物等模型设置碰撞体，同时设置智能车辆在不同场景中的行驶路线、速度和数量，尽量符合真实驾驶环境。周围环境与设施包含场景中虚拟的驾驶车辆、红绿灯、建筑房屋、地形、树木等交通辅助设施。

监控数据采集模块收集的数据信息主要为纵向数据（速度、加速度、位置等）、横向数据（方向盘转角、水平偏移等）和状态信息（高级辅助驾驶系统、道路环境等）。后期分析时，可以根据具体的实验需求，遴选所需数据。例如，在探究在自适应巡航控制功能下驾驶车辆问题时，速度、位置、方向盘、水平偏移等是否变化及变化的程度可以反映驾驶员的注意力、负荷与信任度等问题。

监控与行为分析系统如图 6-12 所示，主要包括 3 个模块，具有不同功能，具体如下。

1）基本设置页：展示主测车/辅测车驾驶系统的登录状态；设计测试任务，包括被试信息、任务信息、标签等；进行测试场景分发；查看 HMI 登录状态等。

2）测试监控页：实时监控主测车四周的环境变化、驾驶员状态、HMI 状态、主测车/辅测车驾驶数据；管理任务进程；添加标签；采集驾驶数据以及 HMI 埋点数据。

3）测试分析页：回看任务进行过程中录制的场景、摄像头以及 HMI 视频数据；回看各任务驾驶数据；回看 HMI 埋点数据。

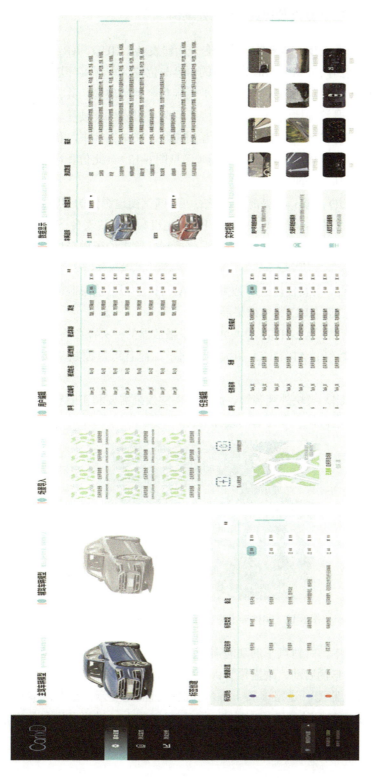

图 6-12　监控与行为分析系统（截图）

6.2.4 AR-HUD 驾驶仿真环境搭建案例

随着技术的进步，越来越多的车企开始研发 AR-HUD。AR-HUD 同样将信息投射到挡风玻璃上，但其投射的内容与位置会与现实环境相结合，显示的范围也不局限在某一处，而是扩展到整个挡风玻璃。其将图像信息与实际交通路况精确地结合，从而增强了驾驶员对实际驾驶环境的感知，能够增强驾驶的安全性，增强人机交互的体验。在本案例中，我们搭建了可投射 AR-HUD 影像的驾驶仿真环境（例见图 6-13）。此仿真环境所需的模块包括以下几个方面。

1）AR-HUD 主机：将提前处理好的可以匹配街道影像的 HUD 界面及动画信息投射到主驾前挡风玻璃，将 HUD 主机布置在仪表台下。

2）大型显示幕布/显示屏：播放提前录制好的实拍街道影像，布置在座舱前方。

3）播放时，需要使车外屏幕影像与 AR-HUD 投射信息时间和位置同步，从而实现 AR-HUD 整体效果展示。

4）开关设置：AR-HUD 和大屏幕街景播放器的开关需要有遥控功能。

5）播放控制：AR-HUD 和大屏幕同步，而且可以控制从头开始的时间。

6）AR-HUD 模块外观装饰、影像的视觉效果需要和座舱整体设计风格保持一致，遵循该汽车品牌的设计语言。

图 6-13　2018 年北京国际车展奇瑞汽车展示

在本案例中，针对汽车的功能需求，我们整理出 AR-HUD 应用的 9 个场景，包括车辆启动、碰撞预警、行人监测及预判、盲点检测、限速提醒、雾霾盲点监测、道路偏离、转弯导航和目的地显示。这些场景通过动态视频显示在驾驶仿真器座舱前的大型显示屏上，增强了用户的实景体验感。

6.3 驾驶模拟器仿真测试方法

6.3.1 实验设计方法

1. 被试间设计

每个被试只接受一个自变量水平的处理（简称一种实验处理或一个实验条件）。使用该方法可以确保一种处理方式不会影响或污染另一种处理方式，但是实验结果可能会受到被试的个体差异的影响。

被试间设计可以采用两类分组方法：匹配和随机化。匹配，即首先将被试按一定的特征水平（相同或相似）加以配对，然后把成对被试中的每个被试随机分配到各个组别。随机化，即把被试随机地分配到不同的组别，接受不同的自变量处理。

当在驾驶模拟器上进行 HMI 测试时，考虑到实验总时长、被试的学习效应等问题，可以采用被试间设计，不同组的被试在实验中执行任务时的 HMI 不同。但是被试间设计一定要保证组别的平衡，可以对被试进行随机分配或在实验前进行被试能力水平测试，根据实验目的将被试匹配分组。

2. 被试内设计

使用被试内设计可以减少被试人数，控制个体差异，能更好地考察实验组和控制组之间的差异，因此大多数研究者更倾向于使用被试内设计。由于被试接受不同自变量水平的处理之间存在一定的时间间隔，实验设计者需要考虑到在此间隔内偶然发生的事件对实验结果的影响。此外，被试内设计可能也会存在时间顺序误差，如被试的表现是否会由于逐渐熟悉实验情景而得到系统的提升，即练习效应，又或者由于连续作业，其表现由于疲劳而系统地下降，即疲劳效应。

一般可以利用平衡技术来解决练习效应或疲劳效应，常用的平衡技术包括 ABBA 设计（适用于自变量水平只有两个时）和拉丁方设计（适用于自变量水平有两个以上时）。

3. 混合设计

在有些多自变量的实验中，可以既包含被试内设计，又包含被试间设计，即混合设计。

使用混合设计时，首先需要确定研究中的被试内变量和被试间变量，将被试随机分配给被试间变量的各个水平，然后使每个被试接受与被试间变量的某一个水平相结合的被试内变量水平的测试。

6.3.2 测试流程

规范测试流程对于实验的顺利进行有着重要的意义，根据实验室进行 HMI 测试的实践经验，我们将驾驶模拟器 HMI 测试流程总结如下。

1）通过被试招募问卷筛选符合测试要求的被试，与被试进行沟通，确认测试时间。

2）对被试进行人口学信息搜集，包括姓名、性别、实际驾龄、开车频率等信息。

3）实验前，被试需要填写实验知情同意书，实验人员向被试介绍实验目的，并且通过 PPT 或视频等形式对实验内容和流程进行介绍。

4）被试在模拟器上练习一定的时长，熟悉模拟器的使用方法，对所测试功能的操作程序进行一定的学习。

5）填写测试所需的实验前量表。

6）实验人员发布测试任务，进行正式测试。

7）在任务过程中或每项任务结束后，被试完成实验相关的问卷及量表。

8）所有任务结束后，填写测试所需的实验后量表。

9）测试过程中，实验人员需进行主测车的测试场景过程录屏、监控系统数据采集，并对被试测试过程进行录像。

6.3.3 数据分析方法

实验中，需要根据实验目的及方法，采用适合的数据统计分析方法。在 HMI 测试评价中，常用的数据分析方法有描述统计、方差分析、t 检验等。

1. 描述统计

描述统计是通过图表或数学方法，对数据资料进行整理、分析，并对数据的分布状态、数字特征与随机变量之间的关系进行估计和描述。描述统计分为集中趋势分析、离中趋势分析和相关分析。集中趋势分析主要通过平均数、中数、众数等统计指标来表示数据的集中趋势。离中趋势分析主要通过全距、四分差、平均差、方差、标准差等统计指标来研究数据。相关分析主要是探讨数据之间是否具有统计学上的关联性。

2. 方差分析

方差分析，又称"差检验"，用于两个或两个以上样本均数差别的显著性检验。由于各种因素的影响，研究所得的数据呈现波动状。造成波动的原因可分成两类：一是不可控的随机因素；二是研究中施加的对结果产生影响的可控因素。方差分析的基本思想是通过分析研究不同来源的变异对总变异的贡献大小，从而确定可控因素对研究结果影响力的大小。

根据资料设计类型的不同，有两种方差分析的方法，一是对成组设计的多个样本均值比较，应采用完全随机设计的方差分析，即单因素方差分析；二是对随机区组设计的多个样本均值比较，应采用配伍组设计的方差分析，即双因素方差分析。

3. t 检验

t 检验主要用于样本含量较小（例如，$n < 30$），总体标准差未知的正态分布。t 检验是用 t 分布理论来推论差异发生的概率，从而比较两个平均数的差异是否显著。

t 检验可分为单总体 t 检验、双总体 t 检验和配对样本 t 检验。单总体 t 检验是检验一个样本平均数与一个已知的总体平均数的差异是否显著；双总体 t 检验是检验两个样本平均数与其各自代表的总体的差异是否显著；配对样本 t 检验可视为单样本 t 检验的扩展，不过检验的对象由一组来自常态分配的独立样本更改为二组配对样本的观测值之差。

6.4　基于驾驶模拟器自适应巡航控制功能下 HMI 的工作负荷评估

在驾驶模拟器测试案例中，我们对自适应巡航控制功能下典型的切入驾驶场景中，HMI 设计对驾驶员心理工作负荷的影响、对车辆操作的影响（纵向/横向）以及对驾驶安全的影响进行了评估，希望通过实验优化 HMI 设计。例如，通过合适的出现时间、恰当的信息提示、合理的显示位置，将驾驶员的工作负荷保持在理想的状态，减少因工作负荷过低形成的驾驶疲劳和工作负荷过载形成的注意力分散，在安全性、舒适性、易用性等方面优化用户的体验。

6.4.1 实验设计

1. 实验方法

实验的自变量为开启自适应巡航控制功能 HMI 原始设计方案（图 6-14）和开启自适应巡航控制功能 HMI 迭代设计方案（图 6-15），因变量为被试在使用 HMI 原始设计方案和 HMI 迭代设计方案完成驾驶任务时的工作负荷，NASA-TLX 量表被用作测量被试的工作负荷。实验采取组内实验设计，将两组结果做对比，以便测量不同 HMI 设计对心理工作负荷的影响。

图 6-14　原始设计方案

图 6-15　迭代设计方案

2. 被试选择

实验共有 10 名被试，3 名男性，7 名女性。被试年龄为 18—30 岁。被试大部分是学生，平均驾龄较短且每年平均驾驶公里数较低，但是被试对自动驾驶以及车内交互设计有充分的背景知识，因而他们被认为是有相关背景知识的可以参与测试的驾驶员。

3. 驾驶模拟器场景设计

我们在 Unity 平台中对驾驶场景建模还原，尽可能地增强驾驶模拟的真实性。在本案例中，我们选取的是一条修建于平坦路面上的直的双向单车道，如图 6-16 所示。路面是灰色的（就像一条典型的铺面公路）。驾驶模拟中的道路显示应为以驾驶员视野 120cm±10cm 的视角观察路面，如图 6-17 所示，这与典型乘用车观看路面的视角是一致的。最小行驶长度为 3km，相当于以 30km/h 的速度行驶 6min，最高速度限制为 60km/h，可以保证驾驶员有效地控制车辆，足以收集 2min 的驾驶数据，实验顺利完成。一系列的跟车、切入、切出驾驶任务在驾驶模拟器中都有设定。

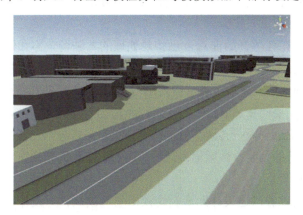

图 6-16　驾驶场景车道

图 6-17　驾驶员视野效果图

6.4.2　实验过程

1）请被试填写被试信息表，内容包括姓名、年龄、持有驾照的时间、驾驶频率和对自适应巡航控制的了解情况。

2）由测试者向被试讲解实验的目的及过程，对 AR-HUD 和 W-HUD 进行介绍，并展示示例图片、自适应巡航控制功能介绍视频及使用手册，使被试对实验及自适应巡航控制功能有大致的了解。

3）邀请被试坐在驾驶模拟座椅上，测试者重点向被试解释在驾驶模拟器上怎样设置自适应巡航控制，包括开启、退出、调节速度、调整时距等，使被试熟悉驾驶模拟器的驾驶以及自适应巡航控制的操作。

4）打开驾驶模拟器中的练习任务（为避免产生学习效应，练习时的驾驶场景不同于实际测试时使用的驾驶场景），被试需要分别在手动驾驶模式、自适应巡航控制功能开启状态模式下（在仪表盘上有基本的自适应巡航控制功能 HMI 信息），在驾驶模拟器上进行驾驶练习，每一种模式至少试驾 2min，直到被试充分熟悉模拟器的使用和自适应巡航控制功能设置的使用后，开始正式实验。

5）被试在任务开始前对自己将要处理的驾驶场景不知情，对使用哪一种 HMI 设计不知情，在被试做好准备后，测试人员向被试发布任务说明。

6）每项任务完成后，被试需要填写 NASA-TLX 量表。在填写前，首先，测试者需要向被试解释每一个工作负荷因素的含义，被试把选项直接填写在测试记录表内；其次，被试需要在量表上打分，在线段上选择与其负荷程度相符的刻度并做标记；最后，由测试者将其结果统计到工作负荷资源量表中。

7）由测试者口述设计元素及访谈问卷，被试针对设计元素进行口头打分，在完成填写后，被试被告知下一个实验的驾驶任务说明，继续进行实验。

8）所有任务完成后，对被试表示感谢。

需要说明的是，被试每完成一次驾驶任务，就需要完成一次"NASA-TLX 量表打分""设计元素打分""访谈问卷填写"，并且观看被试执行驾驶任务时的录屏视频，以帮助被试回忆驾驶时的认知，尽量使打分及访谈结果更有效。

被试试驾时间为 2—5min，执行每一项驾驶任务的时间为 10—17s，整个实验过程持续 25—35min，测试环境如图 6-18 所示。测试中，测试者尽量用简短、概括、专业性的表达下达任务，用口语化的表达解释各项操作，时刻关注被试是否理解所有操作方法，避免因为误解造成的工作负荷增加而影响实验数据。

主测人员
控制实验进度
实验介绍
任务发布
问卷打分

主测驾驶模拟器　　数据采集与监　辅测驾驶模拟器
　　　　　　　　　视控制系统

被试

工作人员
驾驶另一辆模
拟器配合完成
驾驶任务

图 6-18　测试环境

6.4.3　实验结果

1. 问卷调查结果与分析

本实验设计了封闭性问题与开放式问题相结合的问卷。对于封闭式问题的评级，采用了 5 点评分，1 表示"不可以"或"完全不影响"，5 表示"完全可以"或"影响非常严重"。调查表针对"设定速度""识别前方车辆状态""设定距离""自适应巡航控制功能模式的识别"四个方面的设计信息，共设计了 16 个问题来测试驾驶员对原始设计方案和迭代设计方案的认知。出于篇幅的考虑，这里只呈现了自适应巡航控制功能相关的实验结果（表 6-1）。

表 6-1　自适应巡航控制功能相关的实验结果（$M \pm SD$）

设计元素	问卷问题	打分量度	原始设计方案打分	迭代设计方案打分	p
设定速度	您可以有效区分自适应巡航控制设定速度和本车速度吗？	1. 不可以 5. 完全可以	3.3 ± 0.4	4.3 ± 0.2	0.063
	当您改变自适应巡航控制设定速度时，您可以有效获得这一信息吗？	1. 不可以 5. 完全可以	1.9 ± 0.6	4.11 ± 0.2	0.012
识别前方车辆状态	您可以根据图示信息判断本车是否识别到了前方车辆吗？	1. 不可以 5. 完全可以	2.70 ± 0.8	3.20 ± 0.5	0.557

续表

设计元素	问卷问题	打分量度	原始设计方案打分	迭代设计方案打分	p
识别前方车辆状态	您根据哪个图示信息判断本车已识别到了前方车辆?	开放问题	原始设计方案中, 10 名被试中有 3 名没有感知到识别信息, 迭代设计方案中, 全部被试都感知到了识别信息		—
	您可以根据图示信息判断前方车辆对本车使用自适应巡航控制功能的影响吗 (例如, 更换跟车目标等) ?	1. 不可以 5. 完全可以	2.20 ± 0.6	2.80 ± 0.5	0.279
	图标在多大程度上吸引了您的注意力, 或者导致了您的分心?	1. 完全不影响 5. 影响非常严重	1.90 ± 0.6	2.60 ± 0.3	0.354
	您可以区分白色框和蓝色框图示信息的意义吗?	开放问题	所有被试都可以区别白色框和蓝色框代表的意义		—
	对于两种识别信息设计, 您更倾向于哪一种? 为什么?	开放问题	80%的被试倾向于使用迭代设计方案, 因为他们可以从这个设计中更加有效地获得自适应巡航控制功能的状态		—
设定距离	您可以根据蓝色矩形有效判断与前车的距离吗?	1. 不可以 5. 完全可以	2.90 ± 0.6	4.40 ± 0.2	0.034
	您可以有效判断空心蓝色矩形和实心蓝色矩形的区别吗?	开放问题	1 名被试没有感知到蓝色矩形的变化, 其余被试可有效区分不同设计显示的功能		—
	蓝色矩形的图示信息在多大程度上吸引了您的注意力 (在多大程度上让您感到分心) ?	1. 完全不影响 5. 影响非常严重	2.50 ± 0.5	2.70 ± 0.4	0.798
	您怎样看待 AR-HUD 和 W-HUD 显示的不同步的信息?	开放问题	40%的被试接受信息不同步显示; 10%的被试认为会增加其认知负担; 剩余的被试觉得在练习后都可以接受		—
自适应巡航控制功能模式的识别	您可以明确区分自适应巡航控制功能的模式吗?	1. 不可以 5. 完全可以	1.70 ± 0.7	5.00 ± 0.0	0.0002

续表

设计元素	问卷问题	打分量度	原始设计方案 打分	迭代设计方案 打分	p
自适应巡航控制功能模式的识别	您倾向于使用哪种设计来预测自适应巡航控制功能的模式? 开启、关闭、巡航还是跟车?	开放问题	在原始设计方案中,大部分被试只可以区分开启、关闭两种自适应巡航控制模式;在迭代设计方案中,所有被试都可以区分开启、关闭、巡航、跟车状态		—

2. 对设计元素"识别前方车辆状态"的评估

在本实验中,我们对不同设计元素进行了详细的数据分析,这里以"识别前方车辆状态"这一设计元素为例进行说明,分别统计了设计元素"识别前方车辆状态"对本车识别前车的判断、对本车自适应巡航控制设定的影响和对驾驶信息关注度的影响,如图 6-19—图 6-21 所示。

测试结果显示,关于"识别前方车辆状态"设计信息的迭代设计方案的平均分高于原始设计方案,虽然差异不显著,但仍然可以认为迭代设计方案提供的前方车辆信息更能帮助驾驶员有效判断前方车辆的状态以及对本车使用自适应巡航控制功能的影响。

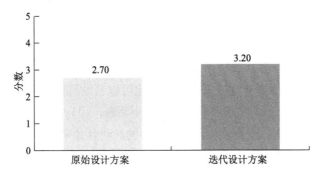

图 6-19　对本车识别前车判断的影响

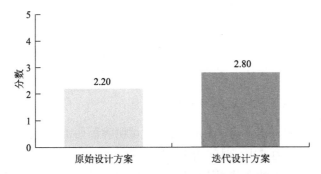

图 6-20　对本车自适应巡航控制设定的影响

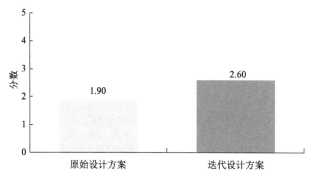

图 6-21　对驾驶信息关注度的影响

　　关于开放性问题"您可以区分白色框和蓝色框图示信息的意义吗？"，被试对迭代设计方案中"白色框"与"蓝色框"设计信息的评论有："白色框表示已检测到前车，此信息起到了辅助作用，让我更加信任自适应巡航控制系统；蓝色框表示前车已进入本车道，处于跟车状态，与我的关系密切"；"白色框表示本车已识别到前方车辆，蓝色框表示确定跟车"；"在判断前车运动轨迹的过程中，决策时间不够，白色框图示可以为驾驶员决策提供时间"；"白色框表示前车与本车处于不同车道，蓝色框表示前车与本车处于相同车道，且锁定跟车目标"；"白色框与蓝色框的关系不大，当蓝色框出现时，表示一定会对本车产生影响"。

　　关于问题"您倾向于使用哪种设计来预测自适应巡航控制功能的模式？开启、关闭、巡航还是跟车？"，大多数被试表示倾向于使用迭代设计方案，被试普遍认为白色框和蓝色框的状态变化可以帮助驾驶员预测其他车道车辆的影响，并且"选框"应该比"底托"更清晰，因为驾驶员在驾驶中会非常注意选框的变化，觉得这一信息是必要的，而且并未导致驾驶员分心。

　　综上所述，从开放性问题测试结果来看，关于设计元素"识别前方车辆状态"的信息，被试更倾向于使用"选框"作为识别信息图示，虽然其会影响驾驶员的注意，但作为自适应巡航控制功能的重要信息应该能明确清晰地对驾驶员进行有效提示；80%的被试倾向于选择有两种识别状态的识别信息图示，白色选框表示预识别状态，蓝色选框表示已识别状态。由此可以得出，迭代设计方案的测试结果优于原始设计方案。

3. NASA-TLX 量表结果与分析

　　评估被试的工作负荷，首先，要让被试明确评估工作负荷的六个方面，即精神需求、体力需求、时间需求、任务绩效、努力程度及挫败感的含义。其次，要让被试评估在使用不同设计方案、相同驾驶场景中完成相同驾驶任务时，哪一个方案在工作负荷方面对其完成驾驶任务的影响更大，并在对比中选出对其影响更大的选项；使用工作负荷资源计算表和工作负荷加权平均值计算表，计算出被试总体工作负荷的加权平均值；再根据被试对于完成相同驾驶任务的工作负荷六个方面的打分，综合计算出每一个方面的加权平均值、标准差及标准误差，比较原始设计方案和迭代设计方案对被试工作负荷的影响。

如图 6-22 所示，横轴条形的宽度表示工作负荷因素对被试的影响程度或者重要程度（权重）。权重的计算方式如下：根据 NASA-TLX 量表工作负荷资源对比卡，统计所选因素占总数的比例。将所有被试（$n=9$，因统计错误，有一位被试的原始设计方案 NASA-TLX 量表数据缺失，为不影响实验结果，故不使用此被试的工作负荷量表相关数据）选择工作负荷因素的权重相加，以精神需求为例，左侧柱状图表示原始设计方案中精神需求所占权重（1.93），右侧柱状图表示迭代设计方案中精神需求所占权重（2.13），为方便直观地分析对比，将图 6-22 的横轴等比放大 100 倍，实际图示所显示的原始设计方案中精神需求的权重为 193；纵轴条形的高度表示所有被试（$n=9$）对工作负荷每一个因素的打分之和，以精神需求为例，左侧柱状图表示原始设计方案中被试对精神需求的打分之和（97），右侧柱状图表示被试对迭代设计方案中精神需求的打分之和（106）。

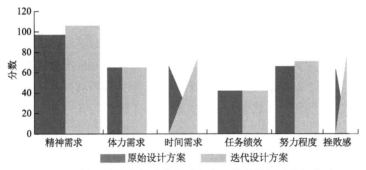

图 6-22　原始设计方案与迭代设计方案工作负荷权重和打分对比

在使用原始设计方案和迭代设计方案时，被试对体力负担和任务绩效的打分是相同的，分别为 65 分和 42 分，但是在迭代设计方案中，体力需求对被试的影响更大，说明被试在使用迭代设计方案时，可能因为获取了更多的信息而增加了对自适应巡航控制功能操作的影响；在工作负荷的时间需求方面，虽然相较于原始设计方案，迭代设计方案的打分更高、负荷更大，但是所占权重却更小，说明在迭代设计方案中，对于由于获取更多信息所带来的时间紧迫感，驾驶员认为影响不大；在工作负荷的精神需求、努力程度和挫败感方面，迭代设计方案的总体权重和打分都高于原始设计方案，其中迭代设计方案中的挫败感的分数要明显高于原始设计方案，可能是在驾驶过程中，迭代设计方案提供的信息与被试所了解到的自适应巡航控制功能提供的信息不符，被试在很短的时间内不能有效理解信息代表的含义，造成挫败感增强。

我们综合考虑工作负荷的六个方面中每个方面的权重和打分，得出迭代设计方案的总体工作负荷的加权平均值，如图 6-23 所示。迭代设计方案的加权平均值（$\overline{X}$=8.25）要大于原始设计方案的加权平均值（$\overline{X}$=7.56），说明被试在使用迭代设计方案时的总体工作负荷要高于原始设计方案。

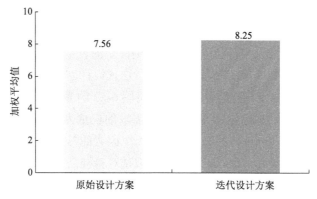

图 6-23 不同设计方案的工作负荷加权平均值对比

由图 6-24 可以看出，迭代设计方案中的体力需求、时间需求和任务绩效的工作负荷加权平均值要低于原始设计方案，虽然标准误差要大于原始设计方案，但不具有显著性；在精神需求、努力程度和挫败感三个方面，迭代设计方案的工作负荷的加权平均值要高于原始设计方案。除时间需求

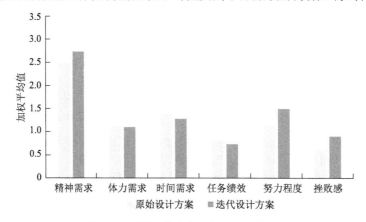

图 6-24 不同工作负荷的加权平均值对比

和挫败感以外，原始设计方案中的标准误差都大于迭代设计方案，说明原始设计方案中被试的打分范围波动较大，但差异不是很大。

被试在执行任务过程中，精神需求方面的负荷是最大的，说明被试在执行任务过程中需要非常大的精力获取外部环境信息，感知、理解、预测车辆行驶状态，且通过权重结果可以看到被试认为精神需求对于评估整体工作负荷来说是非常重要的；在努力程度方面，迭代设计方案中的加权平均值（$\overline{X}$=1.50）要远高于原始设计方案（$\overline{X}$=1.16），说明被试使用迭代设计方案需要付出的努力要大于原始设计方案；任务绩效的加权平均值较小，说明驾驶场景较为简单，被试可以很容易地将车辆保持在当前车道上行驶。

综上可以看出，迭代设计方案给驾驶员提供了相比原始设计方案更多的信息，在更大程度上让驾驶员获取到了他们认为重要的信息，也在一定程度上增加了驾驶员的工作负荷。然而，并不是一味地降低驾驶员工作负荷的设计就是好的设计，在简单的驾驶场景中，需要在一定程度上增加驾驶员的工作负荷，只有如此才能使驾驶员的精力高度集中，进而提高驾驶安全性。

第3篇　智能汽车交互设计案例

第7章　智能汽车 HMI 设计案例

7.1　智能汽车 HMI 设计研究

　　智能座舱内的 HMI 设计主要涉及的屏幕有仪表盘、中控屏、信息系统显示屏、抬头显示器、内外后视镜、后排屏和侧窗屏等。随着展示信息的多样化和智能化，智能座舱对于信息高效化、车内娱乐化、协作同步化等方面的需求越来越多，多屏互动成为势不可挡的趋势。座舱内的多屏互动是指各个屏幕之间以信息互联的方式连接起来，让信息随场景和用户需求的不同形成动态的信息架构。

　　多屏互动的优势如下：首先，能比单一的触控屏提供更大的显示面积，将更多有效信息进行展示；其次，能根据用户的需要产生更强的互动；最后，支持座舱内不同用户身份需求的个性化定制，产生更强的互联性，为座舱设计创造更多的可能。未来的多屏联动或跨屏联动会结合更多的科技屏进行设计，比如，越来越高的分辨率、更加精准的还原度、更大的可视角度，甚至曲面屏、异形全面屏等技术，为屏幕带来了颠覆性变革。

　　根据目前座舱内的信息显示屏分析，智能座舱舱内多屏分布如图 7-1 所示。

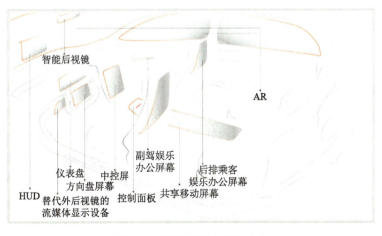

图 7-1　智能座舱舱内多屏分布

1）仪表盘。仪表盘是座舱中最主要的信息输出空间，车辆各种状态信息、系统工作信息，以及驾驶员操作反馈信息主要显示在仪表盘上。仪表盘位于驾驶员前方视线之下，使得驾驶员能够方便地实时监控车辆信息。随着技术的发展，传统机械仪表盘逐渐向数字仪表盘发展，使仪表盘在信息显示上也具有了交互性，用户可以通过设定来选择仪表盘显示信息，但无论如何，仪表盘首先要能够对驾驶信息与车辆信息进行呈现。

2）中控屏。中控屏是信息系统显示屏上方的一块屏幕，它比信息系统显示屏高，位于方向盘右侧，驾驶员在获取信息时不需要低头，只需要略微转头便可获取。因此，相较于信息系统显示屏，中控屏更适合显示一些行驶过程中与驾驶任务相关或者一些非驾驶任务的信息，比如，车辆倒车时的倒车影像。

3）信息系统显示屏。信息系统显示屏的位置不在驾驶员主要视线范围内，且距离驾驶员双手操作位置稍远，因此信息系统显示屏主要承载了一些非驾驶任务信息，如音乐控制、空调控制、系统参数设置等。在基于自适应巡航的场景中，每次车启动，自主紧急制动功能与盲点监测两种辅助驾驶功能都默认为开启状态，行驶过程中没有过多控制性信息需要操作，因此将两者的参数设定信息放在信息系统显示屏上，主要为功能开启设置以及提醒频率设置等基本参数设定。

4）抬头显示器。在车辆驾驶中，汽车界面信息过载会对驾驶员驾驶产生不利影响。研究显示，当驾驶员处理一项困难的认知任务（如加法）时，他会集中注视正前方而减少观看周边（如后视镜、设备）的时间。抬头显示器的优势是最接近驾驶员的注视点位置，避免了驾驶员低头或者转头，信息可以被快速获取，同时驾驶员仍然可以继续关注前面的路面信息。因此，一些紧急信息可以通过抬头显示器呈现给驾驶员，使驾驶员快速获取危险信息，从而及时做出反应。

5）内外后视镜。内外后视镜是驾驶员获取后方信息的主要方式。在变道场景中，驾驶员对后方视野中的信息存在视觉盲点，因此在变道场景的设计中，可以将盲点信息与内外后视镜结合起来考量，使驾驶员在查看后视镜的时候能立即获得周围环境信息，减少盲点事故风险。在智能车辆中，左右后视镜可承载盲点检测等功能，也可退化为车内的数字后视镜。车辆内后视镜可扩充为增加了前后防撞提醒功能及娱乐控制功能的多功能数字后视镜。

6）后排屏。后排屏是放置在前排座椅的头枕后部的显示屏，在模拟器中可以给乘客播放视频，供乘客游戏和娱乐等。

7）侧窗屏。侧窗屏的概念是基于未来驾驶座舱而提出的，主要供主驾驶人员使用，可用作查看盲点区域和呈现附近信息，为用户提供多方位导航信息。在部分概念车中，驾驶员位置的车窗屏可执行身份鉴别等功能。

智能座舱的多屏联动指的是将功能从中央位置以中控屏幕为基础，增加副驾驶及后排娱乐系统，HMI 设计应考虑更多同乘人的体验、需求，如图 7-2 所示。

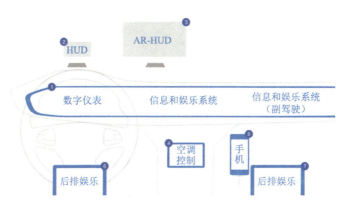

图 7-2　智能座舱跨屏布局

在各屏幕承载的信息分布方面，智能座舱更加强化和完善娱乐及社交相关的信息及服务，同时提升驾驶员、副驾驶以及后排乘客的使用体验，如图 7-3 所示。

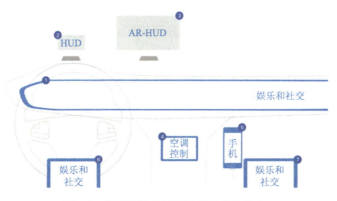

图 7-3　智能座舱各屏幕承载的信息分布

7.1.1　自适应巡航控制典型应用场景设计

智能汽车自适应巡航控制典型驾驶场景是由 ACC 功能场景（自动驾驶场景），道路特点，AEB、基于位置的服务（location based services，LBS）

功能场景（辅助功能触发场景），网络信息场景共同组成的，彼此之间的关系如图 7-4 所示。

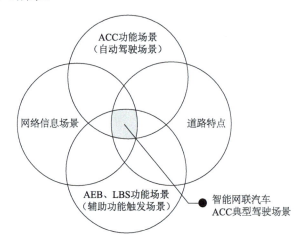

图 7-4　智能汽车自适应巡航控制典型应用场景

本研究以自适应巡航控制功能的应用场景为主，结合其他辅助功能的应用场景，探索它们之间的联系。同时，根据不同道路的特点，选取较为常见、危险的驾驶场景，从而设计智能汽车自适应巡航控制典型应用场景。

1. 城市道路自适应巡航控制典型应用场景设计

在城市道路中，自适应巡航控制系统可以使驾驶员在拥堵的车况中解放双脚，车辆自动跟随前车行驶，可以实现车辆由行驶状态减速至停止，若几秒钟内前车启动，则本车继续跟随巡航。本研究设计了定速巡航切换成跟随巡航、前车紧急刹车、红绿灯路口 3 个事件，组成了城市道路自适应巡航控制的典型应用场景，如图 7-5 所示。

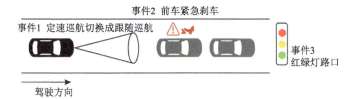

图 7-5　城市道路自适应巡航控制的典型应用场景

该应用场景中包含的内容如下：①城市道路上用户正常使用自适应巡航控制的场景，其中涉及了自适应巡航控制应用场景中的接近前车场景、巡航模式切换功能；②巡航状态下前车紧急刹车，自适应巡航控制系统无法应对，

需要自动紧急制动系统辅助的危险场景,其中涉及了自适应巡航控制功能与
AEB 功能协作使用的应用场景;③自适应巡航控制功能开启的情况下如何
通过红绿灯路口的危险场景,设计这一场景的目的是对网联信息辅助与自适
应巡航控制功能的协作使用场景进行研究。对自适应巡航控制应用的复
杂场景进行设计,可以为之后探寻用户在这类复杂场景中的人机交互设
计奠定基础。

2. 高速公路自适应巡航控制典型应用场景设计

相较于城市道路,高速公路的路况简单,在高速公路使用定速巡航,
能够更好地代替驾驶员控制车速,减轻驾驶疲劳。本研究设计了开启自适
应巡航控制系统的道路限速、下雨、盲点车辆、前方道路施工、变道 5 个
事件,组成了高速公路自适应巡航控制的典型应用场景,如图 7-6 所示。

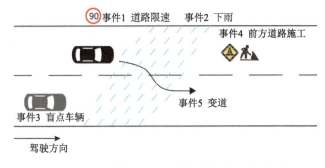

图 7-6　高速公路自适应巡航控制的典型应用场景

该应用场景中包含了高速公路上用户正常使用自适应巡航控制的场
景,也包含了与网联信息相关的道路限速、恶劣天气影响、前方道路施工
等情况。我们通过对这些场景的研究,探寻自适应巡航控制与相关网联信
息之间的关系,从而为研究用户在这类场景中的交互设计奠定基础。另外,
该应用场景中也涉及了用户在高速公路上变道的危险场景,从而对自适应
巡航控制系统与盲区预警系统协同使用的驾驶场景进行研究。

3. 自适应巡航控制典型应用场景中用户旅程图分析

为了深入了解自适应巡航控制应用场景中人、车、环境之间的关系,
下面将以用户旅程图的方式,通过文字及图片对自适应巡航控制应用场景
中的环境变化、驾驶场景、驾驶员行为、车辆行为进行描述,最终以流程
图的形式进行梳理。同时,在分析的过程中,对每个环节中用户的需求、
痛点进行分析,从而提出该场景中存在的设计点,为设计出满足用户需求

的汽车人机交互界面提供参考。

4. 城市道路自适应巡航控制典型应用场景中用户旅程图分析

针对城市道路自适应巡航控制典型应用场景，下面将对该场景中的环境变化、驾驶场景、驾驶行为、车辆行为做详细分析，并在此基础上得到该场景中用户的需求、痛点和设计点，如表 7-1 所示。

表 7-1　高速公路场景分析

高速公路 ACC 典型驾驶场景用户旅程图		
驾驶事件	事件1　道路限速 ⑨⓪ → 驾驶方向	事件2　下雨 → 驾驶方向	事件3　前方道路施工 → 驾驶方向
环境变化	车辆进入高速限速路段	遇上恶劣天气	车辆遇上突发事件
驾驶场景	时间轴 v_A>90km/h A车定速巡航　A为本车 v_A>90km/h A车定速巡航 ⑨⓪	时间轴 v_A>90km/h A车定速巡航　A为本车 v_A>90km/h A车降低车速，定速巡航	时间轴 A为本车　B为相邻车道车辆 A车定速巡航 A车变道，但盲区内有车辆
驾驶行为	1. 驾驶员开启 ACC 功能 2. 驾驶员设定巡航车速 3. 驾驶员没有注意到道路限速信息	1. 驾驶员未能及时对前车车速做出准确判断 2. 驾驶员没有立即进行制动	1. 驾驶员距离施工地点较近时才发现前面道路施工需要变道 2. 驾驶员准备变道，但未发现盲区内有车辆 3. 驾驶员发现危险后，减速停止变道
车辆行为	1. 车辆获取道路限速信息 2. 当前车速超过道路限速，但 ACC 系统不能根据网联获取的道路信息做出反应，继续按照设定的巡航车速行驶	1. 车辆获取天气情况信息 2. ACC 系统不能根据天气情况信息做出反应，继续按照设定的巡航车速行驶	1. ACC 系统无法检测前方静止障碍物，继续定速巡航行驶 2. BLIS 系统获知驾驶员变道行为，监测到盲区内有车辆 3. 驾驶员刹车后，ACC 功能失效，处于待机状态
需求	1. 驾驶员希望能实时获取道路信息 2. 当驾驶行为违反交通法规时，驾驶员想获得提醒	1. 当驾驶情况比较危险时，驾驶员希望获得提醒 2. 驾驶员想知道安全的巡航速度	1. 驾驶员想提前知道高速公路突发状况，从而能提前规划路线，避免危险 2. 发生危险时，驾驶员希望能获得提醒，或者由车辆辅助他避免危险

续表

痛点	1. ACC 系统目前只能根据周围车辆信息进行控制，还不能结合道路网联信息进行联合控制 2. 车辆自动控制车速的时候，驾驶员容易减少对周围环境的监视，注意不到一些道路信息	1. 在恶劣天气情况下，应适当降低巡航车速，增加跟随车距或者关闭巡航功能 2. 驾驶员不一定能决策出较为安全的车速或者跟车距离 3. 车速过快容易发生事故	1. 雨天视线差，驾驶员不容易发现前方路况 2. 一些高速公路突发情况信息不能及时告知驾驶员 3. 变道时，盲区车辆不易被发现，容易发生事故
设计点	1. 通过人机界面设计，将车辆能获取的网联信息反馈给驾驶员，让驾驶员及时做出反应 2. 当网联信息对 ACC 系统有影响时，通过人机界面反馈给驾驶员 3. 驾驶员能够根据个人习惯和喜好对辅助功能进行设置	1. 当遇到恶劣天气时，通过人机界面设计提醒驾驶员降低巡航车速或者增加跟车距离，当 ACC 功能使用比较危险时，提醒驾驶员关闭该功能 2. 人机交互设计需考虑驾驶员的习惯和喜好，提供各功能使用的偏好设置	1. 通过网联功能获取高速公路信息或突发事件情况，提前告知驾驶员，给出路线规划建议 2. 变道时，若盲区内有车辆，通过人机界面设计及时提醒驾驶员有危险

我们通过驾驶流程图的形式描述了智能网联汽车辅助驾驶系统自适应巡航控制、AEB 和 BLIS 的典型使用工况，设计并描述了具体的城市道路和高速公路驾驶场景，运用故事板的形式分析了在这些驾驶场景中辅助驾驶系统的功能启用状态下驾驶员与系统的交互和操作。

7.1.2　智能汽车自适应巡航控制典型应用场景中的 HMI 设计

1. 信息梳理

HMI 交互设计就是构建人与机器的有效信息传递，因此明确信息内容是进行后续设计的基础之一。信息内容可以通过用户使用场景、用户任务及产品功能来明确。根据前文对智能汽车各项功能的分析，以及基于自适应巡航控制的典型应用场景分析，将其间涉及的所有信息进行罗列，这一过程中可以采用发散性思维，不必考虑每条信息之间的关系，而是尽可能地保证所有信息的完整度。图 7-7 所示为基于自适应巡航控制典型应用场景的智能汽车信息内容。

2. 信息流程设计

人机交互设计的目的是实现人与机器之间信息的有组织的输出和输入，依据典型应用场景中的场景流程，分别对其中的交互信息进行梳理，并以信息流程表的形式呈现，如表 7-2 和表 7-3 所示。

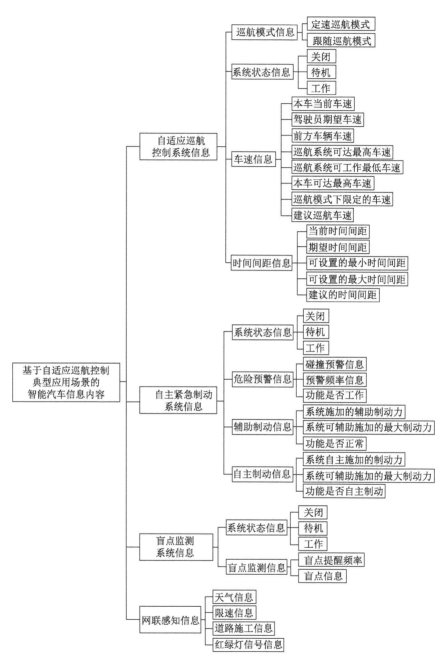

图 7-7 基于自适应巡航控制典型应用场景的智能汽车信息内容

表 7-2　城市道路 ACC 典型应用场景信息流程表

驾驶事件	场景	主要涉及的常显示信息	主要涉及的触发信息
事件1 定速巡航切换成跟随巡航	A为本车　B为前方车辆 $v_A > v_B$　A车定速巡航	ACC 系统启用状态、定速巡航模式、当前本车车速、设定的巡航车速、ACC 偏好设置信息	
	$v_A > v_B$　A车开始减速	ACC 系统启用状态、跟随巡航模式、当前本车车速、前车车速、设定的巡航车速、安全时距、ACC 偏好设置信息	
	$v_A = v_B$　A车跟随巡航	ACC 系统启用状态、跟随巡航模式、当前本车车速、前车车速、设定的巡航车速、安全时距、ACC 偏好设置信息	
事件2 前车紧急刹车	$v_A = v_B$　A车跟随巡航	ACC 系统启用状态、AEB 系统待机状态、跟随巡航模式、当前本车车速、前车车速、设定的巡航车速、安全时距、ACC 偏好设置信息	
	v_B速度骤减　A车减速	ACC 系统启用状态、AEB 系统启用状态、跟随巡航模式、当前本车车速、前车车速、设定的巡航车速、安全时距、ACC 和 AEB 偏好设置信息	AEB 碰撞预警信息
	A车紧急制动	ACC 系统待机状态、AEB 系统启用状态、当前本车车速、ACC 和 AEB 偏好设置信息	AEB 碰撞预警信息、AEB 自主制动信息
事件3 红绿灯路口	A为本车　B为前方车辆 $v_A = v_B$　A车跟随巡航	ACC 系统启用状态、跟随巡航模式、当前本车车速、前车车速、设定的巡航车速、安全时距、ACC 和网联功能偏好设置信息	红绿灯信息
	v_B变大　B车加速通过红绿灯	ACC 系统启用状态、跟随巡航模式、当前车速、前车车速、设定的巡航车速、安全时距、ACC 和网联功能偏好设置信息	红绿灯信息、危险信息
	A车紧急制动	ACC 系统待机状态、当前车速、ACC 和网联功能偏好设置信息	红绿灯信息、危险信息、系统建议信息

表 7-3 高速公路 ACC 典型应用场景信息流程表

驾驶事件	场景	主要涉及的常显示信息	主要涉及的触发信息
事件1 道路限速	v_A>90km/h　A车定速巡航　A为本车	ACC 系统启用状态、定速巡航模式、当前本车车速、设定的巡航车速、ACC 偏好设置信息	
	v_A>90km/h　A车定速巡航	ACC 系统启用状态、定速巡航模式、当前本车车速、设定的巡航车速、ACC 和网联功能偏好设置信息	道路限速信息
事件2 下雨	v_A>90km/h　A车定速巡航　A为本车	ACC 系统启用状态、定速巡航模式、当前本车车速、设定的巡航车速、ACC 偏好设置信息	
	v_A>90km/h　A车降低车速，定速巡航	ACC 系统启用状态、定速巡航模式、当前本车车速、设定的巡航车速、ACC 和网联功能偏好设置信息	天气情况信息、建议巡航车速信息、ACC 系统使用建议信息
事件3 前方道路施工	A为本车　B为相邻车道车辆　A车定速巡航	ACC 系统启用状态、定速巡航模式、当前本车车速、设定的巡航车速、ACC 和网联功能偏好设置信息	前方道路施工信息、系统变道建议信息
	A车变道，但盲区内有车辆	ACC 系统待机状态、BLIS 系统启用状态、当前本车车速、ACC 和网联功能偏好设置信息	系统变道建议信息、盲点危险提醒信息

3. 信息表现设计

信息虽然是无形的，但它又是具体的，信息表现就是将没有实体形态的信息通过图片、文字、声音、触感等形式传达，变成人们易于接收、理解的信息。信息表现是车内信息设计中非常重要的一部分，它基于驾驶员驾驶任务场景展开。

在自适应巡航场景下的智能汽车信息设计中，各类常显信息以图形与数字结合的表现形式呈现，触发类信息以图形和声音的形式呈现，表 7-4 列举了几种智能汽车 ACC 典型应用场景中信息的种类及其常见表现形式。

表 7-4 智能汽车 ACC 典型应用场景中的信息种类及其常见表现形式

信息	表现形式
ACC、AEB、BLIS 系统工作状态	图形
ACC 巡航模式	图形
ACC 车速信息	数字
ACC 时间间距信息	图形
AEB 碰撞预警信息	图形、声音
BLIS 盲点危险信息	图形、声音
ACC、AEB、BLIS 系统和网联功能偏好设置信息	图形、数字、文字

4. 汽车多屏联动显示空间设计

随着车内数字化的发展，中控操作渐渐呈现出大屏交互趋势。根据目前汽车座舱内的信息显示屏分析，主要涉及的屏幕有仪表盘、HUD（包含 W-HUD 和 AR-HUD）、信息系统显示屏、信息系统显示分屏、内外后视镜和 A 柱等，它们的分布如图 7-8 所示。

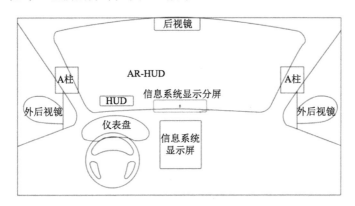

图 7-8 车内多屏联动显示空间

我们根据不同场景、不同交互环境，针对车内多屏制定设计标准，减少多屏、多信息流给驾驶员带来的认知负荷，同时结合多个屏幕有效传达信息，并提高信息传达的效率。本研究对 ACC 典型应用场景中屏幕的使用进行了选取与设计，下面以城市道路 ACC 典型应用场景多屏联动显示空间流程为例进行展示，如表 7-5 所示。

表 7-5　城市道路 ACC 典型应用场景多屏联动显示空间流程表

	场景		仪表盘	HUD	信息系统显示屏
时间轴	定速巡航切换成跟随巡航		使用		使用
			使用		使用
			使用		使用
	前车紧急刹车		使用		使用
			使用	使用	使用
			使用	使用	使用
	跟随前车巡航即将通过前方路口		使用		使用
			使用	使用	使用
			使用	使用	使用

5. 智能汽车自适应巡航场景原型设计

汽车 HMI 设计需要考虑可用性、驾驶员注意力分散和接受度三大要素。可用性指的是用户的可学习性、使用效率、可记忆性等。下文的界面设计力求使用易懂的图标，降低用户的学习成本，并直观地将信息呈现给用户。驾驶员注意力分散则是影响驾驶安全的重要因素，也是汽车 HMI 设计考量的核心因素。为了遵循"眼不离路，手不离方向盘"的原则，我们在设计中将主要交互界面都放在了 HUD 与仪表盘上，并将交互按键集成在了方向盘之上，目的是让驾驶员能迅速、有效地完成信息读取和操作，减少驾驶中的注意力分散。又如，使用无衬线字体，使驾驶员能够一目了然地读取信息，降低工作负荷。接受度则有赖于驾驶员的实际使用，由于时间和资源的限制，仍有待于在将来进行测试和研究。

在目前市场上已实现 ACC 功能量产的车辆中，ACC 的功能信息主要分布在仪表盘，借助方向盘物理硬件进行操作和调节。

下面以 ACC 正常使用场景原型设计为例，阐述该场景下的原型设计，如图 7-9 所示。在 ACC 正常使用场景中，驾驶员主要通过仪表盘和方向盘区域与车机系统进行交互。

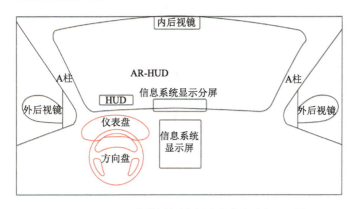

图 7-9　ACC 正常使用场景多屏联动显示交互区域

如图 7-10 所示，ACC 系统的工作状态通过图标颜色来显示，关闭状态时图标不显示，待机状态时呈现灰色，工作时则实色显示。仪表盘中间车道车辆图标代表本车与本车道，通过俯视图视角呈现车辆周围的环境状况。若本车图标前出现另一个车辆图标，则表示前方有目标车辆，本车处于跟随巡航状态，若没有车辆则为定速巡航状态。车辆图标前的三条横线表示时间间距，有 1—3 个时间间距可选，可选范围通过灰色线条表示，实际设定的时间间隔用实色表示，三条线表示跟车距离远，一条线表示跟车距离近。仪表盘中间数字表示本车当前车速，下面的数字表示驾驶员设定的巡航车速。

如图 7-11 所示，通过方向盘上面的三角形按键可以对巡航跟车距离进行调整，"+""-"按键可以对巡航车速进行调整，自适应巡航功能按键可以开启或关闭该功能。

在巡航车速超过道路限速场景的原型设计中，驾驶员主要通过仪表盘、方向盘和 HUD 区域与车机系统进行交互。

车辆在正常行驶时，车速颜色为绿色，在当前车速超过该路段限定速度时，限速标志亮起，同时车速颜色变为黄色，以提醒驾驶员当前车速存在危险。此外，也会通过声音提醒一次驾驶员当前车速已超速。若驾驶员

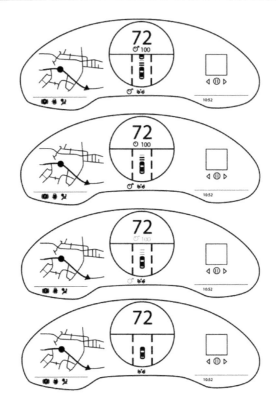

图 7-10　正常驾驶场景仪表盘原型设计

图 7-11　正常驾驶场景方向盘原型设计

没有减速，系统短时间内不会再次进行声音提醒，但限速信息会一直显示在仪表盘上。

6. 智能汽车自适应巡航场景界面设计

界面是驾驶员与汽车进行沟通的桥梁，人机界面决定了驾驶员如何输入信息，如何接收和理解车辆的信息输出以及监视汽车系统的状态，因此界面设计的好坏将影响车内信息系统的可用性。界面设计主要包含了界面布局设计及可视化设计。界面布局主要是指将繁多的功能信息进行有效的排布，使其符合驾驶员的认知特点，好的界面布局可以大大缩短驾驶员搜索信息的时间，从而减少驾驶员注意力分散。可视化设计决定了界面信息的易读性和界面的美观性，好的可视化设计可以提升驾驶员的体验，使其在行驶过程中保持愉悦的心情。

在界面布局设计中，模块化的视觉信息显示能够有效节省用户的认知资源，提高用户处理信息的效率和准确性。当然，也可以采用信息模块来构建，即将相似的内容以一定模块有规律地分布于界面中。

在仪表盘界面中，主要包含的信息有车辆传感器信息、自适应巡航控制系统相关信息、盲点监测信息、碰撞预警信息、警示信息、网联信息。这些信息基本都与驾驶任务相关，因此可以作为一个大模块出现在仪表盘界面中，其中自适应巡航功能作为车辆纵向上速度控制的功能与车速相关，碰撞预警信息和网联信息中的限速信息也与车速相关，因此驾驶车速、碰撞预警、自适应巡航、限速信息可以作为一个小模块组合在一起。盲点监测和与盲点监测相关的提示信息可以作为小模块组合在一起。车辆传感器探测的其他信息，如油量、安全带、车门等信息又可以作为一个模块组合在一起。智能网联汽车的自适应巡航场景仪表盘界面布局设计，如图 7-12 所示。

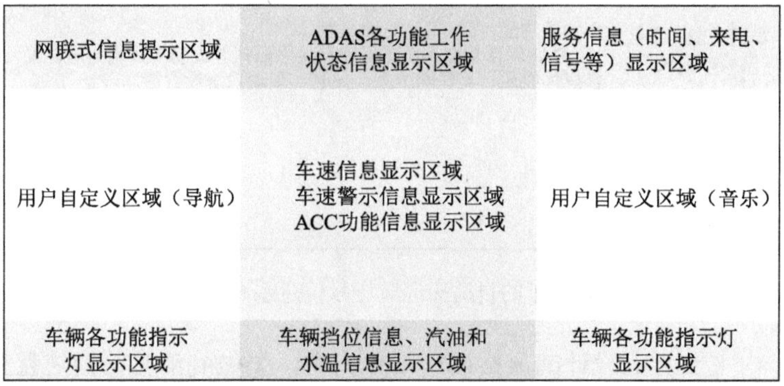

网联式信息提示区域	ADAS各功能工作 状态信息显示区域	服务信息（时间、来电、 信号等）显示区域
用户自定义区域（导航）	车速信息显示区域 车速警示信息显示区域 ACC功能信息显示区域	用户自定义区域（音乐）
车辆各功能指示 灯显示区域	车辆挡位信息、汽油和 水温信息显示区域	车辆各功能指示灯 显示区域

图 7-12　智能网联汽车的自适应巡航场景仪表盘界面布局设计

根据前文的分析，HUD 显示主要包含碰撞危险信息、车速危险提示信息、跟车距离危险提醒信息、网联感知信息。这些信息都为危险情况下的触发信息，且与驾驶任务相关，因此可以作为一个大模块组合在一起。其中，跟车距离与跟车状态相关，可以作为一个小模块；车速相关信息可以作为一个小模块；造成危险的各类触发信息又可以作为一个小模块。智能网联汽车的自适应巡航场景 HUD 界面布局设计，如图 7-13 所示。

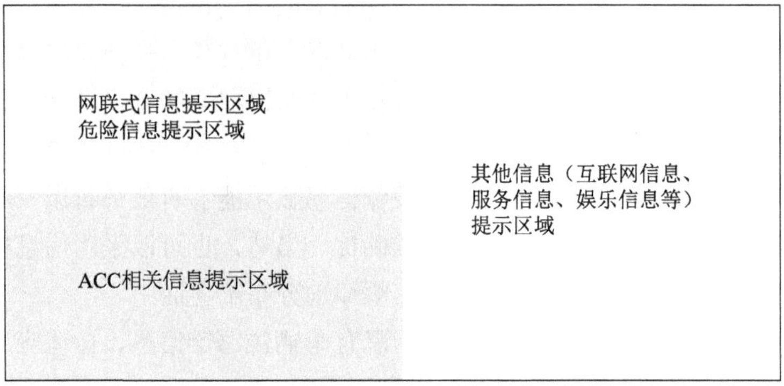

网联式信息提示区域
危险信息提示区域

其他信息（互联网信息、服务信息、娱乐信息等）提示区域

ACC相关信息提示区域

图 7-13　智能网联汽车的自适应巡航场景 HUD 界面布局设计

信息系统显示屏主要包含了各类辅助驾驶功能的设置信息，这些设置信息可以作为一个信息模块。此外，信息系统显示屏还包含了娱乐、车辆功能控制、导航等信息。智能网联汽车的自适应巡航场景信息系统显示屏界面布局设计，如图 7-14 所示。

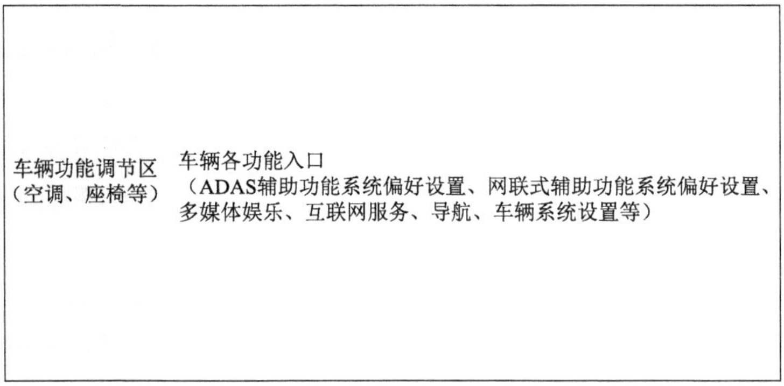

车辆功能调节区
（空调、座椅等）

车辆各功能入口
（ADAS辅助功能系统偏好设置、网联式辅助功能系统偏好设置、多媒体娱乐、互联网服务、导航、车辆系统设置等）

图 7-14　智能网联汽车的自适应巡航场景信息系统显示屏界面布局设计

车内主要界面设计的风格以扁平化为主，要做到清爽、简洁且呈现科技感。颜色设计主要运用于各功能使用状态显示以及危险信息提示。但当各辅助系统处于关闭状态时，图标完全透明，不显示颜色；当其处于待机状态时，图标以半透明显示；当其处于工作状态时，图标完全不透明。在危险信息提示上，正常工作状态下，车速呈绿色；有危险的情况下，车速呈黄色；非常危险的情况下，车速呈红色。其他危险提示信息也可以黄色

表示，起到危险提醒的作用，红色表示需要紧急制动。

我们选取仪表盘进行了关键界面设计，图 7-15 为车辆跟随前车巡航时的仪表盘界面。

图 7-15　车辆跟随前车巡航时的仪表盘界面

图 7-16 为本车以 85km/h 定速巡航超速时的仪表盘界面，相较于正常状态，表盘中央出现限速标志，速度表盘外围的光圈由蓝色转变为红橙色。

图 7-16　定速巡航超速时的仪表盘界面

7.2　智能汽车车外屏交互设计案例

7.2.1　车外交互系统组成

车外交互系统涉及多个子系统，系统功能的实现需要人、车、环境等要素综合作用。在设计过程中，对这些设计要素以及系统信息交互模式进行研究，有利于完善服务流程，形成明确、有效的系统解决方案。

1. 人-车信息交互模式

　　驾驶员与车辆之间可以直接进行交互，驾驶员可以操控车窗玻璃上的屏幕对车辆进行控制，同时车辆给予驾驶员及时的反馈。驾驶员与车辆之间也可以通过手机进行间接交互，驾驶员在手机 APP 上进行相应的操作，手机 APP 将操作的相应数据通过云服务器传输给车辆，给车辆下达命令，随即车辆做出相应的反馈。

　　在整个操作过程中，用户与车辆的信息都是通过网络进行连接的，可以互相读取相应的数据，也会进行操作匹配，如图 7-17 所示。行人和乘客对于车辆并没有控制权，因此其交互模式主要体现在信息的提示与数据的接收方面。车辆可以对人的位置和其他信息进行感知，并可以做出相应的反馈提示，如图 7-18 所示。

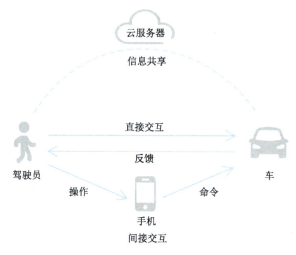

图 7-17　人-车信息交互模式（驾驶员）

图 7-18　人-车信息交互模式（行人/乘客）

2. 车-车信息交互模式

当车辆处于行进状态时，车辆与车辆之间的互动容易对驾驶安全造成影响，如前车对后车的信息提示、侧方车辆的信息提示等。车辆通过云服务器获取相互之间的车辆信息、两车之间的位置和状态信息等，并呈现在车身周围的显示屏幕上，如图 7-19 所示。

图 7-19　车-车信息交互模式

3. 车-环境信息交互模式

信息塔通过实时感知道路上的其他车辆、行人或周边静止的物体等信息，以及检测道路沿线的雪、雨、雾等气象与路况信息等，再将信息通过云服务器传递给网联汽车，从而达到信息交换，如图 7-20 所示。

图 7-20　车-环境信息交互模式

7.2.2　基于驾驶模拟器的智能汽车车外屏交互设计与实现

随着 5G 技术的逐渐成熟与发展，车联网时代的到来近在咫尺。由于功能与驾驶模式的转变，车外屏显示的应用场景、功能、位置与交互形式都将面临一定的改变。车外屏显示的主要作用对象除了本车驾驶员与其他交通工具的驾驶员外，还将囊括行人、乘客以及可能出现的会与车辆发生交互的顾客。因此，本研究主要从设计与硬件两个方面对今后车外屏的交互显示进行研究。

1. 场景分析

按照与车外屏交互的对象类型来划分，智能网联汽车车外屏的应用场景大致可以分为两大类，即与驾驶员的交互场景、与非驾驶员的交互场景。与车外屏交互的非驾驶员又可以细分为行人和乘客。从乘客的角度分析，这类角色与汽车车外屏交互的场景集中在上车和下车时。在乘客准备上车时，车外屏的交互功能主要体现在身份识别上，此时车外屏应基于识别结果给出不同的显示反馈；在乘客下车后，车外屏的显示功能重点应体现在与乘客的告别方式上。从行人的角度来分析，这类角色与汽车车外屏的交互场景主要体现在过马路车辆逐渐行驶靠近时以及行人路过停靠在路边的车辆时。在前一种情景中，车辆需要将自身的行驶意图（让行或者继续行进）通过车外屏清楚地传达给行人；在后一种情景中，停泊状态中车辆的车外屏则可以发挥广告展示或地图查询等功能。

当车辆与其他驾驶员进行信息交互时，车外屏的显示作用将主要集中在自身的状态展示。从这一角度来看，智能网联汽车车外屏面临的交互场景与现在的车辆相差无几。区别在于，未来车辆的驾驶模式将会发生改变，分为全自动驾驶、半自动驾驶与人工驾驶。另外，根据 Schroeter 等的文章[1]中提出的未来的车辆系统应该"允许社会性的表达"这一理论，我们认为未来的研究和设计应使得车辆系统能够传达与理解社会线索或背景，以便查明这些系统对改进集体决策的影响。基于此，我们认为在今后车辆的自动驾驶程度较高的条件下，构想未来的汽车在行驶过程中可能会新增的交互场景，为驾驶员将车外屏作为分享出行心情和目的地的展示平台奠定基础。

为了更加清晰、直观地展现汽车车外屏的典型交互场景，我们将上述分析梳理总结成表 7-6。

表 7-6　交互场景总结

交互对象	交互场景
乘客	上车时：身份识别 下车时：到达提醒
行人	过马路时：让行/继续行进 路过处于停泊状态的车辆时
驾驶员	车辆状态：驾驶模式；驾驶目的/心情；左/右转；制动；超车；倒车；故障；泊车

---

① Schroeter R, Rakotonirainy A. The future shape of digital cars. Proceedings of the 2012 Australasian Road Safety Research, Policing and Education Conference, 2012.

2. 用户心理分析

众多研究表明，相对于人类驾驶的车辆，无人驾驶车辆更容易使人产生迷惑和恐惧的情绪。其中一个重要原因是人们往往无法确定无人驾驶的车辆是否已经看到了自己，以及接下来它会做出怎样的反应。显示设计如何实现人与智能网联汽车的有效"沟通"，从而提高人们的安全感以及对智能网联汽车的接受度？

作为乘客而言，在上下车情境中，其内心需要获得的是一种被欢迎、被重视的感受，希望能够以主人的身份获得迎接以及恭送的服务。基于此，我们可以考虑设计一种车灯的显示形态向乘客表示欢迎，以及在车辆腰线处（车门位置）设置灯光，通过不同的灯光样式来表现车辆带有情感的问候。

作为行人而言，在过马路时，特别是没有红绿灯或者斑马线的路段，其内心关注的重点是车辆是否能感知到自己？它是否会在安全距离内减速或刹车让自己通过？如若不然，它是否会发出一些继续行驶、不停车的信号？等等。基于此，我们可以考虑在车辆前脸处设置灯光，通过灯光的颜色变化表现车辆与行人之间的距离变化，通过灯光的样式来体现车辆的驾驶意图。

作为其他交通工具的驾驶员而言，其心理需求与现在普通驾驶员的需求并没有产生比较大的差异，可能令其感到困惑的在于附近车辆的驾驶模式。基于此，我们可以考虑在车顶处显示车辆当前是手动驾驶或者自动驾驶模式。驾驶员可以将车辆当作社交平台，分享出行心情或目的，例如，在车外屏上显示"匆忙""放松的家庭自驾游""探索城市""我在去派对路上"等信息。这些信息的分享，有助于其他驾驶员做出更加合理的驾驶决策，比如，为显示"匆忙"信息的车辆让路等。

从显示形式上看，通常来讲，纯灯光显示表现出的意图比较模糊，很可能使人感到困惑或者不能立即反应过来其代表的含义。基于此，我们可以结合车展上一些车外屏的设计展示，考虑在合适的地方放置屏幕，用图形和文字配合灯光显示的方式，使得整个车外屏交互系统更加完整、传达的信息更加清楚和明了。

（1）功能定义

根据现有车外屏的材质和位置分布，我们总结并绘制出基于位置划分的车灯功能图，如图 7-21 所示。现有车灯以卤素灯为主，分布的位置主要是车前脸两端、车尾部两端以及车身两侧。其功能主要分为 3 类：①照明类（图中橙色部分），用于为本车驾驶员照亮前方道路；②廓形类（图中黄色部分），用于向其他驾驶员表明车辆的存在与大致廓形；③信号类（图中蓝色部分），用于展示车辆的驾驶意图。

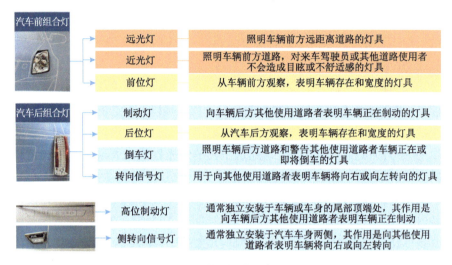

图 7-21　基于位置划分的车灯功能图

（2）功能的增加与改进

首先，从材质上分析，可以将卤素灯替换为 LED 灯，因为 LED 灯更加节能、灵活、易改变形状，能够满足不同场景的显示需求；其次，在未来的智能网联汽车驾驶场景中，由于车辆能够实时获取路面的基本情况以及附近车辆的基础参数，我们对车外屏的设计弱化了现有照明类以及廓形类功能，在保留展现车辆行驶意图的信号类功能的基础上，以场景分析为导向进行任务分析，增加了 3 种目前汽车车外屏显示不具备的功能。①加入了与行人以及乘客的交互功能；②增加了车外屏与人之间的功能性交互，比如，人脸识别检测、车辆处于停泊状态时车窗上的广告展示、地图查询等功能；③为车外屏显示增加了展示出行心情或出行目的的功能。

（3）交互方案设计

结合现有车辆的车外灯光分布位置，我们给出了车外屏交互显示媒介的类型、尺寸以及具体位置分布，如表 7-7 所示。其中，LED 灯带与 LED 屏用来进行灯光和图案的显示，展现车辆的状态以及行驶意图；交互屏是一种能够将个人计算机的屏幕投射其上，并能通过人的手指点击进行触控的屏幕。交互屏主要是用来实现车外屏的功能性交互，例如，人脸识别、广告展示、地图查询等。

表 7-7 车外屏交互显示媒介的类型、尺寸、编号及具体位置分布

显示媒介的类型	尺寸	编号	位置
LED 灯带	1m 长，30 个灯珠	LED 灯带 01	车前脸
		LED 灯带 02	车尾
		LED 灯带 03	车腰线（左侧）
		LED 灯带 04	车腰线（右侧）
LED 屏	16 灯珠×16 灯珠	LED 屏 01	车顶
		LED 屏 02	车前脸（左侧）
		LED 屏 03	车前脸（右侧）
交互屏	38cm×22cm	交互屏 01	车窗（左侧）
		交互屏 02	车窗（右侧）
		交互屏 03	车窗（车尾）

  根据前面对车辆行驶场景和功能的分析，我们总结整理出可在车外屏显示的具体功能以及与每种功能相对应的显示媒介，如表 7-8 所示。

表 7-8 车外屏显示的具体功能以及与每种功能相对应的显示媒介

功能分类	功能名称	功能场景说明	显示媒介
行人交互	让行提示	提示检测到行人，并且停车等待行人通过	LED 灯带 01；LED 屏 01，LED 屏 02，LED 屏 03
	不停车警示	提示检测到行人，但车辆有紧急任务不能停车，并显示与行人之间的距离以警示行人	LED 灯带 01；LED 屏 01，LED 屏 02，LED 屏 03
乘客交互	身份识别	对前来乘车的人进行人脸识别，对身份验证成功/失败给予相应的反馈	LED 灯带 03，LED 灯带 04；LED 屏 02，LED 屏 03；交互屏 01，交互屏 02
	乘车欢迎/到达提醒	欢迎乘客（车主）乘车；告知乘客（车主）目的地已到达，欢迎下次乘坐	LED 灯带 01；LED 屏 01，LED 屏 02，LED 屏 03
驾驶模式	自动驾驶	告知外界此时车辆的驾驶模式为自动驾驶	LED 屏 01

  基于用户心理分析以及功能定义，我们参考现有的车外屏显示形式，对每种具体功能的显示内容做出了具体的设计，包括 LED 灯带的色彩、动效，LED 显示屏的图案、文字等，并给出了同一个位置的 LED 灯带、LED 屏幕在不同场景下的显示优先级，表 7-9 展示了其中一部分功能的设计。

表 7-9　基于功能的显示内容设计

功能名称	显示媒介	具体形式	具体颜色色号	优先级
让行提示	LED 灯带 01	以 9 个灯珠为一组, 形成蓝色的渐变流水灯, 每组灯亮间隔时间为 500ms, 行人消失在检测范围后灯灭	#aafff9 #6ce9e3 #3bcac4 #278480 #195e5b	1
	LED 屏 02、LED 屏 03	检测到行人时, 两个屏幕亮起, 显示卡通的眼睛图案, 行人消失在检测范围后灯灭	#86dfda	1
	LED 屏 01	显示行人行走的动画	#86dfda	2
不停车警示	LED 灯带 01	检测到行人要穿过马路时, 灯带中间亮起橙色, 随着距离靠近, 橙色范围逐渐扩大, 扩大至整条灯带后过渡为红色, 行人消失在检测范围后灯灭	#f87840 #d22c2b	1
	LED 屏 02、LED 屏 03	检测到行人要穿过马路时, 两个屏幕亮起, 显示卡通的眼睛图案, 行人消失在检测范围后熄灭	#d22c2b	1
	LED 屏 01	显示红色文字 "watch out"	#d22c2b	2
乘车欢迎/到达提醒	LED 灯带 03、LED 灯带 04	亮起蓝色的渐变流水灯, 每个灯珠亮起的间隔时间为 10ms	#aafff9 #6ce9e3 #3bcac4 #278480 #195e5b	1

注: 表中优先级为数字越大, 优先级越高

　　设计方案与现有车外屏显示有较大区别的是, 车前脸的左右侧分别放有两块方形 LED 屏, 当作车辆的两只 "眼睛", 这样的设计使得汽车不再是一个冰冷的机器, 而是能够扮演一个拥有和人类沟通的富有自己 "情感" 的角色。例如, 当检测到行人出现在附近范围内时, 两个屏幕亮起 "眼睛" 图案, 让行人确定车辆能够感知到他们; 当乘客行走到车辆附近时, 两个屏幕显示 "眨眼睛" 的动画, 对乘客表示欢迎; 当车辆发生故障时, 两个屏幕均显示一个叉的图案, 表明车辆正处于 "休克" 状态中; 等等。LED 显示屏的形状易于改变、可塑性强, 因此可以根据车辆的外形来设计车 "眼睛" 的具体形式, 使得车外屏的显示更加和谐、整体性更强。

　　此外, 设计方案中还在车前脸处设置了一条 LED 灯带, 能够在靠近行人时通过灯珠颜色的变化来表现车辆与行人的实时距离, 使得行人能够更加形象地感知到危险程度的逐渐增加, 从而进行避让。同样, 车尾部也放

置了一条 LED 灯带，将灯带颜色的深浅与车辆的制动速度相关联，加速度越大，颜色越深，使后车司机对前车的驾驶意图更加明晰，从而及时采取应对措施。

在显示颜色和 LED 灯带动效的设计上，我们结合了人们的习惯以及现有的一些标准，较为符合大众的接受度。比如，当车辆出现故障时，两侧腰线部分的 LED 灯条呈现红色"双闪"式样；当身份识别成功时，乘客上车一侧的 LED 灯条呈现绿色"流水"式样；等等。我们用 Photoshop 软件绘制了基于交互方案的模型设计图，将各场景中的车外屏显示效果较为真实地表现出来，例如，车辆让行（图 7-22）和不停车警示（图 7-23）。

图 7-22　车辆让行

图 7-23　不停车警示

（4）硬件设计实现

我们主要使用 LED 灯条、点阵屏、单片机实现对 LED 灯条以及 LED 屏幕的显示效果控制，并结合单片机与 Unity 的通信功能，使得车外屏的显示效果能够随着 Unity 中模拟驾驶器的状态的变化而自动发生改变。

由于不同功能及不同放置位置对屏幕材质、灯珠间距的要求有所区别，在车外屏幕的显示中，我们运用了由不同芯片控制的两款 LED 点阵屏分别来显示图案和文字。对于放置在车前脸的两块用于显示图案的屏幕而言，我们选择了像素为 16px×16px 的方形全彩软屏，使其更贴合车辆的流线型曲线；对于放置在车顶的用于显示文字的屏幕而言，选择了 16×32 像素的全彩硬质屏，使其更适合显示文字。

用于显示图案的 LED 点阵屏与前面使用的 LED 灯带的灯珠都是 WS2812B 型号，因此接线与控制方式基本一致，都是采用 Arduino 单片机对其进行效果控制。稍有区别的部分是，LED 点阵屏的灯珠序号呈 "之" 字形排列，需要将显示图案变换成 16×16 的点阵，再使对应的灯珠显示相应的颜色。

文字显示程序控制流程如图 7-24 所示。首先，在取模软件中输入想要显示的文字，得到大小为 16×16 的汉字或者 8×16 的英文字符的十六进制编码，然后将其存入一个数组中，最后再通过对屏幕进行扫描，将对应的灯珠点亮，通过控制红、绿、蓝三根信号线的值来控制灯珠的色彩。

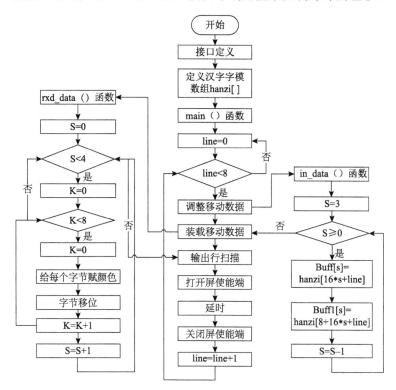

图 7-24　文字显示程序控制流程图

为了实现基于模拟驾驶器的车外屏交互动效，需要从以下两个方面完成数据传输与通信。首先，实现 Unity 与 Arduino 单片机的通信功能；其次，从 Unity 项目中获取需要的传输驾驶环境、车辆状态等数据，让 Arduino

单片机能够实时接收到相应数据，并完成对 LED 灯带及 LED 点阵屏的控制，使得车外屏交互动效能够与驾驶员的驾驶行为联动。

（5）测试与最终实现

将 LED 灯带以及 LED 点阵屏按照车外屏显示媒介分布方案固定在模拟驾驶台架上的相应位置，对一部分模拟驾驶场景下的车外屏显示内容进行测试。

最后，我们选取了以下 4 个显示媒介较为丰富的典型场景进行了测试，分别为车辆右转、车辆故障、到达提醒、乘车欢迎。

1）车辆右转。在模拟台架中，向右打方向盘，车外屏各显示媒介效果如图 7-25 所示。

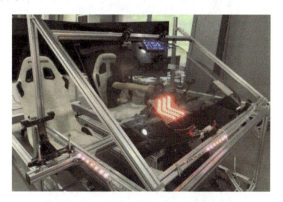

图 7-25　手动驾驶状态下的车辆右转

2）车辆故障。车外屏各显示媒介效果如图 7-26 所示，LED 灯带灯珠整体亮起，呈现出类似于"双闪"的形式，颜色为红色；前挡风玻璃上的两个 LED 屏幕亮起，显示红叉图案；前挡风玻璃正上方的 LED 屏显示文字"Trouble"。

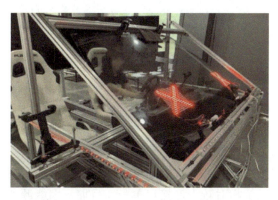

图 7-26　车辆处于故障状态

3）到达提醒。车外屏各显示媒介效果如图 7-27 所示，LED 灯带亮起蓝色渐变流水灯，每个灯珠亮起的间隔时间为 10ms；前挡风玻璃上的两个 LED 屏幕亮起，显示卡通的眨眼睛动画，30s 后熄灭；前挡风玻璃正上方 LED 屏显示文字"Bye"。

图 7-27　到达提醒

4）乘车欢迎。车外屏各显示媒介效果如图 7-28 所示，LED 灯带亮起蓝色渐变流水灯，每个灯珠亮起的间隔时间为 10ms；前挡风玻璃上的两个 LED 屏幕亮起，显示卡通的眨眼睛动画，30s 后熄灭；前挡风玻璃正上方 LED 屏显示文字"Hi"。

图 7-28　乘车欢迎

7.3　无人驾驶清扫车仪表显示信息视觉设计案例

汽车仪表是驾驶员与汽车进行交流的重要窗口，也是汽车高新技术的重要组成部分。传统汽车仪表多以指针型显示器件为主，辅以液晶显示，显示的信息量相对较少，接口单一。目前，因能源和环保问题，汽车开始从内燃机汽车时代向包括纯电动汽车、混合电动汽车以及燃料电池汽车的新能源汽车时代发展,对仪表信息显示方式及信息显示量都有了新的要求。

结合新能源汽车信息量多、电子化程度高的特点,液晶仪表的出现极大地满足了这一需求。液晶仪表与动力系统、车身信息、辅助系统紧密联系,通过图形界面的辅助,将车辆的状态、大量的零部件数据信息客观地反映给驾驶员,从而辅助驾驶员更安全、可靠、舒适地完成出行,实现了车与人的高效交互。

随着科技的进步与汽车电子技术的飞速发展,自动驾驶技术日趋成熟和可靠。作为同济大学重点孵化的科技成果,无人驾驶清扫车搭载的智能化系统由同济大学智能汽车研究所研发[①],不仅如此,还搭载了线控底盘和远程监控系统。目前,在功能模式上,该无人驾驶清扫车已经实现了固定路线清扫、广场清扫、沿路清扫等多个应用场景的使用。

该车辆在项目初始被界定为多模定义车辆(指自动驾驶、有人驾驶与远程受控模式共存的车辆),需要充分考虑到车辆在各种状态下如何显示对应的内容,以及模态切换时显示的信息及状态的透明度,考虑实时数据如何友好、快速、客观地通过液晶仪表反映给驾驶员,从而辅助驾驶员完成车辆的行驶与清扫工作。

无人驾驶清扫车的外形与普通清扫车无异,其造型如图 7-29、图 7-30 所示。但在行驶过程中,车内的驾驶员可以把双手放在膝盖上,不用操控车辆。一旦遇到障碍物,无人驾驶清扫车便会自动绕行,顺利通过后,再回到原路线。这款无人驾驶清扫车可识别前方 100m 内的障碍物,若发现在前方 8m 外有行人,车辆会立即进入预警状态。在进行清扫作业时,无人驾驶清扫车的车速为 3—5km/h,完成任务后能够自动回到停车点。在安全控制方面,该车还配置了手机 APP 功能,可实现手机与车辆的实时数据交互,如整车信息、视频数据、传感器状态、充电状态、清扫作业控制和车辆故障等。在紧急情况下,后台监控人员可通过观测前方的视频图像,对车辆做出决策控制。同时,车辆还设置了"有人/无人"双模式智能驾驶,在无人驾驶模式下,驾驶员可通过脚踩制动踏板或转动方向盘,自动切换到"人工模式"驾驶,并告知上层控制器和后台服务器终端,确保车辆的安全性。

---

① Made in Tongji 智能驾驶电动清扫车闪亮登场.(2018-08-03). https://www.sohu.com/a/ 245074492_407277[2022-05-10].

图 7-29　无人驾驶清扫车外形造型

图 7-30　无人驾驶清扫车车舱内部

7.3.1　无人驾驶清扫车仪表界面需求

仪表盘是车辆座舱中最主要的信息输出空间，车辆的各种状态信息、系统工作信息，以及驾驶员操作反馈都主要显示在仪表盘上。仪表盘位于驾驶员前方视线之下，使得驾驶员能够方便地实时监控车辆信息。

在无人驾驶清扫车自动驾驶的过程中，仪表盘上的信息较多，而且无人驾驶清扫车包含两种模式，即手动驾驶模式和自动驾驶模式。同时，又考虑到无人驾驶清扫车的座舱较为狭窄，所有的设计和完整的数据元素需要在一个界面上进行展示，其中包括控件的多状态显示元素的展示和车辆行驶过程中的多驾驶场景显示元素的展示，我们对无人驾驶清扫车的仪表盘所需显示数据进行了名称、描述、单位及范围的定义，如表 7-10 所示。

表 7-10　无人驾驶清扫车显示数据列表

名称	描述	单位	范围	备注
总里程	车辆行驶累计里程	km	0—99999999	
预行里程	当前 SOC（state of charge，剩余电量）下可预计行驶里程	km	0—500	
挡位	挡位为 P/R/D		P/R/D	
车速	当前车辆速度	km/h	0—50	为指针显示，当车速在 0—20km/h 时，正常颜色（白色）；车速超过 20km/h，颜色由淡黄色渐变为红色，直至 50 刻度处
车辆模式	人工驾驶、自动行驶和远程受控			三种模式不能并存，在仪表界面中只能显示其一
电池电压	电池包电压	V	0—100	为指针显示，当电池电压在 0—70 V 时，正常颜色（白色）；电池电压超过 70V 时，颜色由淡黄色渐变为红色，直至 100 刻度处
电池电流	电池包电流	A	0—200	有小数显示
电池温度	电池包均温	℃	-40—210	
电池电量	电池剩余电量	%	0—100	为指针显示，当电池 SOC < 20%时，由淡黄色渐变为红色，直至 0 刻度处；当 SOC > 20%时，颜色由淡黄色渐变为正常颜色（白色），直至 100 刻度处
Ready 状态灯	整车是否处于高压状态			
电机转速	电机实际转速	rpm	0—3000	为指针显示，当电机转速在 0—1500rpm 时，正常颜色（白色）；电机转速超过 1500rpm 时，颜色由淡黄色渐变为红色，直至 3000 刻度处
电机温度	电机当前温度	℃	-40—210	
故障码	当前各部件故障信息		0—65535	
左转向灯	左转向灯光信息			
右转向灯	右转向灯光信息			
制动	手刹或脚刹信息			
远光灯	远光灯信息			
清扫机构	清扫机构工作状态			
水位	清洗箱液位	%	0—100	

7.3.2　信息架构与原型设计

无人驾驶清扫车仪表盘上的数据信息可以分为 3 部分：行驶里程、车辆当前信息与车辆状态（图 7-31）。其中，行驶里程包括总里程（累计里程）及预计里程；车辆当前信息主要包括挡位切换、制动模式、车速、电池相关数据、电机、车灯和无人驾驶清扫车特有的清洗箱液位；车辆状态则包括车辆模式和清扫机构。

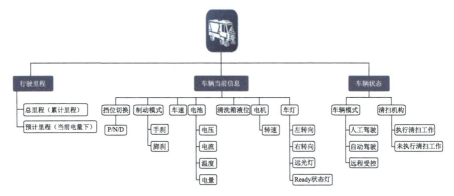

图 7-31　无人驾驶清扫车显示信息架构

车辆的显示信息可以细分为 3 种类型：常显信息、临时信息、警告信息。

1）常显信息。由于常显信息的重要性，它占据界面从下至上约 2/3 的面积，以确保最大限度地被人观测到。它包括以下几个方面：①预计可航行里程数与累计里程数；②清洗箱液位；③仪表信息，包括车速、电池电量、电池电压、电池温度、电池电流、电池转速与电机温度。

2）临时信息。只有触发某些功能或达到某种状态时，临时信息才会展示，因此将其放置在仪表盘顶部中间位置。它包括以下几个方面：①远光灯；②挡位，即 P/R/D；③转向灯，即左转向、右转向；④清扫，即正常清扫、功能异常；⑤状态灯。

3）警告信息。警告信息是车辆发生可能的故障时显示出来的信息，它展示在仪表盘顶部右侧，并以图标加故障码的形式临时展示在界面的中心位置，以确保最大限度地提醒驾驶人员及时做出反应。

综合以上对仪表元素的梳理，我们对无人驾驶清扫车进行了原型设计，如图 7-32—图 7-35 所示。

图 7-32　无人驾驶清扫车原型设计

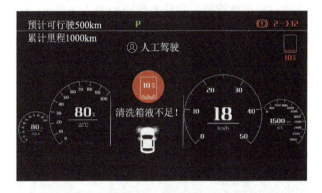

图 7-33　无人驾驶清扫车清洗箱液不足原型设计

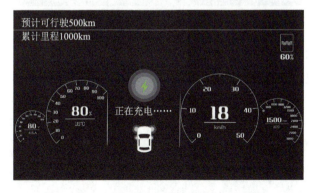

图 7-34　无人驾驶清扫车正在充电原型设计

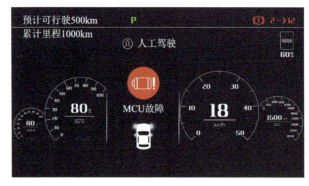

图 7-35   无人驾驶清扫车 MCU（motor control unit，电机控制单元）故障原型设计

7.3.3   视觉设计与交付

无人驾驶清扫车自动驾驶正常状态界面如图 7-36 所示，可与人工驾驶和远程受控模式进行切换。

图 7-36   无人驾驶清扫车自动驾驶正常状态效果图

无人驾驶清扫车是在封闭园区内进行清扫工作，所以对于速度的变化控制要求很严，通过仪表盘光条颜色的变化代表行驶的速度状态。表盘伴随着 3 种状态的变化，用蓝、橙、红 3 种色系区分。0—10km/h 使用蓝色系，10—15km/h 使用橙色系，15—25km/h 使用红色系，如图 7-37 所示。

图 7-37   表盘颜色变化

当车辆出现故障时，以液压式线控制动（electro hydraulic brake，EHB）故障为例（图 7-38），车辆故障信息图标及文字展示在界面中央。

图 7-38　故障情况界面

车辆充电状态分为充电已完成及正在充电两种，如图 7-39 所示。

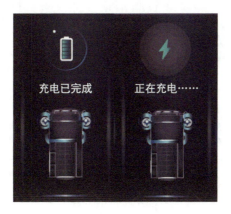

图 7-39　车辆充电状态变化

最终交付的无人驾驶清扫车设计元素清单如表 7-11 所示。

表 7-11　无人驾驶清扫车设计元素汇总

序号	元素名称	元素图	位置坐标	规则	备注
1	预计可行驶里程	预计可行驶500km	（98，45）	预计可行驶里程动态变化	字体：黑体；字号：28pt；字距调整：200；垂直缩放：96%
2	累计行驶里程	累计里程1000km	（98，121）	累计行驶里程动态变化	
3	人工驾驶		图标（575，145）文字（635，155）	人工驾驶模式	字体：黑体；字号：28pt；字距调整：100

续表

序号	元素名称	元素图	位置坐标	规则	备注
4	自动驾驶			自动驾驶模式	
5	远程受控			远程受控模式	
6	清扫		（671，30）	清扫功能开启出现	
7	准备就绪	Ready	（731，31）	准备就绪出现	
8	电池电量表盘数字	80% 16℃	80%：（310，439） 16℃：（336，516）	数值根据当下电量和温度动态变化	80——字体：黑体；字号：85pt；字距调整：100；垂直缩放：90%。%——字体：黑体；字号：85pt；字距调整：100；垂直缩放：90%。16℃——字体：黑体；字号：24pt；字距调整：0；垂直缩放：90%
9	电池电压表盘数字	80V 4.5A	80V：（109，539） 4.5A：（114，568）	数值根据当下电压和电流动态变化	80——字体：黑体；字号：28pt；字距：100；垂直缩放：90%。V——字体：黑体；字号：18pt；字距：100；垂直缩放：90%。4.5A——字体：黑体；字号：14pt；字距：100；垂直缩放：90%
10	车速表盘数字	18 km/h	18：（905，454） km/h：（931，532）	数值根据当下车速动态变化	18——字体：黑体；字号：90pt；字距：100；垂直缩放：90%。km/h——字体：黑体；字号：24pt；字距：100；垂直缩放：90%
11	超速	15 15	底圆（599，260），中部图标（610，270），顶部图标（735，33）	数值根据当下车速动态变化	同上，文字达到 6 个汉字以上时，适当调整字距和字号以适应排版
12	清洗箱液不足	10% 10%	底圆（599，260），中部图标（636，289）	数值根据当下车速动态变化	同上，文字达到 6 个汉字以上时，适当调整字距和字号以适应排版
13	主横轴清扫功能异常		底圆（599，260），中部图标（627，289）顶部图标（735，34）	数值根据当下车速动态变化	同上，文字达到 6 个汉字以上时，适当调整字距和字号以适应排版

第8章 智能汽车 HMI 评估案例

8.1 基于驾驶模拟器的 HMI 测试

该案例为基于驾驶模拟器的切入场景下的 HMI 评估，即在 ACC 功能开启后，针对切入工况下不同的 HMI 设计进行评估、可用性测试以及驾驶员心理因素评估，测试的心理因素包括态势感知和工作负荷。我们通过测试结果获得驾驶员在同一工况下对于不同 HMI 设计的用户体验和认知区别，从而对 HMI 的设计迭代提出建议。

8.1.1 实验设备

我们利用同济大学艺术与传媒学院汽车交互设计实验室自主研发的智能汽车虚拟仿真测试平台进行 HMI 评估，实验设备主要包括测试车辆主机、辅助测试车辆主机和监控系统运行主机 3 台设备（图 8-1，图 8-2）。

主要测试车辆（简称主测车）由被试驾驶。操作的驾驶模拟器由罗技 G29 力反馈方向盘、脚踏板和 3 块屏幕（显示前方视野）组成，主测车具备 ACC 功能，能够调节设定速度、调整跟车时距，可以定速巡航、稳定跟车。

辅助测试车辆（简称辅测车）由工作人员驾驶。驾驶模拟器配置和主测车基本相同。辅测车屏幕上会显示两车的相对距离，以配合主测车形成测试场景。

图 8-1 实验设备图

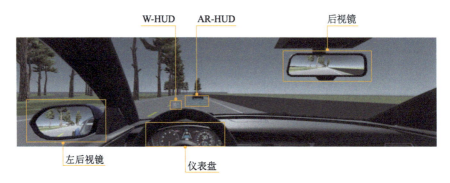

图 8-2 实验多屏布局

监控系统可以实时记录并保存主测车的速度、加速度、方向盘转向角度、车辆水平位置（车辆左前轮距离左侧车道线的距离）和两车相对距离等信息。

8.1.2 实验设计

切入场景是在日常行驶中常见的驾驶场景，在 ACC 的使用过程中，由于系统限制，切入也是一个较危险的场景。

实验中的自变量为不同的 HMI 设计方案，因变量包括心理因素和驾驶员行为，具体如下：①心理因素，主要包括驾驶员态势感知、工作负荷、可用性；②驾驶员行为，主要包括纵向控制（是否刹车）、横向控制（平均转向角的标准差、相对车道中心线偏离位置）。

对被试进行分组，每组被试都执行 3 次测试任务，并且为了平衡测试中的疲劳效应以及学习效应，不同组的测试任务顺序不同。3 次测试任务都是开启 ACC 功能之后的切入场景（辅测车切入时，两车速度均为 30km/h，两车距离为 20m 左右），每项任务的 HMI 设计方案不同。

8.1.3 实验过程

1）根据用户填写的基本信息采集表筛选符合测试要求的被试，与用户进行沟通，确认测试时间。

2）实验前，被试填写实验知情同意书，实验人员介绍实验目的、实验内容和实验流程。通过展示相关视频（包括跟车、设定速度和跟车时距等功能），介绍 ACC 功能。

3）被试在模拟器上练习 10—15min，熟悉 ACC 功能的操作和表现（操作包括开启、调整设定速度、调整跟车时距），以及对仪表盘上的 ACC 的 HMI 显示进行一定的学习。

4）正式测试（切入场景）：被试执行测试任务。

5）每项任务结束后，被试完成 SAGAT 量表、SART 量表、NASA-TLX 量表，以及 SUS 和 QUIS。

6）所有任务结束后，填写设计元素的评估量表。

7）测试过程中，进行主测车场景录屏、监控系统数据采集和对被试测试过程录像。

8.1.4　预实验

为了验证初步的 HMI 设计的合理性以及实验设计的可操作性，我们对 12 名人员进行预实验。在预实验中采取了 3 种 HMI 设计方案。①仪表设计。仪表是 ACC 功能显示的基础屏幕，作为基础设计进行测试。②HUD1 设计。它是 W-HUD 和 AR-HUD 的结合，将投影到挡风玻璃上的 W-HUD 和投影到实际场景中的 AR-HUD 看作一个整体进行设计，对 ACC 中涉及的基本功能点进行初步的设计。HUD1 为静态设计，其中的设计元素只跟随本车移动，显示本车 ACC 的相关信息。③HUD2 设计。它同样也是将 W-HUD 和 AR-HUD 结合，进行整体设计。HUD2 为动态设计，其中的部分元素随着前车的轨迹变化而动态变化，引导驾驶员的视觉移动方向。

预实验得出了以下结论：①相对于仪表和 HUD1 设计，HUD2 设计方案下驾驶员有着更高的态势感知；②相对于仪表和 HUD1 设计，HUD2 设计方案的可用性评分更高；③相对于仪表和 HUD1 设计，HUD2 设计方案下驾驶员对车辆的控制更加稳定；④针对实验中 3 种特定的 HMI 设计，HUD2 设计为被试使用 ACC 提供了更清晰、易懂的信息，更易于理解。

图 8-3 为 HMI 设计方案迭代示意图，根据预实验的结果，我们选取 HUD2 的设计方案，进一步进行迭代设计，并进行了正式测试。HUD2 为动态设计，其中 AR 显示的跟车时距元素随着前车的轨迹变化而动态变化，引导驾驶员视觉，主要的迭代点为 AR 显示中前车识别标识设计以及 W-HUD 中 ACC 信息提示方式的设计变化。

第一次测试HUD2设计方案　　　　　　第二次测试HUD2设计方案

图 8-3　HMI 设计方案迭代示意图

8.1.5 正式实验

正式实验主要用到 3 台电脑主机，分别为主测车、辅测车和监控系统运行（图 8-1）。

1. 设计方案

正式实验中采取了 3 种 HMI 设计方案：①HMI1，即基础设计；②前车被识别时，HMI 设计元素显示时间发生变化；③前车被识别后，HMI 设计元素显示空间发生变化。HMI 设计方案整体示意如图 8-4 所示。

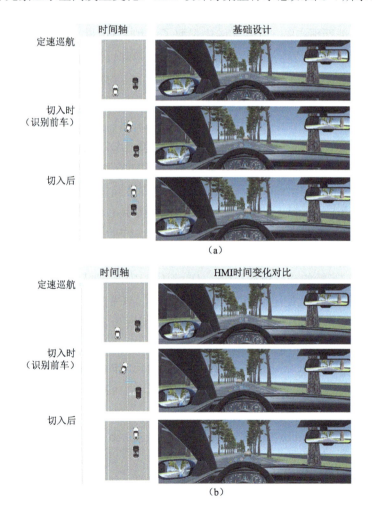

（a）

（b）

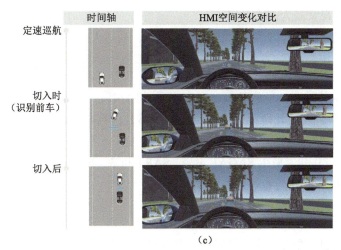

图 8-4　HMI 设计方案

2. 场景设计

在正式实验中，为避免用户对场景中发生的事件、环境元素产生学习效应，在不产生其他无关变量的前提下，尽量使前后相邻顺序实验场景中的交通环境（如限速牌、路障、行人等）有所不同。场景设计示意如图 8-5 所示。

图 8-5　场景设计

3. 被试选取

在实验前，首先发布了被试招募问卷，收集用户的年龄、性别、教育背景、驾龄等信息。在收集到的 98 份问卷中，综合考虑被试条件、测试时间等因素，筛选出 30 名被试。

1）男性和女性各 15 名。

2）年龄在 18—50 岁（M=30.5，SD=6.45）。

3）拥有驾照。

4）实际开车频率至少为每月几次。

5）教育背景为高中及以上。

6）职业包括行政人员、工程师、学生、商务人员等。

4. 因变量

1）客观评价。车辆参数，即方向盘转向角度；外部环境，即车辆水平位置（车辆左前轮距离左侧车道线的距离）；驾驶员行为，即脚部（踏板：刹车）。

2）主观评价。采用 SAGAT 量表、SART 量表、NASA-TLX 量表、SUS 和 QUIS 及开放式问卷等采集数据。

5. 实验结果示意

被试完成测试任务，立刻填写 SAGAT 量表，图 8-6 为 SAGAT 量表评分结果。

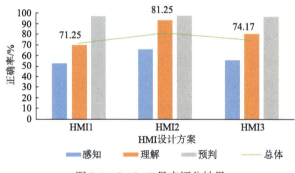

图 8-6　SAGAT 量表评分结果

对 HMI1 和 HMI2 两配对样本的差值进行 K-S（Kolmogorov-Smirnov）检验，数据符合正态分布（$p=0.088>0.05$）。对 HMI1 和 HMI2 进行配对样本 t 检验，$p=0.012<0.05$，得出了和使用 SART 量表评估方法相同的结果，进一步证实了 ACC 的 HMI 元素设计在时间上的变化对驾驶员的态势感知具有显著影响。

对 HMI1 和 HMI3 两配对样本的差值进行 K-S 检验，数据符合正态分布（$p=0.200>0.05$）。对 HMI1 和 HMI3 进行配对样本 t 检验，$p=0.482>0.05$，得到了和使用 SART 量表评估方法相同的结果，进一步证实了 ACC 的 HMI 元素设计在空间上的变化对驾驶员的态势感知无显著影响。

8.2　HUD 设计规范测试

本案例针对抬头显示（W-HUD 与 AR-HUD，后文的 HUD 也包括

W-HUD 与 AR-HUD 两部分，不做特别说明）设计规范展开研究与探索，旨在形成目前市场上 HUD（W-HUD 与 AR-HUD）的设计规范指南。研究范围包括内容信息、颜色、字体、图标大小、布局等方面。

首先，我们通过实地调研、文献调查等方式，对目前现有车辆的 HUD 显示信息进行归纳分析，搭建了 HUD 的信息架构，并抽取实验元素。接下来，我们对实验场地、实验条件以及所需实验设备根据预实验的形式进行了实验条件的检验与布置，进而组织正式实验，并总结实验过程，分析实验结果，形成 W-HUD 各相关维度上的设计指导。

8.2.1　前期调研

我们对 HUD 的设计规范的研究主要从两方面着手。一是确认 HUD 常显功能信息。我们通过对 HUD 的常显功能的分析，定义布局设计。二是 HUD 的设计规范。基于白天、黑夜及雪天模式下（白天、黑夜和雪天作为 HUD 设计规范研究的基本条件，暂定为检测中心暗房实验室通过光照仪器实现），利用 HUD 光机对汽车 HUD 设计规范进行研究，包括但不限于布局、颜色、字体、图标、加载等。

通过对车辆行驶状态中需要显示的相关车辆状态、导航、部分自动驾驶功能等相关信息及相互关系进行梳理、分类、定义，我们将 HUD 信息分为常显信息、触发信息、自定义信息 3 部分（图 8-7），如车速、导航等

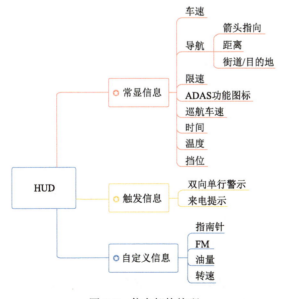

图 8-7　信息架构梳理

和驾驶行为密切相关的信息,归入常显信息类;如"双向单行警示"只是偶然出现的信息,预留位置在遇到的时候显示即可,于是归入触发信息类。

我们在对信息架构进行梳理的基础上,对显示信息的交互模式和布局方式进行了分析。图 8-8 为我们尝试的 3 种类型的信息布局方式,分别是左右两栏型、左右三栏型及上下两栏型。

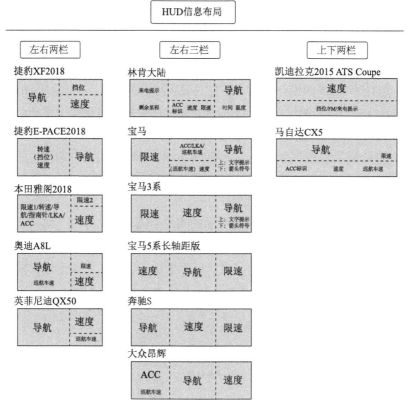

图 8-8   信息布局梳理

同时,我们对 HUD 上需要显示的信息常用的图形元素进行了归纳整理,图 8-9 展示了依据导航元素、ADAS 元素以及限速标识元素等类别整理出来的部分内容。

我们还对主要元素的设计信息进行了抽取整理。图 8-10 展示的是我们按字体、字号、颜色等维度梳理出来的部分内容。经过反复多次的信息梳理和整理,同时结合 HUD 显示设备的特征及在特殊场景下的显示需求,我们建立了相关的设计规范,为后续规范设定及用户实验奠定了基础。

1. 导航元素原型梳理

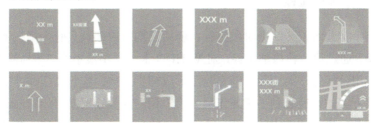

2. ADAS元素原型梳理

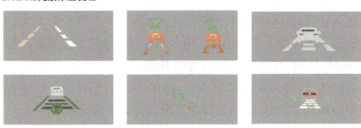

3. 限速标识元素原型梳理

图 8-9　主要图形元素梳理

信息	分类	常用字号/px	常用颜色	常用字体
速度	当前车速	30、32、42、48	□ 白色（R255，G255，B255）	黑体、苹方-简（粗）、MicroSquare（粗）
	车速单位	14、18	□ 白色（R255，G255，B255）	黑体、苹方-简（粗）、MicroSquare（粗）
	巡航车速	22、24、26	□ 白色（R255，G255，B255） ■ 绿色（R95，G210，B102/R88，G132，B71）	
标识	限速	36、42、46	限速牌为主： □ 白色（R255，G255，B255） ■ 红色（R226，G78，B53） ■ 黑色（R0，G0，B0）	苹方-简（粗）
	油量	20、24	□ 白色（R255，G255，B255）	
ADAS	ADAS状态		■ 绿色（R95，G210，B102） ■ 橘色（R247，G137，B73） □ 白色（R255，G255，B255） ■ 灰色（R105，G117，B137/R107，G110，B108/R167，G166，B169） 偏蓝色/绿色的灰色系	
	ACC图标	24、26、28、30	□ 白色（R255，G255，B255） ■ 绿色（R95，G210，B102）	
导航	路名	12、14、18	□ 白色（R255，G255，B255）	苹方-简
	距离	12、14、18	□ 白色（R255，G255，B255）	苹方-简
	箭头		□ 白色（R255，G255，B255） ■ 蓝色（R200，G246，B255）	

图 8-10　HUD 信息参数梳理

8.2.2　实验过程

整个实验过程分 3 个阶段进行，前两轮均为内部预实验，第三轮为正式实验。通过第一轮内部实验，对 W-HUD 上的文字最小值、图标最小值、字体和用色等进行第一轮内部实验，形成初步方案，实验过程和结果对正式实验方案的调整起到了指导作用。第二轮内部实验根据第一轮内部实验的过程和结果，调整实验方案，再进行一轮预实验，查漏补缺，继续调整和完善正式实验方案。

通过两轮内部实验的调整后形成正式实验方案，我们对 W-HUD 上的文字最小值、图标最小值、字体、用色和布局等进行正式实验，实验结果对形成 W-HUD 的设计规范起到了指导作用。

本实验的目的是测试用户认为在 HUD 的视觉设计中能够接受的最小尺寸及舒适域尺寸范围，为 HUD 的界面设计提供理论依据。

1. 实验环境与实验设备

本实验使用 HUD 光机进行测试内容的投放，光机的通信接口与一台平板电脑相连，一位测试人员专门负责控制平板电脑。本实验选择模拟环境与光机投影对比度最小的白天直射光进行实验，并使用亮度仪进行光学标定。在天气方面，由于雪天时路面的反射光更大，对光机成像的效果影响较为明显，本实验选择晴天和雪天两种天气条件，同时探究天气对被试的辨识是否有影响。实验使用投影仪将包含天气和路面条件的图片投射在驾驶视野前方，静态模拟环境条件。

本次实验为室内静态实验，经过两轮预实验对实验环境的调整，最终的正式实验环境布置如图 8-11 所示。

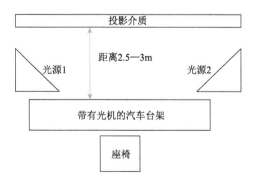

图 8-11　正式实验环境示意图

同时，实验需要准备如下设备：光机 1 台，汽车台架 1 套，LED 影视演播灯（富莱仕 HVR D700S）1 对、配套灯架 1 对，阿莱灯 1 对、配套灯架 1 对，亮度仪 1 台，秒表 1 个。因实验需要测试不同灯光下 HUD 的显示效果，所以需要准备专业光源以模仿实际的光照效果，图 8-12 为实验用到的部分灯光设备。

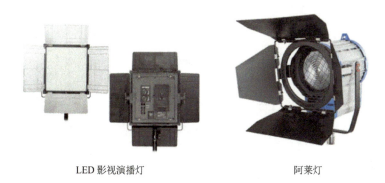

LED 影视演播灯　　　　　　　　　阿莱灯

图 8-12　实验所用灯光设备

2. 实验条件

1）夜晚场景：最大照度低于 10lx，相对误差为±5%；对比度为 5：1。

2）傍晚场景：照度在 250lx 左右，相对误差为±5%；对比度为 3：1。

3）直射光场景：照度在 45 000lx 左右，相对误差为±5%；对比度为 2：1。

4）雪地场景：背景为白色，其他照度条件参照夜晚、傍晚和直射光场景。

5）条件定标：亮度仪。

3. 实验对象

我们招募了 36 名 21—46 岁的被试参与实验（M=32.8，SD=6.8），所有被试均有至少一年的驾驶经验，无色盲、色弱，视力（包含矫正视力）均在 4.8 以上，并且在实验前对 HUD 都有一定的了解，但 36 名被试并未驾驶过装有 W-HUD 的车。

4. 实验内容与实验步骤

我们通过市场调研获得 HUD 常显元素的尺寸参数，同时根据常见的 HUD 实际尺寸测算出实验所用的 HUD 显像尺寸，如图 8-13 所示。尺寸取值包含并且大于调研所得的文字、数字和图标的尺寸大小，即文字和数字尺寸取值 24px、30px、36px、48px，图标尺寸取值 50px×24px、50px×40px、

68px×70px、71px×88px。为了避免学习效应，晴天和雪天场景下的文字、数字和图标均为不同的内容。同时，所有元素均显示白色，如图 8-14 所示。

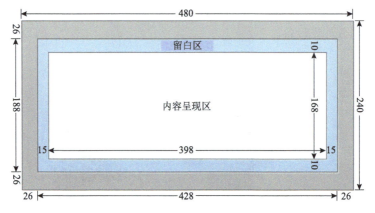

图 8-13　HUD 显像尺寸（单位：px）

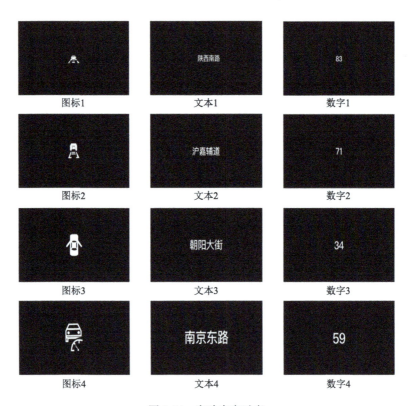

图 8-14　实验内容示意

　　被试进入测试区域后，测试员请被试阅读并签署知情同意书，填写基本的信息，并进行视力测试。接下来，被试阅读一张包含测试目的、测试内容和测试任务的测试说明，并且告知被试在测试过程中测试人员将会口述任务，且有任何疑问都会做出解释。

本实验按照先晴天场景后雪天场景的测试顺序进行，将 3 类元素按照拉丁方排序分为小、中、大、超大 4 组。

我们借助 Unity 平台制作了一套显示程序。该程序由测试人员在实验前确认好拉丁方顺序后，即当被试按下键盘右键时开始任务，2s 黑屏后，HUD 呈现含测试内容的虚像，当被试识别出数字、文字的内容或图标各组成部分后，按下空格键，之后口述看到的内容。这时测试人员的平板电脑界面上显示被试的反应时间，在测试人员记录好该时间后，通知被试可以开始下一次的辨识反应时的实验。实验按照每 3 个元素为一组的拉丁方顺序进行，在每一组 3 个元素的反应时测试完成后，请被试填写 NASA-TLX 量表，对该组尺寸条件下的工作负荷值进行打分，接着进行下一组实验。

8.2.3　实验结果

从反应时和工作负荷两个角度来考虑 HUD 显示终端上元素尺寸设计问题，我们可以发现，在通过扩大市场调研范围选定的 4 个等级的尺寸中，较难定义最小值的范围。这可能与本次实验并非有实际驾驶场景的动态测试而是室内模拟静态实验有关。

关于尺寸的舒适值范围，我们综合辨识反应时和工作负荷值，建议在 HUD 的界面设计中，文字尺寸的取值在 36—48px，数字尺寸的取值在 36—48px，图标尺寸由于受到语义的影响，建议不应小于 68px×70px，同时对于有警示含义的图标，更应在尺寸、用色、布局和动效方面进行综合考虑。

通过观察天气情况对尺寸识别的影响，我们发现，天气对其的影响并不显著；通过观察两个年龄组对尺寸识别的影响发现，在最小尺寸上，年龄大的组对尺寸的识别反应时普遍长于年龄小的组，在其余尺寸上的差别微小。

另外，本实验是在一种标准光照条件下进行的，且光机本身的亮度受到制约，所以实验结果也有一定的局限性。但是，本实验提出了针对新的车载设备从视觉设计和认知负荷的角度来进行基础研究的方法，这是本实验的意义所在。

8.3　无人驾驶物流车与行人车外交互策略评测

随着科技的不断发展，无人驾驶技术也得到了快速发展，但是，目前关于自动驾驶车辆与行人之间的沟通方式的研究还十分有限，如何达成行人和自动驾驶车辆之间的沟通协作是一个有待解决的问题。例如，当行人要过马路时，行人需要知道接近的自动驾驶汽车的意图是什么，从而决定自己下一步的行为。在本研究中，我们针对无人驾驶物流车通过投影文字的交互方式，设计了 3 种交互策略，分别是礼貌、中性和主导，通过建立模型模拟行人过马路的两种场景进行评估。评估结果表明，礼貌的交互策略确实会提高用户与无人驾驶物流车的沟通效率，提高用户的接受度。

首先，我们对常见的行人与无人驾驶物流车的交互场景进行分析，归纳出了两种常见的对无人驾驶物流车与行人沟通需求较高并且一旦发生事故会较为严重的场景。①交叉行驶：十字路口斑马线；②对向行驶：行人与无人驾驶物流车从相反方向相互逐渐接近。

8.3.1 实验条件和任务

我们在测试中设置了行人和无人驾驶物流车互动的不同场景。无人驾驶物流车的最高时速为 25km，尺寸较小，高度大概为 1m（图 8-15），主要负责在封闭园区及半封闭园区做物流快件的配送服务，它被允许在任何道路上行驶。假设该无人驾驶物流车已经达到 L4 级别的自动驾驶能力，即能根据道路情况和订单情况做出合理的路径规划与障碍避障，并能躲避行人。

图 8-15 L4 级别无人驾驶物流车

在研究中，我们设置了以下两组变量。

1）行驶场景：交叉行驶和对向行驶。

2）交互策略：礼貌、中性、主导。

交叉行驶场景：视频开始于侧视图视角，无人驾驶物流车（从街道的右侧）沿着道路驶向人行横道，行人从右侧接近人行横道，并想要穿过带有斑马线的十字路口，5s 后视频视角转为行人视角，无人驾驶物流车行驶

2s 后开始在道路上投射文本信息。投射的文本内容取决于交互策略（礼貌、中性、主导）。视频在无人驾驶物流车驶入人行横道之前（4m）停止，参与者必须决定是否让无人驾驶物流车通过，如图 8-16 所示。

图 8-16　场景一：交叉行驶场景测试视频截图

　　测试的每个场景下有 3 段视频，对应 3 种交互策略，显示的文字分别如下：①礼让：请您稍等一下，好吗？②中性：您稍等。③主导：等一下！

　　对向行驶场景：无人驾驶物流车和行人在道路的同一侧相互接近，5s 后视角从侧向改变为行人视角，无人驾驶物流车在道路上投射文本信息。投射的文本内容取决于交互策略（礼貌、中性、主导）。视频应在无人驾驶物流车驶近行人之前（4m）停止。参与者必须决定是否给无人驾驶物流车让路，如图 8-17 所示。

图 8-17　场景二：对向行驶场景测试视频截图

　　测试的每个场景下有 3 段视频，对应 3 种交互策略，显示的文字分别如下：①礼貌：请您让开，好吗？②中性：请您让开。③主导：让开！

8.3.2 实验过程

我们通过线上招募符合要求的被试，样本数量为 56 人（年龄主要集中在 18—25 岁，有 4 个样本年龄为 26—30 岁，M=22.3，SD=6.24）。

首先，我们给被试一份关于实验的整体说明："您现在的身份是行人，想象您从一个建筑物走向另一个建筑物。您非常匆忙，因为您和别人约好了。之后的测试中，您会遇到两个场景，场景一，为了到达目的地，您必须从斑马线过马路，在确认道路是否能通过时，您意识到无人驾驶物流车也正在接近十字路口；场景二，在某些时候，您意识到无人驾驶物流车正在从前方驶近你，无人驾驶物流车在街上行驶，如果无人驾驶物流车停下来，或者您有信心无人驾驶物流车将停下来，请按一个按键。尽早过马路，但注意不要被不停车的无人驾驶物流车撞到。"

实验包括 3 个部分（按顺序）：播放视频（一共 6 段视频，每段视频 20s 左右）、问卷（6—8min）和访谈（5—10min）。视频出现的顺序是随机的，被试每测试完成一种交互策略，就要对该场景的交互策略进行问卷填写。当两种场景和 6 种交互策略全部完成，被试会接受开放性访谈。整个实验大约花费了 1h，开放性访谈完成后，实验流程结束。

8.3.3 实验评估

根据接受度模型，我们选取了 6 个维度对实验进行评估。

1）顺从性：针对视频中无人驾驶物流车的交互策略，您会如何决定自己的下一步行为？

2）接受度：您会如何为无人驾驶物流车的行为评等级？请确定两个相对属性中哪一个更适用于无人驾驶物流车？评估量表如表 8-1 所示。

表 8-1　无人驾驶物流车行为属性评估量表

不愉悦	○	○	○	○	○	○	○	愉悦
烦人	○	○	○	○	○	○	○	体贴
糟糕	○	○	○	○	○	○	○	很好
无用的	○	○	○	○	○	○	○	有用的
惹人恼怒的	○	○	○	○	○	○	○	令人喜欢的
无价值的	○	○	○	○	○	○	○	有帮助的
不礼貌的	○	○	○	○	○	○	○	礼貌的
考虑不周的	○	○	○	○	○	○	○	考虑周到的

续表

| 自私的 | ○ | ○ | ○ | ○ | ○ | ○ | ○ | 谦恭的 |
| 不尊重的 | ○ | ○ | ○ | ○ | ○ | ○ | ○ | 恭敬的 |

3）对无人驾驶物流车的恐惧：无人驾驶物流车刚刚的行为让您有什么感觉？舒服或恐惧？请说明您对这一描述的同意程度。

4）对自动化的信任：无人驾驶物流车刚刚的行为让您有什么感觉？信任或警惕？请说明您对这一描述的同意程度。

5）情绪的强度与等级：请指出您感受到的无人驾驶物流车的驾驶行为的强烈程度，请选择最能描述您感觉的图片，如图 8-18 所示。

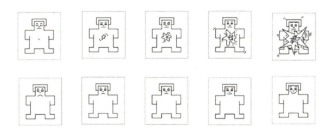

图 8-18　情绪的强度与等级评估

6）权力的分配：刚刚的情境让您有什么感觉？在这种情况下，谁对发生的事情的影响最大？您觉得谁最能控制事态的发展？谁在这种情况下坚持了自己的主张？

8.3.4　实验结果

顺从性维度的测试结果如图 8-19 和图 8-20 所示。该测试结果说明，交互策略越趋向于礼貌，被试对无人驾驶物流车的顺从性越强。

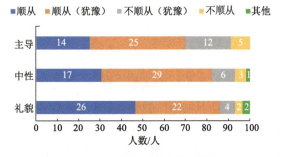

图 8-19　场景一顺从性结果

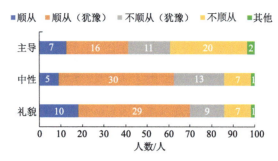

图 8-20　场景二顺从性结果

接受度维度的测试结果如图 8-21 和图 8-22 所示。在场景一中，$F=5.506$，$p=0.01$；在场景二中，$F=8.810$，$p=0.001$。数据分析结果显示，交互策略越趋向于礼貌，被试对无人驾驶物流车的接受度越高。

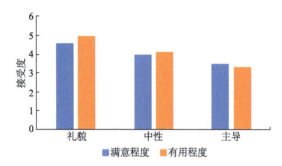

图 8-21　场景一接受度结果

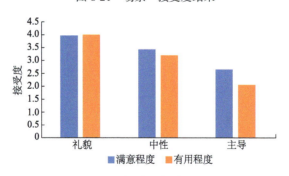

图 8-22　场景二接受度结果

对无人驾驶物流车的恐惧维度的测试结果如图 8-23 和图 8-24 所示。数据分析结果显示，相较于主导性的交互策略，礼貌的沟通确实能降低被试对无人驾驶物流车的恐惧程度,但中性的交互策略下对恐惧程度的降低水平可以与之持平，并不能单靠这一种交互策略的改变去降低被试对无人驾驶物流车的恐惧程度。

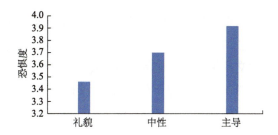

图 8-23　场景一对无人驾驶物流车的恐惧结果

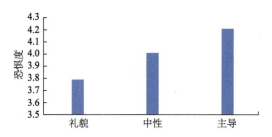

图 8-24　场景二对无人驾驶物流车的恐惧结果

对自动化的信任维度的测试结果如图 8-25 和图 8-26 所示。数据分析结果显示，礼貌和中性的交互策略以及礼貌和主导的交互策略的结果具有显著性差异，中性和主导的交互策略在结果上的差异不明显。该结果说明，交互策略越趋向于礼貌，行人对无人驾驶物流车越信任。

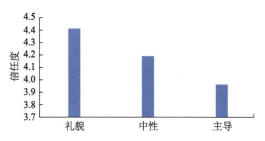

图 8-25　场景一对自动化的信任结果

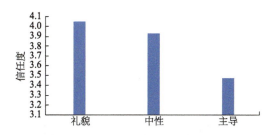

图 8-26　场景二对自动化的信任结果

情绪的等级与强度维度的测试结果如图 8-27 和图 8-28 所示。数据分析结果显示，礼貌和主导的交互策略的结果具有显著性差异，中性和主导的交互策略以及中性和礼貌的交互策略在结果上的差异不明显。该结果说明，相较于主导的交互策略，礼貌的交互策略确实能使行人对无人驾驶物流车产生积极的情绪，但中性的交互策略对其的影响与礼貌的交互策略差异不大，说明并不能单靠这一种交互策略来改变被试对自动化的态度。

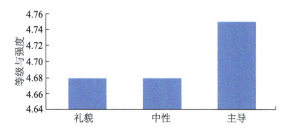

图 8-27　场景一情绪的等级与强度结果

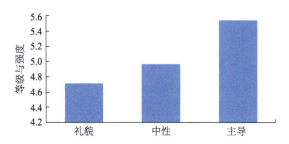

图 8-28　场景二情绪的等级与强度结果

权力的分配维度的测试结果如图 8-29 和图 8-30 所示。该结果说明，在 3 种交互策略下，行人对于在两种场景中是自己占主导地位还是无人驾驶物流车占主导地位的态度没有明显差异，说明仅靠话术策略的改变并不能显著改变人们对于人-车权力分配的感受，即使是礼貌的话语，被试也不一定认为自己在该情境中具有更大的主导性。

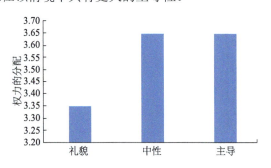

图 8-29　场景一权力的分配结果

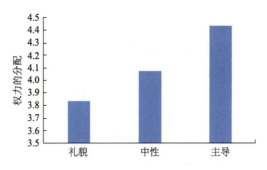

图 8-30　场景二权力的分配结果

在开放性访谈中，我们邀请被试对两个场景中的 3 种交互策略进行礼貌程度和主导程度的打分，打分的顺序为：场景一（礼貌、中性、主导）、场景二（主导、中性、礼貌），打分结果如图 8-31 和图 8-32 所示。数据分析结果显示，这 3 种交互策略的差异显著，说明被试认为可以根据激光投射出的文字判断无人物流车对他们的礼貌程度和主导程度，从而做出相应的反应与判断。这说明实验是真实有效的，结果是具有可信度的。

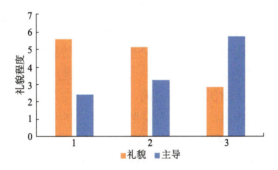

图 8-31　礼貌程度评分结果展示

注：横轴 1—3 分别代表 3 种交互策略。下同

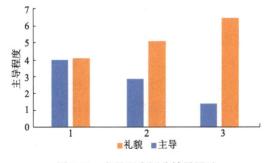

图 8-32　主导程度评分结果展示

对于评估结果中没有达到显著性差异的部分，我们对被试进行了后续

的访谈，部分被试（*n*=5）表示，"礼貌的交互策略中的'好吗'，在语气上会产生歧义，听起来比较像挑衅，让我有逆反心理，不想给无人驾驶物流车让路"；一位被试（*n*=1）表示，"在礼貌交互策略下，无人驾驶物流车上仅投射文字交互方式，加上投射的问句，让我以为可以通过对话的方式和小车交互，当我发现不可以时，感到有一点困惑"；一位被试（*n*=1）表示，"读完整段文字并理解，的确让我花费了一些时间，这会降低我做出判断的效率，如果是紧急的交通情况，我会很担心"。

8.4　中控屏幕界面测试案例

本节是同济大学用户体验实验室、汽车交互设计实验室联合百度智能驾驶体验设计中心共同进行的"百度 Apollo 中控屏幕界面设计"项目的部分研究内容，主要针对车载中控屏幕中的字体、图标、布局、颜色 4 个维度的问题进行调研测试，最终发布的《百度车载小程序白皮书》对汽车行业的界面设计起到了一定的指导作用。

目前，市面上大多数车内中控屏是通过手指点击、滑动、缩放等一系列交互方式进行操作的。对于手指交互，Pfauth 等指出，触摸键的大小是设计触摸屏界面要考虑的主要因素。[①]随着触摸键尺寸减小到一定水平，与物理按键相比，诸如任务完成时间、准确性和主观等级之类的可用性会大大降低。Kim 等指出，有关中控屏的按键大小的研究需要着重于行驶的安全性及其可用性。[②]美国国家道路交通安全管理局发布的《NHTSA 车内电子设备指南》（Visual-Manual NHTSA Driver Distraction Guidelines for In-Vehicle Electronic Devices）就行驶安全性规定，驾驶员在执行任务时应该保证一只手在方向盘上；平均视线偏离道路的时间不超过 2s。大小不合适的触摸键可能会增加驾驶员与车机中控屏交互的难度，降低其可用性，增加对驾驶的干扰，情况严重时会增加行车的安全风险。目前，触屏按键的相关研究大多集中于智能手机、自助服务终端等设备，车机触屏按键的研究已逐渐进入国内外学者的视野，但还没有统一的标准。因此，我们有必要基于中国人群的体态特征，结合实际驾驶场景，进一步完善对车机设计规范的研究。

---

① Pfauth M, Priest J. Person-computer interface using touch screen devices. Proceedings of the Human Factors Society Annual Meeting, 1981 (1): 500-504.
② Kim H, Kwon S, Heo J, et al. The effect of touch-key size on the usability of in-vehicle information systems and driving safety during simulated driving. Applied Ergonomics, 2014 (3): 379-388.

本研究案例主要从安全性与可用性角度模拟真实驾驶场景，分析驾驶员在不同触屏按键尺寸下的驾驶表现、交互行为以及主观感受，推荐合适的触摸按键尺寸，探究触摸按键交互行为特征，提出车机中控屏按键设计优化建议。

8.4.1 实验概述

实验之初，首先，我们对现有 22 款车型从导航、车辆设置、多媒体、空调等功能入手，通过网络资料搜集、4S 店体验调研、租车等方式进行车机界面相关资料的搜集与整理。然后，从信息架构、原型设计以及中控常用导航、多媒体等功能维度对字体、图标、色彩、布局进行调研和整理分析。

通过对荣威 RX5、大通 G50、斯柯达明锐、特斯拉两款车型、沃尔沃 XC90、路虎揽胜星脉、宝马 7 系、奔驰 A200L、领克 01、哈弗 H6、长安 CS35 PLUS、传祺 GS4、风神 AX7、理想 ONE、小鹏 G30、威马 EX5 等当前市场主流配备中控屏的车型进行调研分析后，我们提炼出围绕字体、图标、色彩、布局 4 个维度的主要关注点。字体维度关注字体的大小、字长；图标维度关注图标的风格、大小；色彩维度关注色相对不同功能的影响；布局维度主要关注布局的样式。

基于前期的研究分析，我们对部分元素进行了相关研究。在对实验元素进行实验设计时，我们结合前期对评价较高与较差车辆的比较分析，从已有标准（如 ISO 15008、ISO 2575、SAE J1517 等）、业界设计规范、专业设计评估、问卷调查、专业试车员访谈方面进行分析，逐步将字体、图标、色彩、布局 4 个维度中的设计元素进行聚焦，确认实验元素。

根据相关机动车与驾驶员统计分析，驾驶员年龄主要集中在 26—50 岁。共有 30 名被试（16 名男性和 14 名女性）自愿参加实验，被试的年龄均值为 33.2 岁，具备正常的视力以及较熟练的开车能力。其中，16 人每天开车，7 人 1 周内开车 4—6 天，4 人 1 周内开车 1—3 天，3 人 1 个月内开车 1—3 天。其中，17 名被试经常使用车机中控屏，12 名被试偶尔使用车机中控屏，1 名被试几乎不使用车机中控屏。

实验与手指交互相关，手和手指的大小可能会影响单手交互的性能与用户偏好。但是，从工程的角度来看，分析交互模式并根据手和手指的大小设计不同的触摸界面似乎非常困难且不切实际，因此本研究没有再通过手或手指的大小来筛选被试。

8.4.2　环境布置及实验设备

1. 乘员布置

我们根据人体工程学中的人体数据（图 8-33），选取第 90 百分位的人体尺寸，测量身高 175cm 的人，在座椅调整到舒适位置时，定义 H30=260mm。加速踏板踵点（acceleration heel point，AHP）至方向盘的水平距离 L11=440mm，方向盘的高度 H17=660mm，H 点到 AHP 的距离为 68—86cm，肩点到方向盘的水平距离为 45cm。

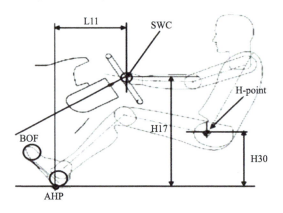

图 8-33　乘员布置示意图

注：H-point 即胯点（hip-point）；BOF 即鞋底表面一点（ball of foot），与踵点相距 200mm；SWC 即方向盘中心点（steering wheel center）

2. 中控布置

根据相关研究以及实车调研，我们定义车机中控屏幕中心高度 H'=710mm，中控至方向盘的横向距离 W'=390mm，水平纵向距离 X'=150mm，驾驶员两眼中心至中控中心的距离为 710mm（图 8-34）。

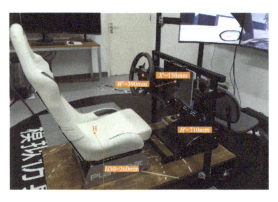

图 8-34　中控布置（一）

实验在微软 Surface 平板电脑上进行，设备的尺寸为 15 英寸，分辨率为 3240×2160，像素密度为 260ppi，模拟常用 16∶9 比例、12.3 英寸大小的车机中控屏（图 8-35）。在实验过程中，要求被试使用右手食指点击屏幕，以减少其他人体交互因素的干扰。

图 8-35　中控布置（二）

实验原型为 12.3 英寸，比例为 16∶9，像素密度为 260ppi 的车机中控屏幕，背景采用黑色（#000000），按键采用白色（#FFFFFF），按键内容为常用车机按键，如导航、音乐、相机。根据 ISO 7239 的规定，视距为 1m 时，保证符号的显著性的最小尺寸为 25mm，保证符号的可读性的最小尺寸为 12mm；视距为 0.7m 时，保证符号的显著性的最小尺寸为 17.5mm，保证符号的可读性的最小尺寸为 9.1mm。

相关文献指出，主要图形元素的最佳视角为 86 弧分，最小视角为 41 弧分（对于时效性应用）和 34 弧分（对于非时效性应用）。当视距为 70cm 时，主要图形元素的最佳大小为 17.5mm，最小为 8mm 与 6.9mm。结合前期对市场上车载视觉元素的调研，最终实验设计中按键的大小分别为 6mm、9mm、12mm、15mm、18mm，按键间距为 1 个按键尺寸大小，按键形状为正方形，按键整体位于屏幕居中位置。

8.4.3　实验过程及结果评测

在进行实验之前，被试均需要填写基本信息表和实验知情同意书，测试人员向被试介绍实验目的、实验任务，被试学习并熟悉模拟器，待理解和适应后正式开始实验。

实验要求被试将车速保持在 30km/h 左右，同时保持在右侧车道稳定直行。测试人员发布任务后，点击黑色屏幕，开启任务计时。被试听到"滴"

声后，在保证安全驾驶的前提下，使用右手食指点击屏幕上相应的按键。屏幕按键点击后消失，恢复黑屏，同时任务计时完毕。测试人员在一旁判断任务完成正确或错误，同时对相关异常情况进行备注。任务结束后，被试需要及时填写主观评分问卷。

实验过程中，我们收集的客观数据包括屏幕触控点、任务响应时间、车辆速度均值、车辆速度标准差、方向盘转角标准差以及水平偏移标准差；主观数据包括主观评分、可用性及工作负荷等。

1. 相关性分析

我们利用相关性分析研究按键尺寸和 X 偏差（距离按键目标中心的水平偏差）、Y 偏差（距离按键目标中心的垂直偏差）、任务响应时间、主观评分、可用性、工作负荷、车辆速度均值、车辆速度标准差、方向盘转角标准差、水平偏移标准差 10 项之间的相关关系，使用斯皮尔曼相关系数表示相关关系的强弱（表 8-2）。

表 8-2　按键尺寸与主客观数据的相关性（N=147）

项目	X 偏差	Y 偏差	任务响应时间	主观评分	可用性	工作负荷	车辆速度均值	车辆速度标准差	方向盘转角标准差	水平偏移标准差
斯皮尔曼相关系数	−0.178*	−0.220**	−0.100	0.717**	0.322**	−0.396**	0.024	−0.046	0.058	0.074
p	0.031	0.008	0.230	0.000	0.000	0.000	0.774	0.581	0.485	0.373

注：*在 0.05 水平相关显著，**在 0.01 水平相关显著

按键尺寸与 X 偏差、Y 偏差、主观评分、可用性、工作负荷 5 项之间的相关关系呈现出显著性。按键尺寸和 X 偏差之间的相关系数值为−0.178，并且在 0.05 水平具有显著相关性，说明按键尺寸和 X 偏差之间有着显著的负相关关系。按键尺寸和 Y 偏差、工作负荷之间的相关系数值分别为−0.220 和−0.396，并且在 0.01 水平呈现出显著相关性，说明按键尺寸和 Y 偏差、工作负荷之间有着显著的负相关关系。按键尺寸和主观评分、可用性之间的相关系数值分别为 0.717 和 0.322，并且在 0.01 水平呈现出显著相关性，说明按键尺寸与主观评分、可用性之间有着显著的正相关关系。除此之外，按键尺寸与任务响应时间、车辆速度均值、车辆速度标准差、方向盘转角标准差以及水平偏移标准差间的相关关系数值并没有呈现出显著相关性（$p>0.05$），说明按键尺寸与任务响应时间、车辆速度均值、车辆速度标准差、方向盘转角标准差以及水平偏移标准差之间没有相关关系。

2. 按键尺寸与按键点击位置

根据相关性分析，按键尺寸与点击位置水平和垂直方向偏差之间的相关系数值分别为 0.568 和 0.261，并且在 0.01 水平呈现出显著相关性，说明按键尺寸与点击位置水平和垂直方向偏差之间有着显著的正相关关系。随着触屏按键尺寸的变化，按键点击位置偏差均值整体呈现增大趋势（图 8-36），表明被试点击按键的具体位置相较按键目标中心的偏差更大。总体趋势说明，在按键点击有效的前提下，按键尺寸越大，越便于用户点击，减少了对用户交互行为的限制。在水平方向上，当触屏按键尺寸在 6—15mm 时，点击位置的偏差距离迅速增大；当触屏按键尺寸在 15—18mm 时，点击位置的偏差距离减小，表示用户点击按键的准确性在一定范围内，随着按键尺寸的增大而增大。但超过一定尺寸之后，按键尺寸的增大对于提高触控交互灵活性的提升水平变得有限。在垂直方向上，当触屏按键尺寸在 6—15mm 时，点击位置的偏差距离变化差异较平稳；当触屏按键尺寸在 15—18mm 时，点击位置的偏差距离增大。这表明在方向上，按键尺寸需要达到一定范围才会影响交互行为。

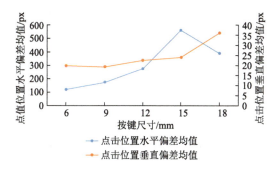

图 8-36　按键尺寸与点击位置偏差均值

屏幕点击位置横坐标与按键中心横坐标之差大于 0，表示用户点击位置在右方，屏幕点击位置纵坐标与按键中心纵坐标之差大于 0，表示用户点击位置在上方，其他方位以此类推，如图 8-37 所示。在统计了不同按键尺寸点击位置次数的平均值后，我们发现被试在驾驶过程中对于目标按键更倾向于点击在按键中心左侧的区域，如图 8-38 所示。水平方向上的左右点击分布较垂直方向上的上下点击分布差异更大。结合按键尺寸与点击位置偏差的关系，我们认为由于驾驶员位于车载中控屏幕左侧，相较垂直距离，人体的操作范围以及操作的便捷性受水平距离因素的影响较大。也有文献指出，观察角度也可能会影响点击按键的准确率，驾驶员与中控屏的视角在一定程度上影响了目标识别的位置，从而影响了其与中控系统的交互行为。

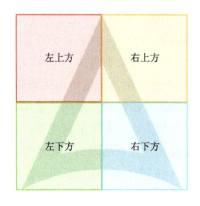

图 8-37　按键点击方位示意图

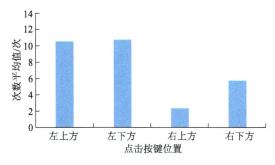

图 8-38　点击位置与次数

3. 按键尺寸与主观评分

如图 8-39 所示，随着按键尺寸的变大，被试的主观评分逐渐升高。在 5 种尺寸不同的按键中，被试认为 12mm 左右大小的按键在主观感受上正好合适，15mm、18mm 次之，6mm 的按键较小。按键尺寸在 6—12mm，变化幅度较大，表示被试对按键尺寸对比差异较敏感；按键尺寸在 12—18mm，变化幅度较小，表示被试对按键尺寸差异的敏感性减弱。

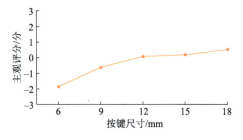

图 8-39　按键尺寸与主观评分均值

图 8-40 说明，随着按键尺寸的变大，可用性评分呈现增加的趋势，同时工作负荷呈现降低的趋势。按键尺寸为 6—9mm 时，可用性、工作负荷评分均值的变化幅度较大，按键的可用性快速提升；按键尺寸为 9—15mm 时，变化幅度趋于缓和，被试对按键尺寸在可用性方面的敏感性降低；按键尺寸大于 15mm 时，被试的工作负荷增大，按键的可用性逐渐下降。

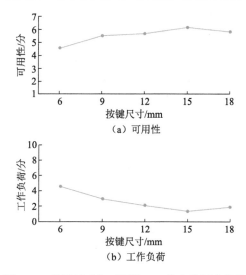

（a）可用性

（b）工作负荷

图 8-40　按键尺寸与可用性、工作负荷评分均值

4. 总结

实验发现，按键尺寸会影响被试点击目标中心的偏差、主观评分、工作负荷、可用性。按键尺寸越大，被试交互的灵活性越高。根据目标中心与触控点偏差分析发现，被试倾向于点击位于目标中心的左下部分，在设计车机中控屏时可适当调整控件分布，尽量将其布置在屏幕左下侧，或在视觉大小良好的基础上扩大用户的触控区域，便于用户准确操作。根据实验结果，我们建议车机中控触屏按键尺寸为 9—15mm，可根据界面信息层级适用于不同车机控件，为驾驶员提供清晰、易懂的交互信息。

实验研究集中在单一目标的选择交互行为上，而车机中控屏交互行为复杂多变，如导航选择地址、切换电台等连续性操作。在本实验中，我们只选择了单一的按键点击操作作为研究对象，而实际使用中的中控组件各异。另外，关于手指的大小对车机中控屏使用的影响，需要进行更多的研究，有文献指出较大的手指尺寸可能会降低交互成功率。车机中控屏的可用性与安全性受复杂而多变的各类因素的影响，有待后续研究进一步落实完善。

8.5　切入场景下封闭测试场的实车测试

以 ADAS 为代表的智能汽车安全技术可以辅助驾驶员驾驶，提高驾驶员对当前交通环境潜在危险的认知能力，纠正驾驶员错误的驾驶行为，进一步提高汽车的安全性。

本研究以智能汽车主动安全涉及的部分基础理论与核心技术为研究重点，通过上汽集团量产车型和标杆智能驾驶车型的对比测试，研究调试策略中的关键参数；基于人机共驾场景中的 HMI 策略研究，重点开展 ACC 和 LKA 的驾驶员行为（避撞策略）研究。

8.5.1　实验目的及说明

切入为 ACC 功能的典型应用场景之一，且在特定工况下容易发生危险事故。我们结合通过自然驾驶数据获得的典型切入场景设计基准及工况，以期通过实验获得特斯拉 Model X、沃尔沃 S90 的 ACC 功能在切入场景的表现，以提出控制策略和人机交互策略。

切入场景分为危险域场景和舒适域场景两部分。本次实验方案仅包含危险域场景内容。首先，基于自然驾驶数据通过聚类分析得到"测试场景"；其次，根据基准实验需要及实际实验条件调整后获得"实验场景"，如无特别说明，本案例中提到的场景均指"实验场景"。

8.5.2　实验设备及参与人员

实验设备包括实验车辆（被测车辆：特斯拉 Model X、沃尔沃 S90；目标车辆：荣威 E-RX5）、RT 系统全套（RT-3002×2、RT-range×1、配套专用电脑×1），千寻高精度地图和 4 路 V-box（RT 和 V-box 两套系统基于 GPS UTC time 和 V-box UTC time 进行同步），如图 8-41 所示。实验参与人员包括专业试车员 1 名、辅助测试车驾驶员 1 名、实验员 3 名。

图 8-41　切入场景测试设备安装图

8.5.3　实验步骤

1. 本车实验车辆实验前调整

实验开始前，开启本车实验车辆 ACC 功能进行路试，以确保 ACC 功能正常。同时，应确保被试已熟悉该功能的使用，并且熟悉 ACC 功能下的人机交互界面。

2. 目标车实验车辆实验前调整

实验开始前，我们对由驾驶机器人控制的目标车实验车辆进行路试，确保驾驶机器人的控制参数设置能够达到实验工况设定的要求，主要考察其能否在与本车车辆相距指定距离时开始变道，以及变道持续时间是否满足工况要求。

3. 正式测试

为了保证实验安全，我们按照碰撞时间（time-to-collision，TTC）值由大到小进行实验。当两车相对距离符合实验需求时，目标车的实验人员下达切入的指令，当本车稳定跟车 5s 时，发布结束的指令。

4. 实验结果

（1）初始制动时刻本车与目标车横向相对位置关系

本车与目标车横向相对位置如图 8-42 所示。

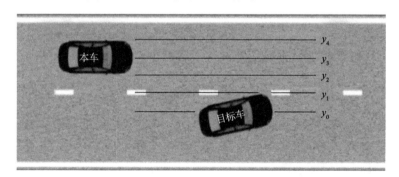

图 8-42　本车与目标车辆横向相对位置示意图

根据统计结果，在车辆判断与前车距离较近需要进行制动时，特斯拉 Model X 在初始制动时刻与目标车横向相对位置大部分位于 y_2，沃尔沃 S90 位于 y_3。

（2）不同工况下自动驾驶车辆制动响应过程参数

a. 最大加速度

1）特斯拉 Model X。在相对车速为 0km/h 的工况中，沿水平方向，最大加速度随着本车车速的增加而增大；沿竖直方向，最大加速度随 THW 的减小而增大。

在相对车速为 10km/h 的工况中，随着本车车速、THW 的变化，最大加速度与相对车速为 0km/h 的工况相同。在本车车速相同且 THW 值相同的条件下，相对车速越大，最大加速度越大。

2）沃尔沃 S90。在相对车速为 0km/h 的工况中，沿水平方向，最大加速度随本车车速的变化规律并不明显；沿竖直方向，最大加速度随 THW 的减小而增大。

在相对车速为 10km/h 的工况中，沿水平方向，最大加速度随本车车速的增加有增大的趋势，但规律仍不明显；沿竖直方向，最大加速度随 THW 的变化规律并不明显。

b. 平均制动减速度

1）特斯拉 Model X。在相对车速为 0km/h 的工况中，沿水平方向，平均制动减速度随本车车速的变化规律并不明显；沿竖直方向，平均制动减速度随 THW 的减小而增大。

在相对车速为 10km/h 的工况中，沿水平方向，平均制动减速度随本车车速的变化规律并不明显；沿竖直方向，平均制动减速度随 THW 的减小而增大。

2）沃尔沃 S90。在相对车速为 0km/h 的工况中，沿水平方向，平均制动减速度随本车车速的变化规律并不明显；沿竖直方向，平均制动减速度随 THW 的减小而增大。

在相对车速为 10km/h 的工况中，沿水平方向，平均制动减速度随本车车速的变化规律并不明显；沿竖直方向，平均制动减速度随 THW 的变化规律并不明显。

c. 最大制动减速度

1）特斯拉 Model X。在相对车速为 0km/h 的工况中，沿水平方向，最大制动减速度随本车车速的变化规律并不明显；沿竖直方向，最大制动减速度随 THW 的减小而增大。

在相对车速为 10km/h 的工况中，沿水平方向，最大制动减速度随本车车速的变化规律并不明显；沿竖直方向，最大制动减速度随 THW 的减小而增大。

2）沃尔沃 S90。在相对车速为 0km/h 的工况中，沿水平方向，最大制动减速度随本车车速的变化规律并不明显；沿竖直方向，最大制动减速度随 THW 的减小而增大。

在相对车速为 10km/h 的工况中，沿水平方向，最大制动减速度随本车车速的变化规律并不明显；沿竖直方向，整体上最大制动减速度随 THW 的减小而增大。

第9章　智能汽车服务设计案例

9.1　共享汽车分时租赁服务设计案例

共享概念早已有之。传统社会，朋友之间借书或共享一条信息，以及邻里之间互借东西，都是某种形式的共享。2000年之后，随着Web2.0时代的到来，共享经济得到了快速的发展。随着共享单车在全国各大城市迅速铺开，"共享经济"的概念迅速普及，共享汽车也逐渐进入人们的视野。

本章研究结合中国共享汽车市场的现状，从中国经济发展趋势、汽车和网络技术发展、人们的生活形态、用户需求等多个角度对共享汽车的未来发展趋势进行分析，为未来汽车分时租赁服务的设计提供方向性指导。

9.1.1　共享汽车行业及用户分析

在前期行业分析方面，我们通过搜集共享汽车在市场定位方面的评价指标，来说明共享汽车企业的发展方向；通过对目前国内分时租赁汽车的类型、运营模式等进行分析，了解目前分时租赁汽车行业的背景、分时租赁运营模式、运营网点的分布、运营车辆的分布以及单车日均订单的分布，从而对这一行业的走向及发展形成全方位的认识和了解（表9-1）。

表 9-1　分时租赁运营模式分析

运营模式分类	网点分布特点	用户体验	运营成本	租车代表
同一网点取还（A点取，A点还）	网点分布紧邻用户使用地点；呈集中分布态势	用户应用场景受限；体验差	车队管理简单；成本低	无
任意网点取还（A点取，B点还）	网点分布较为均匀；网点布置在潜在用户聚集区	用户体验较好	网点车辆分布不均匀；调度成本较高	悟空租车；EVCARD
网点取车，自由还（A点取，X点还）	获得政府支持，获得政府公共停车位免费使用权；用户承担超范围停车费	接近自由流动理想状态；用户体验好	线下运营成本较高；可能需要承担停车费	EZZY；Car2go
自由取还车（X点取，X点还）	无固定网点，可在任意地点取还车；目前没有真正实现该模式的平台	分时租赁效果最佳；体验最佳	要求精细管理；运营成本高昂	巴歌出行

在用户研究方面，我们分析了分时租赁用户群的构成，发现分时租赁的使用场景主要为在白领集中的中央商务区写字楼或住宅小区附近的商场、地铁站等，并探索了用户群的特征，以帮助企业更好地定位目标用户，进行差异化设计。我们通过对注册用户资料的调研分析发现，分时租赁用户主要为 18—40 岁群体，其中 18—25 岁群体可能是大学生或刚毕业不久的白领，26—40 岁为用户集中的年龄段，其可能主要为上班一族。

在此基础之上，我们对用户群体进行归纳总结，并进行用户画像的建模，结果如表 9-2 所示。

表 9-2　分时租赁用户画像建模

用户画像基础信息	人物画像出行行为信息
性别特征：男性	1）出行目的：工作日主要使用共享汽车通勤，非工作日则使用共享汽车同城娱乐（购物、餐饮等），还会有短途出行的情况，出行的时候基本以点到点的行车为主
年龄特征：18—40 岁	2）常用目的地：公司、家、大型交通枢纽、饭馆、周边景点等
教育背景：本科及以上 职业特征：白领	3）驻地特征：在市中心或近郊等人口密集区域，距离公共交通枢纽有一定的距离
消费特征：追求生活质量和消费性价比	4）租车频率：每周至少使用一次共享汽车
	5）租车特征：在用车之前就会计算好里程和电量，不希望遭遇中途被迫断电停车的情况；希望拥有比较干净整洁的驾驶环境；追求性价比，如果增值功能能够对自己有较大的帮助，愿意支付额外费用
其他特征：大部分用户没有私家车，小部分用户有私家车，但是没有允许进入市区的号牌；对汽车的智能网联功能了解不多，需要进行学习	6）驾驶特征：驾驶时比较严谨，不喜欢受到过多的干扰，在车辆行进过程中不会使用手机；点到点行车过程中可能会有短暂的停顿
	7）使用困难：车况不佳；中途没电；网点过于隐蔽，难以找到
	8）使用期望：希望行车过程以安全为前提，不希望行车过程受到过多的干扰

9.1.2　用户行为及服务场景

在设计调查上，我们主要采取实地调研、深度访谈、语音采集（在用户允许的情况下）等形式进行，针对导航、网点、支付、社交等功能点，以租车流程为主线，设置访谈问题；在对功能点确认、梳理、验证的过程中，不断迭代，进行多轮实地用户访谈和实际租车体验信息收集。

我们根据现有的共享汽车服务流程将租车服务分为 5 个大的阶段，分别是约车—上车—用车—停车—空车调度。

我们对用户反馈的问题进行汇总，并进一步分类。大多数用户的问题集中在车辆、网点、还车等几个方面，围绕"车"这一问题进行分类，细分出用户在使用某共享汽车过程中关于"车"存在的问题以及提供的对策。这些对策也给我们带来设计方面的启发，如结合目前已有的租车流程进行痛点分析，对用户需求和租车服务功能点进行初始定位。我们将关于费用的问题归为一类，并细分为会员卡、发票、优惠券、支付、计费方式、押金等几个方面；将关于网点的问题主要细分为充电桩、停车位等几个大类；将关于用户的问题主要细分为社交、预约时间、内部限制等几个大类。

在进行概念设计时，我们基于导航、支付、社交、网点几个方面，选取其中一个维度进行重点概念设计。其中，导航是一个重要的需求，重点涵盖部分网点及网点信息解决方案。

根据用户访谈结果，我们对功能点进行重新提取与更新，并结合中控部分深度挖掘出现痛点的原因，针对痛点提出初步的设计思路。基于共享汽车的用户需求研究及概念定位项目中提到的功能点，以及对未来共享汽车的发展趋势、社会的经济发展、人们的消费偏好、智能网联技术的发展等的分析，我们将未来共享汽车的应用服务暂定为导航、安全、社交、车内娱乐、保险等。

基于上述服务功能，我们对该功能下的场景进行设计并提取关键点/触发条件，以自动导航、最优路径规划等功能为例进行阐述，如表9-3 所示。

表 9-3　基于功能的场景设计

场景	场景描述	关键点/触发条件
自动导航：约车时先输入目的地，上车后可自动导航	用户 A 很早就注册成为共享租车服务的会员。一天，A 需要去市区提交材料，他决定租赁一辆共享汽车，因为这样花费不会太多，而且能够自由掌控时间。为了提高效率，A 在分时租赁 APP 上约车时，先输入目的地，一方面利用 EVCARD 后台强大的调度优化能力，可以约到一辆能够满足自己需求（电量/续航里程）的车；另一方面，通过账号约车，上车之后，用户与车的信息匹配，这样识别到用户的目的地后，可以直接导航，提高用车体验	上车后，确认目的地；车辆发动，提醒电量/可续航里程
最优路径规划（拥堵情况下）	高速公路上，车辆川流不息，飞速而过，这时导航系统提示 A 前方匝道，小心驾驶。高速公路上单调的驾驶环境很容易让人产生驾驶疲劳，引发交通事故。另外，按照预先的导航路线，A 驾驶前方将会遇到由一起交通事故引起的交通拥堵，此时小心翼翼地驶过匝道的 A 又收到了导航的提示，深思熟虑做出决定后，A 决定按照导航继续行驶	高速公路上，外界环境单一、驾驶速度快；导航提示前方匝道，小心驾驶；导航提示前方拥堵，推荐解决方案

续表

场景	场景描述	关键点/触发条件
最优路径规划（拥堵情况下）	A 在城市道路上行驶着，导航语音提示前方发生交通事故，A 做出反馈，系统开始重新规划路线。A 已经处于拥堵过程中，将实时路况信息上传。A 驶出拥堵路段，将信息分享	系统检测到前方发生事故； 系统提示 A 前方路况； A 选择重新规划路线； 系统重新规划路线； A 分享拥堵信息
团队租车，友车跟随	A 所在公司的员工出去团建，一共需要租 8 辆车，A 设定好首车后上车，其他几辆车自动排序，跟随 A 驾驶的首车来到公司楼下。7 辆车保持安全距离，跟随 A 所在的首车行驶在城市道路上	低速短距离无人驾驶自动跟随首车； 前车位置显示； 首车任务发布； 车队拆分，首车更替
寻找餐厅、充电桩、网点，并提前预约	寻找餐厅（或充电桩）：A 在城市道路上行驶，想找一家餐厅吃饭，于是通知导航系统为其搜索附近的餐厅，导航系统给用户 A 提供了优先级的选择	A 想寻找一家餐厅吃饭； A 按某种筛选条件来选择餐厅
		提示 A 电量不足以到达目的地； 查看当前是否有人邀请并收到反馈； 查看网点并提前预约充电桩、还车位

随后，我们通过卡片归类产出新的功能概念，用发散思维方法针对聚焦的痛点提出解决方案，同时对功能点进行新的思考。图 9-1 为通过卡片归类得出的导航功能点亲和图。

9.1.3　服务流程及界面设计

我们通过用户访谈收集用户对共享汽车的真实需求，提取访谈内容中的一些关键词，并进一步挖掘用户需求。我们发现，用户不仅是在用车，实时查询路途周边信息对用户来说也是不错的体验，例如，寻找餐厅、健身房、4S 店等。因此，在用车过程中，作为一种优化用户用车体验的手段，周边信息的服务设计尤为重要。

从注册到支付的整个租车流程中，我们根据对用户行为的分析，以及调研验证的痛点进行总结归纳，并对整个租车流程的痛点和计划点进行了挖掘分析，从目标用户、用户行为、用户情绪多维度形成了用户旅程地图，如图 9-2 所示。

我们以用户到达餐厅附近网点还车后就餐的服务设计为例进行具体说明。

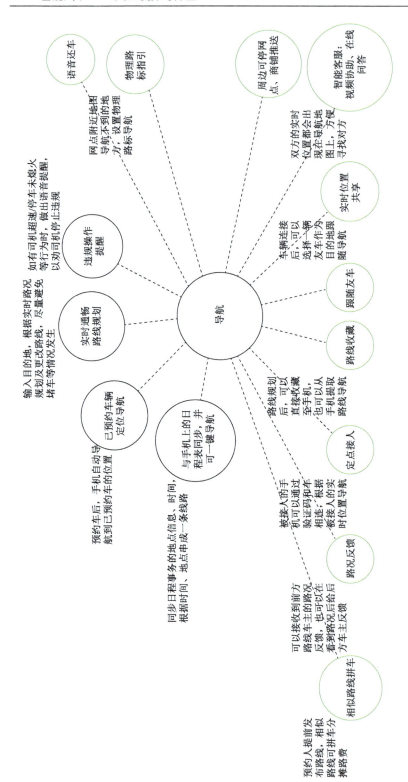

图 9-1 卡片归类确定的导航功能点关系图

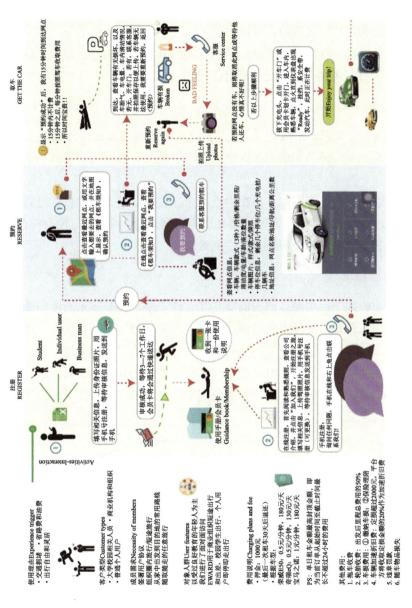

图 9-2　用户旅程地图节选

用户 A 是一个性格开朗、热情大方的人，大学毕业后，他就职于某公司，属于白领一族。他在公司附近的公寓租了一间房，平时上班搭乘公司班车。他在大学期间就考取了驾照，并能够熟练驾车。周末，他通常喜欢购物、品尝美食，喜欢运动。目前，他还没有一辆属于自己的车，但是自己家周围有某共享汽车租车网点，于是有熟练驾车经验的他希望能通过使用共享租车的方式解决自己的日常出行问题。

1. 背景描述

一个周六，A 想去市区吃饭，餐厅待选。由于距离较远，公交/地铁耗费时间较长，而且公共交通上私人空间有限，他决定租用某共享汽车去市区餐厅。

A 计划先把车还到网点，再在附近找一家餐厅就餐。他的目标是首先要找到附近有餐厅的网点，同时还要知道自己到达时，网点还有没有车位，以减少不必要的时间和金钱耗费，提高效率。

2. 功能描述

具体功能如下：与网点周围商圈建立合作关系，实时显示周围商圈状态；支持在线选餐，支持方向盘指纹付款；与第三方地图公司合作，添加自己的网点情况，根据用户车的实时位置、道路交通状况和其他车辆的实时位置，预估用户到达网点时是否有停车位，如果估计用户要去的网点没有停车位，及时规划最优网点，并提醒用户是否更换网点。关于网点还车后吃饭的信息显示如图 9-3 所示。

图 9-3　网点还车后吃饭的信息

3. 服务场景描述

1）用户 A 在手机上查询到可预约某共享汽车，并预约成功。他整理好出门需要带的物品，到达家附近的某共享汽车网点，定位目的地。

2）A 用语音说出自己的想法，中控搜索附近符合条件的火锅店，HUD 中呈现导航信息，确认目的地附近的网点。

3）查阅网点附近餐厅的具体信息，对网点附近的餐厅进行筛选，可以考虑提前预约位置并点餐。

4）语音提示"开启导航"，HUD 中显示餐厅位置，中控开启具体导航路线。

5）如果预估用户到达网点没有停车位，系统提示最优网点，并提示用户是否更换。用户选择推荐网点，重新规划路线。

在整个服务过程中，A 接触到的就是中控、语音、HUD、方向盘。

我们以自动导航功能为例，表 9-4 为该功能的服务流程，阐述了从约车到目的地导航的触发条件以及多屏 HMI 的设计点。

表 9-4　自动导航功能服务流程

主功能		自动导航				
服务场景		约车				
场景描述		用户 A 很早就注册成为共享汽车服务的会员。一天，A 需要去市区提交材料，他决定租赁一辆共享汽车去。A 现在在小区东门，但是他有事情要办，希望半小时后车在小区南门接他。A 在 APP 上约车时，跳过自动定位，输入起点和目的地，利用共享汽车服务强大的后台调度优化能力，约到一辆能够满足自己需求（电量/续航里程）的车；APP 上显示他必须及时上车，超过预定时间 5min 后，他预定的车将不会被保留，于是他匆匆忙忙赶往约定地点。在他赶往约定地点的路上，APP 一直为他实时显示车的位置信息。他在约定地点很快就找到了车，用手机与车身上的感应区域确认身份之后，他上车了。上车之后，车与 A 确认之前约车时输入的目的地，确认完毕，开始导航				
流程		约车	接车	上车	身份确认	目的地导航
触发条件		手机端确认约车，车辆收到约车需求	手机端确认接客车，车辆在合适的区域范围和路况要求范围			语音确认目的地，开始导航，车辆启动
功能输出	ADAS		低速短距离自动驾驶			
HMI	HUD					车门状况提示、挡位安全带状况提示车速提示、限速导航信息（路名、方向）、压线提醒
	AR-HUD			欢迎页面		显示大地图、车辆检测
	中控			欢迎页面（关车门）、新手教程（说完欢迎）		详细地图

续表

HMI	语音交互		小 A，早上好！欢迎您使用共享汽车服务！上车后，请调整座椅、系好安全带，如需帮助，请点击屏幕观看视频教程	（发动汽车）	您的目的地为……请确认！确认！开始导航，沿当前道路直行，800m 后右转弯！

9.1.4 概念设计

在这一阶段，我们通过故事板+身体风暴的方式模拟了用户在手机上预约共享汽车后的整个流程，其中涉及初始欢迎界面的显示，启动车辆自检。用户在使用车辆的过程中使用了用户行程排行榜、新手教程、确认行程、车道偏离、跟车、交通标识提醒以及盲点监测。

我们在后续根据故事板的内容对共享汽车的整个服务流程进行了概念设计，并以视频的形式进行可视化展现，表 9-5 为共享租车服务流程概念设计视频截图展示。

表 9-5　服务流程概念设计视频截图

镜号	场景	画面	声音交互	备注
1	家里	手机约车（输入起点、目的地，调整行程，查看行程攻略，预定双程，选择并预约车辆）	手机端操作提示音	
2	网点	车辆启动，前灯闪烁	车辆启动音	
3	车上	挡风玻璃上显示低速短距自动驾驶功能		

续表

镜号	场景	画面	声音交互	备注
4	车上	收到顺风车申请	消息提示音	
5	路上	车辆停在用户面前，驾驶员确认顺风车乘客的身份	消息提示音	
6	小区旁边咖啡馆门口停车位	车外	在可充电道路上行驶	
7	车内	周边导航	在前车窗挡风玻璃上显示	
8	便利店	到达顺风车目的地		
9		车轮进库	引擎声	

9.2 智能无人驾驶物流快递车在大学校园的服务设计研究

20 世纪 70 年代以来，随着自动驾驶技术的不断发展，无人驾驶汽车在可行性和实用性方面都取得了突破性的进展，但是当前无人驾驶技术还有很多层面的问题亟待解决，不仅仅是技术层面的攻关，还需要进行接受度方面的探讨。本研究结合中国现有的驾驶环境，对智能无人驾驶物流快递车在校园内的驾驶场景、服务流程问题进行研究。

智能无人驾驶物流快递车技术应用的意义主要有以下几个方面。

1）提高配送效率。对于人流量密集且集中的校园环境，智能无人驾驶物流快递车代替了快递配送员，在提高运输效率的同时，减轻了物流服务人员的工作强度。

2）提升用户体验。用户在使用物流快递服务的时间、地点的选择上更加灵活，亲自完成货物的寄取，减少了面对物流服务人员时服务方态度不佳情况的发生。同时，智能无人驾驶物流快递车的出现，也能在一定程度上满足部分用户的"猎奇"心理。

3）降低企业的人力资源成本。使用智能无人驾驶物流快递车完成物流快递服务末端"最后一公里"阶段的任务，可以极大地减少人力的使用，为企业节约成本，优化产业结构。

本研究的目的是了解目前市场上无人驾驶汽车的主要使用场景，特别是智能无人驾驶物流快递车在国内外的应用场景；在现有智能驾驶技术和中国快递物流研究的基础上，开展中国大学校园环境下智能无人驾驶物流快递车未来可能的驾驶环境、服务流程的设计开发，并通过用户研究调研、专家访谈等方法进行设计场景的迭代和优化。

在前期智能无人驾驶物流快递车调研的基础上，我们梳理出了智能无人驾驶物流快递车在中国大学校园的服务场景，包含核心场景描述，重点描述在具体场景下的服务流程。基于智能无人驾驶物流快递车在中国大学校园内的驾驶场景、服务流程设计，我们依据交互设计方法从内容和显示形式上深入细化智能无人驾驶物流快递车的社会性，即与车外人群的交互，包括与快递业务员、取快递师生、周围行人的人机交互设计。智能无人驾驶物流快递车技术的使用，能够合理地利用校园内的环境、道路、设备资源，对先前的物流快递服务模式进行整合与完善，构建新的服务系统，更好地满足校园内用户群体的服务需求，优化与改善物流快递服务的质量，提升配送效率，优化用户体验。

9.2.1 基于利益关系者的社会性问题研究

中国电商平台的发展以及人们消费水平的提升，促进了快递行业的快速发展，尤其是在大学校园及人口、消费密集区。另外，快递业在高速发展的同时，其带来的社会性问题也日渐显现。

在项目的初期阶段，为了聚焦校园里的快递现状，了解目前校园快递的收取问题，我们进行了实地调查。

图 9-4 拍摄于"双十一"之后的某大学校区快递服务站，通过用户观察和实地调研，我们了解到目前的快递服务站有以下几个突出问题。

图 9-4　校园快递服务站现状

1. 货物存放与堆积

快递服务站每天的货物量都非常庞大，货物到站后，大多数用户因为各种原因不能当天完成取件。用户取件不及时，容易造成货物的堆积，当货物堆积到一定程度时，快递服务站的空间不足，大多数会选择在地面堆放，分区标号，将其置于不同的区域。同时，快递服务站工作人员在进行货物分拣、挑选的过程中容易取错、放错等。另外，因为放置于地面，容易导致货物的受损、污染等问题。

2. 高峰与低峰时的差异

在学校的快递服务站，一个显著的问题是高峰与低峰时期的差异显著，因为校园内的主要群体是学生，学生的作息较为规律，在高峰时期，如下课后、午餐前后、晚餐前后这些时间段内，来快递服务站取寄件的人会远远超出其他时间。人数过多造成了取件效率低下，用户不得不排队，比较浪费时间，用户的体验较差。但是，在低峰时间段基本上没有什么人，也造成了快递服务站长时间处于闲置的状态。

3. 多家物流公司站点

因为多家物流公司的站点位置不同，用户在接收来自不同物流公司货物的时候，需要往返奔波，造成了时间的浪费，效率低，用户体验较差。

4. 单据填写

用户在享受寄件等服务的同时，需要在现场填写相关单据，操作流程烦冗。由于物流站点环境不佳，用户普遍出现烦躁、焦急的状态，尤其是在高峰时期，更容易造成排队、拥堵的现象，效率低下。

5. 环境问题

站点包装垃圾过多，出现了资源浪费、环境污染，同时牵扯到用户隐私问题，因为用户个人信息均在快递包装上，有的快递包装被随意丢弃。

相比普通的物流配送，校园内的物流无人配送涉及更多的利益关系人，除了用户、快递员，还包括行人、后勤人员、保安等。我们通过对利益关系人进行访谈，对双方矛盾的需求进行了整理，图 9-5 为整理后的利益人关系图。

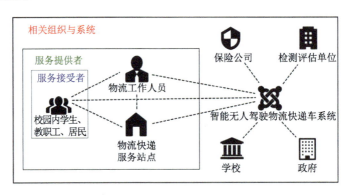

图 9-5 校园内智能无人驾驶物流快递车配送利益人关系图

针对现有物流的痛点，围绕货物的运输路线，我们共挑选出取寄件用户、快递员、校园保安、校内物流管理平台、校园后勤管理处 5 类利益关系人，对利益关系人进行访谈，调研校内原有物流的痛点和利益关系人对智能无人驾驶物流快递车进入校园的态度。

1）用户需求：专心做事不被打扰、快速取货、使用智能设备出现问题时能够快速得到处理。设计方向：以不打扰用户做事的形式收到取货信息、智能无人驾驶物流快递车操作异常时的服务设计。具体如表 9-6 所示。

表 9-6 校园内物流快递服务主要用户群体行为习惯方式及需求总结

区域范围	大学校园
主要用户群体	在校学生
年龄段	18—30 岁
主要特征	受教育程度高，对新技术的认知程度高，学习与接受新兴事物的能力强；能够熟练使用智能手机、计算机系统；经常使用物流快递服务，对各类服务有着较高的要求，追求高效率的生活
用户目标	合理安排日常生活，在物流快递服务的使用中，期望有更高效、方便的使用体验与感受
主要需求	提高任务效率的需求，社交需求，活动需求，时间的合理规划，方便、快捷的生活方式
设计策略	在符合用户心理模型的服务流程与服务功能设计的前提下，运用智能无人驾驶物流快递车，将其作为设计核心点，完成物流快递服务中用户体验的服务设计

2）快递员需求：多派送，货物尽快正确送到用户手中。设计方向：快递分流与追踪、引导用户主动取件。

3）校园保安需求：快递的消防措施薄弱，需要物流行业进行智能化管理。设计方向：在不影响行人的前提下行驶、智能无人驾驶物流快递车的管理与安保系统的信息共享。

4）校内物流管理平台需求：整合快递业务、合理规划校内空间、控制快递垃圾对校园环境造成的污染、促进校园与智能无人驾驶物流快递车商家的资金流通。设计方向：智能无人驾驶物流快递车商家与快递商家的整合方案、校内智能无人驾驶物流快递车相关设备占地空间规划、快递垃圾的回收利用。

5）校园后勤管理处需求：智能无人驾驶物流快递车的技术要求、智能无人驾驶物流快递车相关管理人员的配置、智能无人驾驶物流快递车保险、智能无人驾驶物流快递车车体广告盈利模式的探索、智能无人驾驶物流快递车物流信息的共享。设计方向：智能无人驾驶物流快递车驾驶技术评估、智能无人驾驶物流快递车相关人员的调研与服务设计、智能无人驾驶物流快递车及快递物流保险的理赔方案、车体广告植入模式、易递等平台客服与物流相关人员的配合。

9.2.2 智能无人驾驶物流快递车配送场景分析

对于智能无人驾驶物流快递车来说，除了在道路上参与交通，还需要和工作人员交互来完成货物分拣，以及和用户交互来完成配送，并且在商业活动中可能会有广告投放等需求。因此，我们在对智能无人驾驶物流快递车的车外屏人机界面进行设计时，要同时考虑智能无人驾驶物流快递车的不同交互场景。对于智能无人驾驶物流快递车来说，仓库配货、道路运输、物流配送和商业宣传 4 个场景是其在完成行驶过程及配送任务的生命周期中的重要场景。图 9-6 为物流配送场景流程。

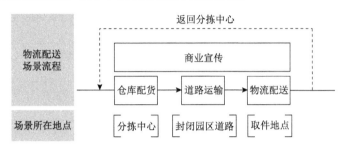

图 9-6　物流配送场景流程图

1. 仓库配货场景

智能无人驾驶物流快递车的工作首先是从封闭园区或半封闭园区的物流仓储基地或配送站点开始的。现在大多数配货分拣的工作是由快递工作人员手动完成的，会消耗大量的人力，属于劳动密集型工作。遇到像"双十一"这样的大流量节假日，人力更是难以应对，丢件、漏件情况频发。

智能无人驾驶物流快递车的应用可以在很大程度上解决这一常见问题。针对抵达快服务站的快递，智能无人驾驶物流快递车可以通过读取订单页或链接至系统云端的方式，获取快递的尺寸、配送地、用户姓名、联系方式等基本信息，从而自主自动地分拣货物和装载货物，形成科技密集型的仓储配送场景。在此场景中，快递工作人员的主要工作是操作智能无人驾驶物流快递车，并配合智能无人驾驶物流快递车进行简单操作和负责异常快递的处理，从而减少重复、简单工作对人力的消耗，提高分拣效率和正确率。

2. 道路运输场景

封闭场地短途货运等普遍被认为是自动驾驶技术最先落地的应用场景。智能无人驾驶物流快递车一般行驶在学校、住宅小区、工业园区等封闭或半封闭区域，虽然该物理场景中的其他车辆较少，但其他交通参与者诸如行人、自行车等较多。人的复杂性与随机性导致人的行为较之车辆更为复杂，而且由于无人驾驶技术在目前尚且属于新生事物，行人在面对道路上的智能无人驾驶物流快递车时，往往无法清楚地理解其意图，由此造成行人对智能无人驾驶物流快递车的行驶路径判断错误，进而导致突发碰撞事故。因此，在对智能无人驾驶物流快递车的车外屏进行交互设计时，需要重点考虑的便是智能无人驾驶物流快递车的交通运输场景，保证道路交通参与者的安全。

3. 物流配送场景

智能无人驾驶物流快递车的核心功能是物流配送，所以要在保证安全行驶的前提下，提升配送效率。在整个物流配送过程中，智能无人驾驶物流快递车可以完成派件、寄件等基础工作，并且可以通过大数据和人工智能技术合理规划路线，让每一笔物流订单都能够按照最优路径进行配送，在最短时间和路径下配送更多的货物，实现快递的高效和准时送达。另外，智能无人驾驶物流快递车也可以完成包装回收、打包等附加工作，实现绿色环保的配送，从而节约资源。

在真正了解了配送场景的需求后，对智能无人驾驶物流快递车的车外屏进行交互设计优化，可以使物流效率进一步提高，同时提升用户的体验。

4. 商业宣传场景

智能无人驾驶物流快递车本身作为一种商业载体，在封闭园区或半封闭园区进行配送时，可以作为公共场合的一种传播媒介。车的造型本身可以作为一种文化符号，能体现该地区的文化内涵。车外屏不仅可以在行驶中传递车辆状态信息，还可以招商进行广告投放，承担一定的商业推广或广告宣传功能（图 9-7）。

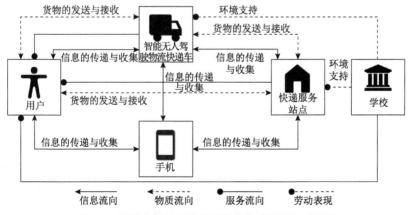

图 9-7　校园内智能无人驾驶物流快递车服务系统图

为了分析快递配送过程中的场景，我们对快递配送流程中的痛点进行了梳理，组织了两轮测试。在第一轮测试中，我们采用了绿野仙踪（Wizard of Oz）的方法。绿野仙踪方法指的是测试者通过角色扮演的方式模拟交互场景，并观察自然条件下周围人对这种情况的反应。我们借助手推车和瓦楞纸制作智能无人驾驶物流快递车模型，并在车四周安装 GoPro 运动相机记录信息，在校园内进行测试观察。由两名成员共同扮演智能无人驾驶物流快递车的角色，后方成员提供前进动力，前方成员负责为用户派送货物。

第一轮测试流程：模型制作—初次校内测试—约学生体验取件流程—设计测试剧本—约学生体验取寄件流程（图 9-8）。该实验是为了了解智能无人驾驶物流快递车的处境，观察涉众反应，从而发现流程中存在的问题。

图 9-8　第一轮测试

通过实地走访智能无人驾驶物流快递车的工作环境，我们将派送流程分为装货—行驶—到达送货地点—确认取件人身份—验货—后续服务（如快递箱回收）几个阶段，通过分析这几个阶段的取件和派件过程，发现了一些问题，具体如图 9-9 所示。

接下来，针对重要的取件和寄件环节进行第二轮测试。我们邀请用户根据测试剧本体验派件流程：预约取件—智能无人驾驶物流快递车到达指定地点—交互屏操作—开门取回—智能无人驾驶物流快递车离开，如图 9-10 所示。

综合以上两轮调研和用户深度访谈，我们对问题进行梳理，确定了设计研究方向。用户对于智能无人驾驶物流快递车接受度低的原因，主要集中在信任度低，对无人驾驶技术的安全性存疑，认为服务体系不够完善等；对于管理人员来说，运营管理的成本和接入方式需要进行细化和改革。因此，需要平衡服务流程、运营成本和保障行人安全等几个方面的因素。

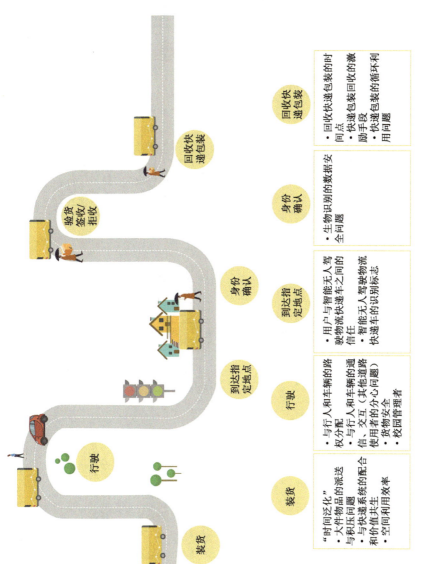

图 9-9　走查痛点梳理

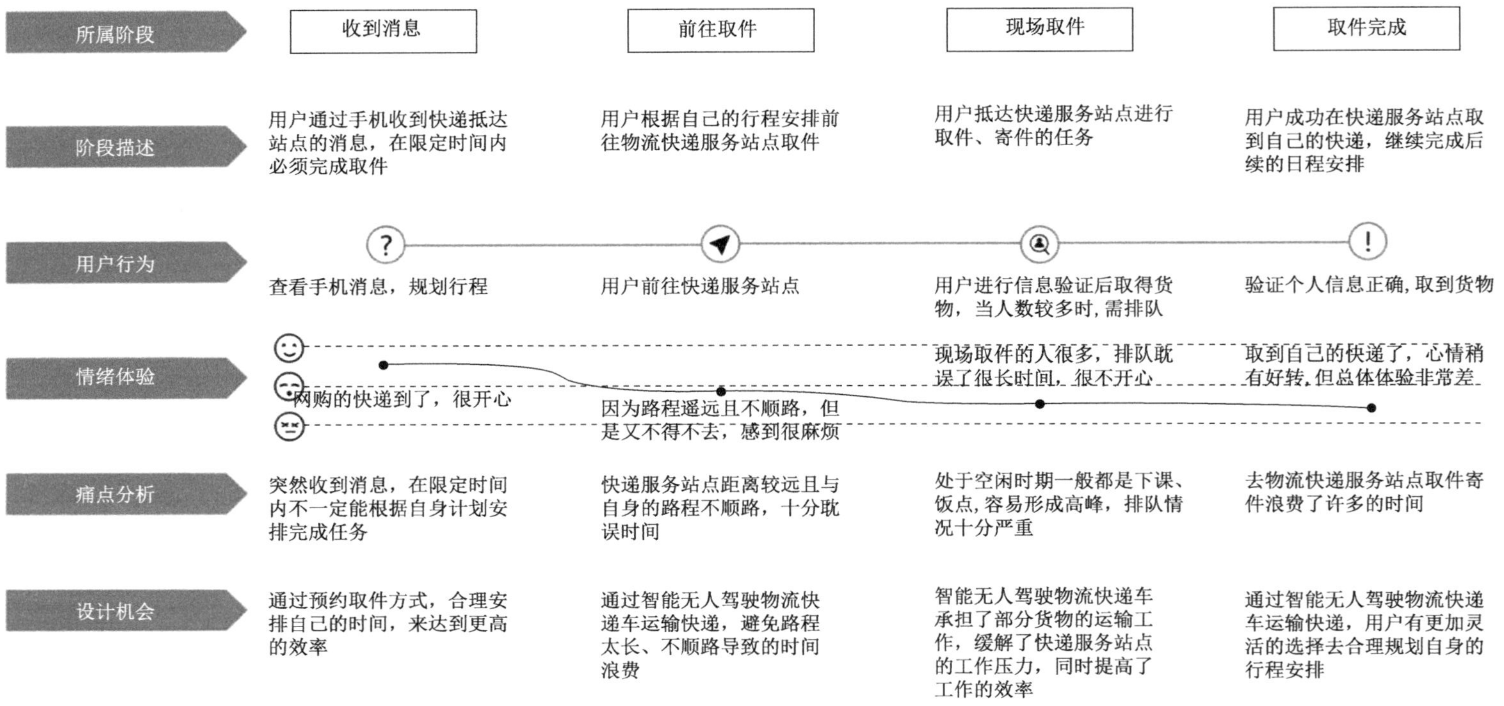

	收到消息	前往取件	现场取件	取件完成
所属阶段	收到消息	前往取件	现场取件	取件完成
阶段描述	用户通过手机收到快递抵达站点的消息,在限定时间内必须完成取件	用户根据自己的行程安排前往物流快递服务站点取件	用户抵达快递服务站点进行取件、寄件的任务	用户成功在快递服务站点取到自己的快递,继续完成后续的日程安排
用户行为	查看手机消息,规划行程	用户前往快递服务站点	用户进行信息验证后得到货物,当人数较多时,需排队	验证个人信息正确,取到货物
情绪体验	网购的快递到了,很开心	因为路程遥远且不顺路,但是又不得不去,感到很麻烦	现场取件的人很多,排队就误了很长时间,很不开心	取到自己的快递了,心情稍有好转,但总体验非常差
痛点分析	突然收到消息,在限定时间内不一定能按自身计划安排完成任务	快递服务站点距离较远且与自身的路程不顺路,误到目的时间	处于空闲时期一般都是下课、饭点,容易形成高峰,排队情况十分严重	去物流快递服务站取件寄件浪费了许多的时间
设计机会	通过预约取件方式,合理安排自己的时间,来达到更高的效率	通过智能无人驾驶物流快递车运输快递,避免路程太长、不顺路导致的时间浪费	智能无人驾驶物流车承担了部分货物的运工作,缓解了快递服务站点的工作压力,同时提高了工作的效率	通过智能无人驾驶物流快递车运输快递,用户有更加灵活的选择去合理规划自身的行程安排

图 9-10　第二轮测试分析框架

9.2.3 智能无人驾驶物流快递车服务设计

基于本设计的创新点，为了提高校园内用户在物流快递服务方面的使用体验，我们在普通物流快递服务模式的基础上，增加了智能无人驾驶物流快递车的应用。针对不同时期的高峰情况，用户可以根据自身的安排，选择更方便与快捷的服务模式。在该服务体系下，前期对主要用户群体的实际情况与对智能无人驾驶物流快递车的认知进行分析和整合，考虑到客观条件下的服务体系应该更加符合用户的心理模型，不同功能与使用流程应具有清晰性、易用性。

（1）服务功能一：预约智能无人驾驶物流快递车服务

用户可以根据自己的安排选择物流快递服务的使用方式，在时间冲突、路线冲突的情况下，用户可以不用亲自去快递服务站进行寄件、取件，可以使用手机预约智能无人驾驶物流快递车进行寄件、取件。

（2）服务功能二：使用智能无人驾驶物流快递车取件

当预约了智能无人驾驶物流快递车进行取件时，快递服务站的工作人员会将该用户的货物装载到智能无人驾驶物流快递车，智能无人驾驶物流快递车会载着用户的货物根据用户预约的时间、地点与用户进行汇合，完成货物的拿取。

（3）服务功能三：使用智能无人驾驶物流快递车寄件

当预约了智能无人驾驶物流快递车进行寄件时，智能无人驾驶物流快递车会根据用户预约的时间、地点与用户进行汇合，完成货物的装载。智能无人驾驶物流快递车会将用户的货物运送到快递服务站，交由工作人员进行发送。

通过建立智能无人驾驶物流快递车系统的服务蓝图，我们可以了解在校园内智能无人驾驶物流快递车系统的服务过程中终端软件前台、后台和工作人员等各方面的性质，通过对整体流程的把控与分析，控制与管理服务质量，提升智能无人驾驶物流快递车的用户体验等。本研究以同济大学嘉定校区作为研究背景，建立服务蓝图模型，通过持续描述智能无人驾驶物流快递车系统服务模式过程中的用户行为、服务方行为、具体的服务、交互行为等有形的具体证据并展示整体的服务体系，明确用户与服务提供者之间的交互接触点及任务，进一步分析用户在智能无人驾驶物流快递车系统下的主要痛点和需求，展现整个服务体系的服务流程、价值、内容。智能无人驾驶物流快递车服务系统的服务蓝图如图9-11所示。

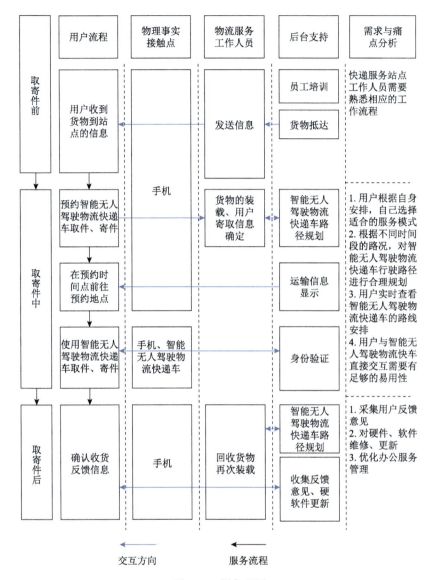

图 9-11 服务蓝图

通过服务蓝图的绘制，我们对智能无人驾驶物流快递车在整个服务体系中的用户行为与服务接触点进行了整合，也对涉及的支持模块进行了分析，对于智能无人驾驶物流快递车系统的服务的定位有了更加宏观的把控，全面呈现了整个服务体系下的服务内容、流程、价值。

9.2.4 智能无人驾驶物流快递车概念设计

针对智能无人驾驶物流快递车功能和应用场景，我们确定了车外屏人机界面的信息架构。智能无人驾驶物流快递车承载的信息主要分为3大类：车辆信息、物流配送信息和宣传信息。车辆信息主要为智能无人驾驶物流快递车在道路上行驶时需要展示的自身行驶状态信息，包括刹车、加速、路径规划等，使低速智能无人驾驶物流快递车在行进中能够与行人或非机动车直接交互，让行人更好地理解智能无人驾驶物流快递车的行驶状态和意图，从而提高车辆的驾驶安全性。物流配送信息包括仓库配货、派件、寄件等配送阶段会涉及的主要信息，并且考虑到环保问题，提出了智能无人驾驶物流快递车对纸质物品、衣物、电子产品等物品进行回收的设计概念。宣传信息主要是指利用智能无人驾驶物流快递车的车外屏进行商业或其他宣传活动，从而达到盈利或公益等目的。智能无人驾驶物流快递车的车外屏信息架构如图 9-12 所示。

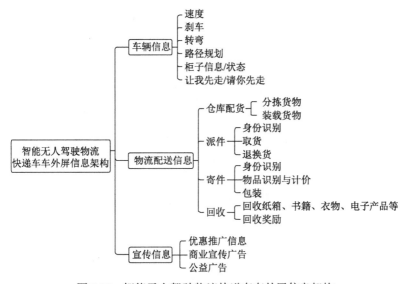

图 9-12　智能无人驾驶物流快递车车外屏信息架构

　　智能无人驾驶物流快递车采用多通道交互方式，综合触屏交互、语音交互、面部识别等交互通道和交互技术，使用户利用多个通道以自然、流畅的方式与智能无人驾驶物流快递车进行交互，能提高人机交互的自然性和高效性。

　　触屏方式是智能无人驾驶物流快递车和人的主要交互方式，车外屏的视觉界面进行驾驶状态、配送等信息的展示，用户在触屏之后会有视觉、听觉以及触觉上的反馈，例如，触屏操作之后会有对应的界面视觉变化；点击之后发出类似"滴"的反馈音；遇到预警或危险状态，智能无人驾驶物流快递车发出声音警报；点击屏幕之后，也会有振动反馈，实时告知用户操作是否已成功。

在与用户交互的过程中，也会有简单的自然语音命令交互，能简化操作行为，实现更加自然顺畅地交互。同时，在行驶过程中，对自身驾驶状态或规划路径进行智能识别后，会有一定的语音播报。

在用户进行寄件或取货时，智能无人驾驶物流快递车也可以进行面部识别，除了可以进行快速身份识别，也可以提供差异化的智能化场景服务，能提高用户体验。

在设计初期阶段，首先实现了触屏交互设计。基于智能无人驾驶物流快递车的人机界面设计研究和信息架构设计，我们进行了初步的界面原型设计和整车视觉效果设计，如图 9-13—图 9-15 所示。

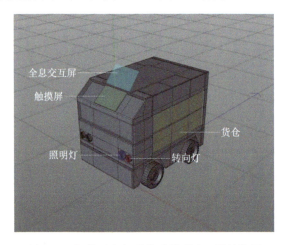

图 9-13　智能无人驾驶物流快递车三维结构图

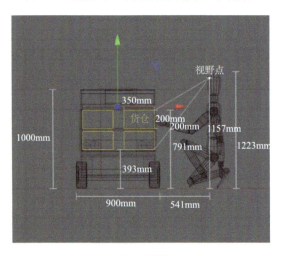

（a）正视图

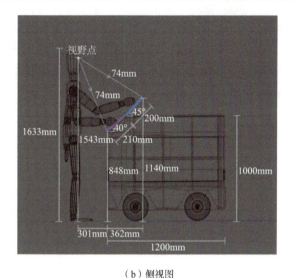

（b）侧视图

图 9-14 智能无人驾驶物流快递车尺寸正视图及侧视图

图 9-15 智能无人驾驶物流快递车三维渲染效果图及实物图

本案例对校园场景中的智能无人驾驶物流快递车服务系统的车辆终端与界面进行了相关的设计实践。针对智能无人驾驶物流快递车产品终端车辆本身，进行了相关的人机工程学分析，对不同场景和任务下用户在使用智能无人驾驶物流快递车时的尺寸，以及用于交互操作的不同屏幕的高度、角度进行了设计，使得用户在进行操作时，能够拥有更好的体验与操作感受。后续对智能无人驾驶物流快递车的造型进行设计，对于需要用户进行交互操作的屏幕，使用了触摸屏与全息交互屏结合的方式，完成了智能无人驾驶物流快递车的最终造型设计。同时，我们构建了满足用户在不同场景中所需要进行的任务的车辆终端及手机端界面信息架构，规划了各个界面的功能和模块布局，对车辆终端及手机端界面进行了相关的原型设计、高保真界面设计，对不同场景下的任务流程、交互逻辑和交互流程进行了设计说明。最后，为了验证设计的可行性，我们结合使用 3D 打印制作的智能无人驾驶物流快递车模型、可交互操作屏幕进行了可用性测试，对测试数据进行整理和总结，用于后续设计的改进和完善。

参 考 文 献

陈光花. 面向 HUD 的车车通信系统信息交互设计. 同济大学, 2017.

陈园园. 面向分时租赁共享汽车的用户行为分析系统设计. 同济大学, 2019.

程翠琼. 智能汽车驾驶辅助系统人机界面交互设计研究. 同济大学, 2017.

金晨希. 智联网联汽车自适应巡航应用场景中的 HMI 设计. 同济大学, 2018.

金鑫, 李黎萍, 杨逸凡, 等. 基于汽车人机界面评测的中控触屏按键研究. 包装工程, 2021 (18): 151-158.

李阳. 自动驾驶条件下的整车 HMI 设计. 同济大学, 2019.

李遥. 智能物流快递车的校园场景交互与服务设计. 同济大学, 2020.

孙诗童. 基于增强现实的游戏化辅助驾驶设计. 同济大学, 2019.

王文娟. 基于驾驶模拟器的智能网联汽车的 HMI 测试评价方法研究. 同济大学, 2020.

王文娟, 张碧含, 符梦婷, 等. 无人物流车的车外屏人机界面设计研究. 图学学报, 2020 (3): 335-341.

王雨佳. 基于态势感知的智能汽车 HMI 设计与评估——设计干预整合情景信息与驾驶模拟器评估. 同济大学, 2019.

吴天翔. 基于模拟驾驶器的智能网联汽车车外屏交互设计与实现. 同济大学, 2018.

熊冀嘉. 基于城市道路场景的车载 HUD 与中控屏交互设计研究. 同济大学, 2017.

Ashley A, Shelley F, Stephen L. History of intelligent transportation systems. Washington: U. S. Department of Transportation, 2016.

Becker S, Hanna P, Wagner V. Human machine interface design in modern vehicles. Encyclopedia of Automotive Engineering, 2014:1-16.

Boer E R, Ward N J, Manser M P, et al. Driver-model-based assessment of behavioral adaptation. Proceedings of JSAE Annual Congress, 2006 (4): 21-26.

Cody D, Tan S K, Caird J, et al. The naturalistic driver model: Development, integration, and verification of lane change maneuver, driver emergency and impairment modules. Berkeley: Institute of Transportation Studies at the University of California, 2009.

Endsley M R. Toward a theory of situation awareness in dynamic systems. Human Factors:The Journal of the Human Factors and Ergonomics Society, 1995 (1): 32-64.

Hillenbrand J, Kroschel K, Schmid V, et al. Situation assessment algorithm for a collision prevention assistant. Intelligent Vehicles Symposium, 2005: 459-465.

Kazi T A, Stanton N A, Walker G H, et al. Designer driving: Drivers' conceptual models and level of trust in adaptive cruise control. International Journal of Vehicle Design, 2007 (3): 339-360.

Kun A L, Boll S, Schmidt A. Shifting gears: User interfaces in the age of autonomous driving. IEEE Pervasive Computing, 2016 (1): 32-38.

Llaneras R E, Salinger J, Green C A. Human factors issues associated with limited ability autonomous driving systems: Drivers' allocation of visual attention to the forward roadway. Driving Assessment Conference, 2017: 92-98.

Matthews G. Multidimensional profiling of task stress states for human factors: A brief review. Human Factors: The Journal of the Human Factors and Ergonomics Society, 2016 (6): 801-813.

Miller R, Huang Q F. An adaptive peer-to-peer collision warning system. IEEE 55th Vehicular Technology Conference, 2002: 317-321.

Touran A, Brackstone M A, McDonald M, et al. A collision model for safety evaluation of autonomous intelligent cruise control. Accident Analysis & Prevention, 1999 (5): 567-578.

Weihrauch M, Meloeny G G, Goesch T C. The first head up display introduced by general motors. SAE International Congress and Exposition, 1989.

Wickens C D. Multiple resources and mental workload. Human Factors: The Journal of the Human Factors & Ergonomics Society, 2008 (3): 449-455.

Yamamoto K. Development of alertness-level-dependent headway distance warning system. JSAE Review, 2001 (3): 325-330.

You F, Yang Y F, Fu M T, et al. Icon design recommendations for central consoles of intelligent vehicles. International Conference on Human Interaction and Emerging Technologies, 2020: 285-291.

后 记

本书是在我们从事人机交互、智能汽车、HMI 设计、用户界面、认知学等相关研究工作的过程中逐步成形的。本书能够出版，离不开广大同事、朋友的支持，是他们的鼓励和反馈，让我们更有动力来分享自己的所做、所思、所感。

感谢国家社会科学基金后期资助项目（19FYSB040）、教育部"人因与工效学"产学合作协同育人项目（202002JG26）、同济大学研究生教材出版基金（2020JC35）、深圳虚拟大学园自由探索类基础研究项目（2021SZVUP175）等的支持。

感谢同济大学艺术与传媒学院用户体验实验室、汽车交互设计实验室的历届学生，本书中涉及的很多案例都出自他们的研究实践和研究论文。特别感谢实验室的两位学生：2017 级的研究生王文娟同学，她协助确定了本书的整体框架、章节结构和每一章的内容范围，并重点整理了第 4—6 章的文字内容，她的工作对于本书的完成起到了很大的作用；2018 级的研究生张碧含同学，她配合完善了本书的结构和章节细化工作，并重点整理了第 1—3、第 7、第 9 章的文字内容，在后期的校对方面也做了很多工作，使本书各章节的内容得到了进一步完善。

感谢陈慧妍、王春霞、郭阿丽、崔巍、王宇辰等同事，他们对本书第8、第 9 章的内容提出了宝贵的意见，并在本书的出版工作中提供了很大的支持。

感谢本书的编辑，从一开始准备出版本书的时候，她们就给予了很大的认可，并在编写过程中不断地给予我们帮助和鼓励。

希望本书能对在智能汽车行业、互联网及相关产品行业的从业者的工作有一定的参考价值，也希望与各位读者共勉，一同探索汽车交互设计的新未来。